말의
세계에
감금된
것들

여성 서사로 본 국가보안법

말의
세계에
감금된
것들

홍세미
이호연
유해정
박희정
강곤 글

정택용 사진

오월의봄

침묵과 망각에 반하여

여성의 목소리로
국가/보안법을
이야기한다는 것

1

"전쟁은 국가를 만들고 국가는 전쟁을 만든다."
―찰스 틸리

국.가.보.안.법.

이 다섯 글자에 대한 이야기는 간단치 않다. 벌써 70년이 넘은 세월, 대한민국이라는 국가의 탄생과 해방 공간에서의 좌우 대립, 서로를 절멸 대상으로 간주했던 한국전쟁과 휴전 이후 남북 체제 경쟁 속에서의 군사독재, 그리고 이른바 1987년 '민주화' 이후 30여 년이 흐른 2020년. 지금까지도 남과 북은 휴전 상태이고 국가보안법은 엄연히 존재한다. 국가보안법에 대해 이야기한다는 것은 폭력적으로 수립됐고 다시 국가폭력에 의해 유지되어온 대한민국에 대해 이야기한다는 것이다.

국가보안법은 1948년 12월 1일 제정되었다. 그해 10월 여순 사건*이 터지자 좌익 세력의 폭동을 막아야 할 '비상시기'라

● 제주도에서 벌어진 4·3 사건 진압 출동을 거부하고 대한민국 단독정부 수립을 저지하기 위해 전남 여수에 주둔하고 있던 국방경비대 제14연대 소속 군인들이 일으킨 사건.

는 명분으로 형법보다 5년 먼저 졸속으로 국회를 통과했다. 국가보안법의 전신은 일제 강점기 독립운동을 탄압했던 대표적 악법, 치안유지법이다. 두 법 모두 어떤 사람의 행위가 아니라 생각이나 사상을 처벌한다는 공통점이 있다.

국가보안법에 의해 1959년 이승만의 정치적 라이벌이자 유력한 대통령 후보였던 조봉암이 사형을 당했다. 5·16 군사 쿠데타 직후에는 진보적 언론인《민족일보》사장 조용수가 이 법으로 결국 사형되었다. 대한민국의 국가 이념이 반공이 아니라 통일이어야 한다고 발언한 국회의원 유성환, 동생이 중앙정보부 직원인데도 중앙정보부에 끌려가 의문의 죽음을 당해야 했던 서울대 법대 교수 최종길, 세계적인 음악가였던 윤이상, 시인 김지하와 박노해, 대법원 판결 18시간 만에 사형을 당한 인혁당 재건위 사건*의 8명도 빼놓을 수 없다. 국가보안법 피해자는 이런 '유력' 인사들만이 아니었다. 남과 북의 경계가 모호한 바다에서 고기잡이를 해야 했던 어부들, 빨치산이나 월북민의 친인척, 술에 취해서 "북한이 더 잘 산다더라"는 '반정부적' 발언을 한 취객, 북한과의 왕래나 접촉이 상대적으로 잦았던 일본에서 한국으로 온 재일동포 유학생과 유럽으로 유학 간 한국 학생. 물론 거기에는 남북통일이

* 박정희 유신정권 시기의 대표적 조작 사건으로 1964년 1차 사건, 1974년 2차 사건(재건위 사건)이 있었다. 정권은 2차 사건 관련자 8명의 고문 사실 은폐를 위해 대법원 판결 18시간 만에 사형을 집행하고 시신을 화장했다.

나 한반도 평화를 염원하고 다른 체제를 상상하고 도모했던 혁명가들, 노동자·농민·도시 빈민과 함께했던 대학생들, 학교에서 학생들과 참교육을 고민했던 교사와 양심적인 종교인을 비롯한 여러 재야인사들도 포함된다. 더불어 남북 관계의 변화에 따라 반드시 재조명되어야 할 존재, 남파 공작원들도 있다.

그 반대편에는 국가보안법으로 개인의 안위를 지키고 권력을 강화했던 독재자들만 있었던 것도 아니다. 출세의 수단, 훈장과 포상에 눈이 멀어 고문을 일삼고 간첩 조작에 주저함이 없었던 말단 형사에서부터 그것을 방조하거나 가담하기까지 한 검사, 이를 묵인하고 정권의 사주대로 판결문을 읊었던 판사, 국가보안법 위반자=빨갱이(지금으로 말하자면 '종북')라는 논리를 확대 재생산한 부역 언론인 등 수많은 가해자들이 존재한다. 그리고 이 가해자들보다 훨씬 더 많은 수의 부정의와 폭력을 목도했지만 침묵, 외면, 회피하거나 다수의 목소리에 동조했던, 그럼으로써 국가폭력이 가능하게끔 만들었던 '국민'들이 있다. 가해자들 대다수는 국가보안법 피해자를 변론했던 인권 변호사 출신 대통령이 두 번이나 나온 이 시점에도 어떤 처벌도, 진심 어린 반성이나 사죄도 없이 '명예롭게' 죽었거나 여전히 안락한 삶을 영위하고 있다.

국가보안법을 없애기 위한 싸움은 국가보안법의 피해자였던 김대중이 대통령이 된 '국민의 정부'에서 본격화되었다.

국가보안법 폐지를 위한 연대기구가 생기고 국제사회를 통한 시민사회의 계속된 문제 제기로 유엔인권이사회의 법 개정 권고를 이끌어내기도 했다. 이러한 영향으로 2004년 8월 국가인권위원회는 정부에 국가보안법 전면 폐지를 권고했으며, 그해 12월 수많은 사람들이 여의도 국회 앞에서 무기한 단식농성을 벌였다. 그러나 정치권을 중심으로 한 극심한 여야 대치, '민생과 무관한 소모적' 이념 갈등으로 이 문제가 축소, 왜곡되면서 결국 법의 폐지도, 개정도 이뤄내지 못한 채 싸움은 일단락될 수밖에 없었다.

이 과정에서 시민사회가 다시금 확인한 것은 국가보안법이 단순한 하나의 법률이 아니라 견고한 분단체제의 산물이자 그 자체가 하나의 체제이며, 헌법에서 보장하는 기본권을 순식간에 무력화하고 자유민주주의라는 헌법 이념 위에서 국가와 사회를 규율하는 헌법 위의 법이라는 점이다. 따라서 국가보안법 문제를 제대로 직면하고 국가보안법을 없애기 위해서는 선거 결과나 국회 의석수에 따른 정치 지형의 변동만이 아니라 사회적, 문화적으로 다양한 접근과 성찰에 기초해야 하며 이를 통해 근본적인 담론의 재구성이 필요하다.

2

"'말씀'의 세계에서 내쫓기는 것도 비참하지만
그것에 감금당하는 것은 더욱 비참한 일이다."

―버지니아 울프

법은 텍스트이고 법조문으로 존재하지만 그것이 공권력, 사법 권력에 의해 말해질 때 비로소 행사되고 힘을 발휘한다. 그런 의미에서 말은 언제나 입장 표명이고 선언이며, 말이 다투는 자리는 이념이 각축하는 정치적 공간이다. 여기서 말할 수 없는 이들, 말할 자격을 갖지 못한 이들은 한나 아렌트의 표현을 빌리자면 '권리들을 가질 권리'가 박탈된 자들, 정치공동체에 입장하지도 소속되지도 못한 사람들이다.

국가/보안법은 끊임없이 말의 자리에 입장할 수 있는 이들과 입장하지 못한 이들, 말할 권리를 부여받은 이들과 부여받지 못한 이들을 구분하고 분리시키며 전자는 국민으로, 후자는 비국민, 빨갱이, 불순분자, 불온 세력, 주사파, '종북'으로 낙인찍은 뒤 배제하거나 제거했다. 질문을 봉쇄하고 타자화에 기반을 둔 공포가 '제거해야 마땅한 사람들'을 가둘 때 국가보안법은 작동한다. 그러므로 스스로의 목소리를 가지고 말의 세계에 입장하는 것, 말에 감금된 세계에서 벗어나 다른 목소리를 전하고 남기는 일은 곧 국가/보안법의 질서와 권력을 흔들고 균열을 내는 일이다.

이 프로젝트는 '국가보안법을 박물관으로'라는 시민운동을 준비하면서 국가보안법이 폐지되어 국가보안법 박물관이 만들어진다면, 아니 그 이전이라도 국가보안법과 관련된 목소리들을 기록하고 보존해야 한다는 문제의식에서 출발했다. 그리고 우리가 들어야 할 목소리의 첫 번째 주인공으로 여성을 소환했다. 왜 국가보안법에서 여성의 목소리인가?

이 질문은 지난 70년간 국가보안법의 피해와 저항의 역사에서 여성들의 목소리는 왜 들리지 않았는가라는 질문으로 바뀌어야 한다. 묻지 않는 이야기가 현실에 당도할 수 없다는 점에서 모든 피해는 동일하며 저항의 경험 역시 그러하다는 전제에서 여성들이 겪었던 피해와 저항의 경험들, 그 질곡들은 질문되지 않았고 그랬기에 들리지 않았던 것은 아닐까? 어쩌면 여성들이야말로 말의 세계에서 한편으로는 배제되고 한편으로는 감금된 이들이지 않을까? 이제 늘 조연의 자리에서 질문받던 여성들이 주연으로 등장하는 것이 아니라 여성의 목소리를 통해 주연과 조연을 나누는 기준이 무엇인지를 묻고, 그 기준을 다시 설정해야 하지 않을까?

그렇다면 여성의 삶으로 국가보안법을 본다는 것, 여성의 목소리로 국가보안법을 이야기한다는 것은 어떤 의미일까? 첫째, 역사 다시 쓰기다. 여성들의 증언을 모으는 것은 단지 역사 속에 부재한 여성의 자리를 채우려는 것만이 아니라 국가/보안법의 맥락 속에서 '여성'이란 무엇을 의미하는지, 여성과 남성은 국가에 의해 어떻게 구분되고 구획되는지, 국가/보안법과 맞선 사회운동에서 여성은 어떤 위치와 조건에 놓여 있는지에 대한 사유를 의미한다. 즉 역사의 재해석과 재맥락화를 통한 재의미화 과정이며, 이는 지워진 여성의 역사를 드러냄으로써 역사를 다시 쓰기 위한 정치적 기획이자 여성 존재를 사회적으로 가시화하는 싸움이다.

둘째, 여성의 경험과 사유를 지식화하고 언어화하는 작업이다. 국가보안법에 의한 사회적, 개인적 고통에도 불구하고 이들에 대한 소외와 배제는 필연적으로 공식 역사에서 주변화를 낳았고 지식과 언어에서 소외를 불러왔다. 따라서 국가보안법과 관련된 여성의 증언을 재구성하는 것은 여성이 배제와 지배를 뒤엎는 데 사용했던 언어와 지식, 행위에 대한 주목이자 발견이기도 하다. 이렇게 국가보안법의 담론에서 여성을 살아 있는 존재로 부활시키는 과정에서 그 서사를 통해 운동사가 재구성되어 새로운 관점과 시선, 새로운 장르가 만들어지길 바란다.

3

"우리는 우리가 이야기한다고 생각하지만,
 종종 이야기가 우리에게 말을 걸기도 한다."

　―레베카 솔닛

　《다크룸》(수전 팔루디 지음)이란 책을 읽으면서 서양 사람들이 전화를 받을 때 하는 '헬로'가 전화기를 발명한 토머스 에디슨의 조수가 만든 신조어란 사실을 알게 되었다. 그 조수는 헝가리 사람이었고 헝가리 말 '할룸'은 '듣고 있어요'라는 뜻이라고 한다. 듣고 있어요.

　이 책에 담긴 목소리의 주인공들은 1970년대 대학생이었던 이들부터 이제 막 40대에 들어선 이들, 1980년대 사건부터 불과 10년도 안 된 사건의 관계자들, 탈북민 간첩 조작 사건 피해자와 국가보안법 투쟁의 산증인이자 언제나 최전선에 섰던 민가협 어머니들 등이다. 매우 다양한 듯 보이지만 70여 년 국가보안법 투쟁의 역사에서 아주 작은 몇 개의 조각일 뿐이다.

　이들의 목소리를 온전히 듣고 기록했다고 장담하기 어렵다. 차마 입 밖으로 나오지 못한 말들, 마음속에서 맴돌며

읊조린 소리가 터지듯 말로 나오기 시작하면 떨림과 긴장 속에서 끊어지기도 이어지기도 하는 가운데 서사가 되지 못한 단어들, 문장들이 곳곳에 숨어 있다. 하지만 기록자들이 할수 있는 것은 서사를 구성해 이어진 문장으로, 문단으로 글을 구성하는 것이다. 이 과정에서 얼마나 많은 말들이 흩어지고 듣지 못한 말로, 쓰지 못한 글로 남아 있을지 짐작하기 힘들다.

서서히 균열을 보이고 있지만 여전히 남성중심주의가 강하게 작동하는 한국 사회에서, 그리고 그 자장에서 자유로울 수 없는 사회운동 내에서 아직도 여성의 경험과 목소리, 여성의 자리는 비어 있거나 생략되기 일쑤다. 그러므로 이러한 퍼즐 맞추기는 결국 실패가 예정되어 있을 수밖에 없다. 남성을 중심으로 만들어진 역사, 그 글자판에 맞추어 들어갈수 없는 파편들이 어째서 어긋날 수밖에 없고, 맞춰질 수 없고, 덜걱거리며 불화할 수밖에 없는지, 여성들의 목소리와 경험의 발굴을 통해 질문이 이어지길 바란다.

이 책이 나오기까지 가장 중요한 역할을 한 분들은 당연히 큰 용기를 내어 목소리를 나눠준 열한 분의 구술자들이다. 우리가 한 기록이지만 이 책의 첫 번째 저자는 바로 이분들이다. 더불어 너무나 소중한 이야기를 덧붙여주신 정희진 님에게도 깊은 감사를 드린다.

이 프로젝트에 함께한 정택용 사진가는 "사진을 찍는다

는 건 여러모로 죄 짓는 일"이라는 소회를 밝혔다. 힘들고 고통스러운 기억에 대한 질문도 마찬가지다. 이야기를 듣는다는 것은 어쩌면 누군가와 그리고 무엇인가와 연루되는 일이다. 그럼에도 이야기는 이야기꾼에게 가닿고 다시 이야기꾼의 말에 귀를 쫑긋 세우는 청자에게 전해질 때, 그 청자들이 다시 이야기꾼이 될 때 비로소 이야기가 된다.

할롬. 우리 식으로는 여보세요. '여보세요'에는 '듣고 있어요'와 '듣고 있나요?'의 의미가 모두 담긴 것 같다. 여기에 기록된 목소리, 행간에 깃든 목소리, 그리고 차마 말해지지 못했고 기록되지 못한 이야기까지도 널리, 오래 전해지길.

할롬.

프로젝트에 함께한 이들의 뜻을 엮어서,

강 곤

차례

우리는 선택했고
그 결단에 따라 감수한 것이죠

구술

김은혜

글

강곤

1970년 11월 13일 전태일의 분신은 사회적으로도
그랬지만 특히 대학생들에게 커다란 충격이었다. 당시
대학생은 15만 명 정도 되는 특권 집단이었고 당연히 엘리트
의식도 강했다. 그러한 때에 동시대를 살던 또래 젊은이가 남긴
"대학생 친구가 한 명이라도 있었더라면"이라는 말, 그리고 그가
고발한 노동 현실은 많은 대학생들에게 깊은 영향을 주었다.
유신이라는 폭압적인 군사독재 체제에 맞서 변변한 조직을 갖추기
어려웠던 학생운동과 사회운동은 주로 종교계를 중심으로 그
명맥을 유지하고 있었는데, "도산(도시산업선교회)이 들어오면
도산한다"는 말이 돌 정도로 노동운동에서 중심이었다.
1979년 박정희의 죽음으로 유신체제가 막을 내리고 그다음 해에
벌어진 5·18 광주민주화운동은 또 다른 영향을 미쳤다. 체계적인
이론과 조직을 갖추고 독재정권과 맞서야 하며, 그것은 소수
엘리트가 아니라 노동자, 농민 등 민중과 연대할 때만 가능하다는
깨달음이었다. 이러한 움직임은 전두환 신군부에 큰 위협이었기에
5공화국 정권은 이에 대해 가혹하리만치 탄압하면서 북한과
연계된 불순분자, 공산주의자, 빨갱이라는 덧칠을 했다. 대표적인
사건으로 유신 말기 남민전(남조선민족해방전선) 사건, 1980년
김대중 내란 음모 사건, 1981년 학림 사건과 부림 사건 등이 있다.

'미스 마산', 김은혜

1951년 전쟁 통에 태어났어요. 올해 제 나이가 칠순이에
요. 경상남도 마산이 고향이고요. 7남매 중 딸로는 둘째, 딸
여섯에 오빠 하나. 마산의 딸 부잣집이었죠. 부모님은 당시로
는 정말 특별하게도 연애결혼을 하신 분들이에요. 어머니는
지금은 경상대 간호학과로 바뀐 진주간호학교를 마치고 마
산의 경남도립병원 간호사로 일하다 아버지를 만나셨죠.

그래서인지 그렇게 부잣집도 아닌데 아들, 딸 구별 없이
차별 않고 다 공부를 시키셨어요. 돌아가신 아버지는 공부를
많이 하신 분도 아니고 초등학교만 졸업하셨는데, 굉장히 사
람들을 좋아하셔서 늘 우리 집은 잔칫집 같았어요. 마산도 부
산 못지않게 피난민이 많았어요. 상이용사가 집에 오건, 피난
민이 집에 오건 늘 따뜻하게 쌀이며 고추장이며 다 퍼주셨어
요. 아버지가 늘 하시던 말씀이 이거였어요. "제일 못난 인간
이 자기보다 못한 사람을 무시하고 그 사람 위에 군림하려는
인간이다. 그렇게 살면 안 된다." 두 분 모두 제 삶의 첫 스승
이었어요.

어머니는 올해 99세신데 지금도 보청기 없이 대화가 가
능하고, 지팡이도 안 짚으세요. 오늘 아침에도 전화했는데,
이러시더라고요. "은혜야, 고맙다. 그리고 사랑한다." 제가 평
생 살면서 어머니한테 정말 좋은 에너지를 많이 받아요.

어머니가 간호사를 그만두고 나서 우리 집이 시장에서 식품 빼고 다 파는 잡화점 같은 것을 했는데 주변 상인분들에게 정말 잘하셨어요. 그래서 아버지가 돌아가셨을 때 시장 상인분들이 다 오셔서 많이 위로해주셨죠. 저도 어려서부터 저렇게 나누며 사는 거구나, 하고 배웠던 것 같아요.

그때는 지금과 다르게 4월 1일에 학교에 입학했는데, 저는 생일이 늦어서 다음 해에 입학해야 했지만 동네 또래들이 다 학교에 가니까 나도 보내달라고 막 떼써서 일곱 살에 들어갔어요. 그리고 4학년 때 3·15 부정선거[1]를 겪었죠. 어린애들도 어른들끼리 얘기하는 걸 듣게 되잖아요. 공무원, 이런 사람들이 정말 노골적으로, 공공연히 부정을 저지르는 게 다 보이니까 사람들이 정말 해도 해도 너무한다며 민심이 흉흉해졌어요. 그래서 3월 15일 선거 날 데모가 시작됐죠. 그때 오빠가 마산중학교, 큰언니가 마산여고에 다녔어요. 언니, 오빠만이 아니라 초등학생들도 데모에 나갔어요. 그때 본 거죠, 사람들이 불의에 맞서 싸우는 것을.

저는 못 가봤지만 언니, 오빠는 김주열 시신이 떠올랐을 때 보러 갔어요. 그때는 경찰이 시위대에 총도 쐈거든요. 다행히 우리 가족 중에는 없었지만 주변에 죽거나 다친 사람들이 있었어요. 저희 집이 창동이라고 마산의 중심가에 있었는데, 할머니가 창가에 솜이불을 쌓아놓고 기도하시던 것도 기억나요. 나중에 고등학교에 가서 당시 마산에서 데모했던 것,

3·15 부정선거에 대해 발표했어요. 그래서 학교에서 제 별명이 '미스 마산'이 되었죠.

그때는 중학교, 고등학교를 다 입시를 봐서 들어가야 했는데, 화폐 개혁이 있은 다음에(박정희가 5·16 쿠데타를 일으키고 나서 화폐 개혁을 했거든요) 아버지가 여기저기 빌려줬던 돈을 못 받고 그러면서 집안 형편이 어려워졌어요. 1965년에 고등학교 원서를 쓸 때 부모님이 집안 형편상 서울 유학은 어렵다고 선생님에게 그랬어요. 그래도 일단 시험만이라도 보고 오라고, 담임선생님하고 다른 선생님들이 차비를 모아주셔서 서울로 가서 시험을 봤어요. 경기여고에 붙었는데, 어떤 목사님이 자기 딸들이 들어간 기숙사에 들어가게 해주셔서 마산을 떠나 서울로 가게 되었죠.

여공들의 삶을 목격한 15일

외삼촌이 독립운동을 하셨어요. 제가 대학에 들어가 학생운동을 할 때 병문안을 한 번 갔는데, 저보고 피는 못 속인다고 그러시더라고요.(웃음) 어린 시절 마산에서의 경험도 있다 보니 자연스럽게 대학에 가서 학생운동을 하게 된 거 같아요.

제가 70학번이에요. 1970년 이화여대에 입학했는데 그때는 시국강연회 같은 게 많았어요. 함석헌 선생님 같은 분의 강연도 들으러 다니고 했는데, 그해 11월에 전태일 열사가 돌아가셨어요. 그 영향이 제일 컸어요. 그래서 학생운동을 하면서 노동운동, 노동자들의 삶에도 관심을 가지게 된 거죠.

제가 대학에 다닐 때는 4년 내내 1학기만 학교가 열리고 2학기는 강제 휴교를 했어요. 박정희 정권이 데모를 못 하게 아예 학교 문을 걸어 잠근 거죠. 2학년 때부터 '새얼'이란 학내 동아리에 참여하면서 우리 학교뿐 아니라 다른 학교 학생들과 같이 모임도 하고 대외 협력, 연대 사업을 담당했어요.

2학년 때 제가 다니던 교회에서 학생운동을 하는 대학생들이 모여 2박 3일 연합 엠티를 갔는데 그 엠티 제목이 '부활과 혁명'이었어요.(웃음) 거기서 지금의 남편을 만났어요. 남편 신철영은 서울대 공대(그때는 공대가 태릉에 있었어요)를 다니고 있었는데 저랑 비슷하게 노동운동, 노학연대에 관심을 갖고 있어서 금방 가까워졌죠.

3학년 때는 노동자들의 삶을 직접 경험하고 싶어서 친구들과 현장에 들어갔어요. 그때 산업화라는 게 일방적으로 노동자, 농민의 희생을 강요했고 그래서 노동자들과 정기적으로 만나고 토론도 하다 보니 진짜 현장이 궁금했거든요. 그래서 3학년 여름방학 때 선배 이름으로 위장취업을 했어요. 문래동에 양탄자를 만드는 공장이었는데, 뻣뻣한 말털 뭉치를 쇠꼬챙이가 박힌 나무판에 맨손으로 쳐서 엉킨 것을 가지런히 풀어 일본에 수출하는 공장이었어요. 말털이 아주 뻣뻣한데 그걸 맨손으로 훑치니까 손이나 팔이 긁혀서 상처가 많이 났죠. 당시 커피 값이 50원이었는데 우리 일당이 135원이었어요. 우리가 묵었던 문래동 가겟집 2층 다락방의 월세는 5,000원이었고요.

우리는 원래 한 달 예정으로 현장에 들어갔지만 보름 만에 나왔어요. 저도 그랬지만 같이 들어갔던 친구가 너무 고민이 커서 힘들어했거든요. 우리는 한 달만 하면 다시 여대생(당시 여대생이라고 하면 여자들 중에서 매우 큰 기회를 얻은 집단인 거잖아요)이 되는데, 공장에 있는 여공들은 초등학교를 막 졸업했거나 중학교에 다니다가 공장으로 와서 돈 벌어 시골집에 보내는 열세 살, 열네 살짜리 아이들이었어요. 우리 집이 부잣집은 아니지만 나는 이런 기회를 누리고 사는데 그런 이들을 보면서 내가 계속 대학을 다녀야 하나, 이런 고민이 생겼고, 우리끼리 토론한 뒤 일단 학교로 돌아가 선배들과 같이 얘기하기로 결정이 났던 것이죠.

저는 일단 학교에 남아서 학생운동, 그리고 노학연대를 계속해야 한다고 얘기가 되었어요. 3학년이 되면서 동아리 회장을 맡게 되었는데, 지금 하고 있는 실천이 중요하다, 학교에 남아서 이화여대 학생운동을 책임져야 한다는 거였죠. 그때는 정말 열정적으로 학생운동을 했어요. 노동자들과 연대해서 손수건도 만들어 팔고, 볼펜도 팔고. 그리고 기독학생

우리는 선택했고 그 결단에 따라 감수한 것이죠

총연맹이란 단체에서도 활동했는데 종로5가 기독교회관에서 제가 겪은 그 보름 동안의 공장 체험을 발표하기도 했어요. 막 울먹이면서. 그 자리에 남편도 있었죠.

그때 박형규 목사님이 계시던 제일교회를 다녔는데 거기는 완전히 해방구 같은 곳이어서 노동자들과 모임도 하고 〈장렬한 화염〉이라는 연극도 올렸어요. 그때 민청학련² 지도부에서 저를 만나자는 연락이 왔어요. 이화여대만이 아니라 여대생 총괄 책임을 맡아달라는 거였어요. 하지만 거절했죠. 이미 노동운동을 하겠다고 결심을 굳혔고, 또 민청학련과 연결되면 제가 관여하는 현장도 너무 위험해질 것 같았거든요.

1973년에는 이화여대에서 제가 11월 28일 시위를 주도하게 되었어요. 10월 유신에 저항하면서 박정희 정권 규탄, 구속 학생 석방, 민중 생존권 보장을 걸고 집회를 했는데 계획에 없이 교문 밖까지 진출하게 되었고, 이 가두시위가 사회적으로 큰 반향을 일으켰죠. 그때 김옥길 총장님이 학생들을 못 잡아가게 총장실에서 보호해주셔서 이틀인가를 총장실에서 농성도 했어요.

이 사건으로 숨어 다녀야 했는데 그다음 해에 민청학련 사건이 터졌어요. 그때 김지하 선배가 잡혀갔는데 제가 지학순 주교님에게서 자금을 받아 전달해줬다고 한 거예요. 아마 누군가를 보호하려고 제가 했다고 거짓말을 했을 거예요. 저는 공개된 사람이고, 지학순 주교님이 계신 원주교구를 드나

들면서 주교님과 친분도 있었으니까요. 어쨌든 제 이름이 신문에 대문짝만 하게 났어요. 그 뒤로 경찰이 저를 잡으려고 친인척까지 찾아가고, 새벽같이 들이닥치고, 난리가 났죠. 졸지에 민청학련 수배자가 되어 도망 다니다가 13개월 만에 사건이 마무리되고 가족을 만날 수 있었어요.

애 업고, 기저귀가방 둘러메고

가족들이 저를 보니 제 꼴이 엉망이어서 바로 병원에 데려갔어요. 갔더니 오른쪽 폐가 많이 망가지고 왼쪽도 폐결핵이 전이되었다고 하더라고요. 도망 다니면서 불안정한 생활에 스트레스를 많이 받아서겠죠. 요양원에서 11개월 있다 나와서 마산 가톨릭여성회관에 있는 여성 노동자 교육상담센터에서 조금 일하다 다시 건강이 안 좋아졌어요. 그래서 또 요양 생활을 하고 인천산업선교회에서 실무자로 잠깐 일하다 쉬던 시기에 동일방직 사건[3]이 터졌어요. 저는 실무자도 아니면서 자원활동가로 동일방직 투쟁을 지원하다가 1978년 4월에 결혼을 했죠.

결혼을 하려면 방 한 칸이라도 있어야 하니까 남편이 학교를 졸업하고 한양주택이란 회사에 잠깐 다녔어요. 그런데 얼마 뒤에 영등포산업선교회 목사님이 갑자기 구속되면서 남편이 거기 실무자로 들어가게 되었고 그 뒤로 10년 동안 거기서 일했어요. 저는 아이를 낳아 키우면서 자원활동을 했죠.

　　남편이 잡혀간 건 1981년 8월 3일이에요. 둘째 아이가 1980년 6월 19일 생이니까 갓 돌이 지났을 때였죠. 큰애는 네 살이었고요. 그날 모처럼 친정에 가기 위해 짐을 챙겨 기차를 타러 나가려는데, 우리 집에 네 명의 떡대 같은 놈들이 나타나서 남편한테 후배에 대해 물어볼 게 있다고 하더니 바로 잡아갔어요. 남편이 그렇게 잡혀간 뒤 기저귀 가방 둘러메고 둘째는 업고 큰애는 손잡고 방방곡곡 남편을 찾으러 다녔어요. 사태를 파악하려고 여기저기 수소문해봤지만, 처음 며칠 동안은 어디로 잡혀갔는지도 몰랐어요. 나중에 남영동 대공분실로 갔다는 걸 알았어요. 일단 지학순 주교님을 찾아가서 남편이 잡혀간 사실을 알리고 상황을 파악해보니까 이게 보통 일이 아니구나, 이놈들이 완전히 큰 그림을 그리고 있구나 알게 되었죠. 제가 운동을 쭉 하고 있었으니까 촉이 오잖아요. 이게 옥바라지만 해서 될 일이 아니다 싶더라고요.

　　당시는 5·18 직후라 굉장히 엄혹한 시절이었어요. 박정희 때도 그랬지만 술집에서 말 한 마디만 잘못해도 '막걸리 보안법'에 걸려 소리 소문 없이 잡혀갔죠. 그래도 우리 같은 사람들은 잡혀가면 어디다 호소하고 알려야 할지 알고 있었지만, 그렇지 못한 사람들은 그냥 잡혀가서 두들겨 맞고 옥살이를 하거나 간첩이 되기도 했어요.

이태복[4] 씨가 언제부터 없어졌는지, 또 누가 잡혀갔는지 확인해보고, 가족들의 연락처를 모으고, 지금 민변(민주사회를 위한 변호사모임)의 전신인 정법회(정의실천법조인회)에 가서 변호사들을 만나고, NCC(한국기독교교회협의회) 인권위원회 목사님과 의논했어요. 그때부터 매일 종로5가 기독교회관에 작은애 업고 기저귀가방 메고 큰애 손잡고 나갔죠. 또 제가 학교 다닐 때부터 연대 사업을 해서 사람들을 많이 알잖아요. 누구를 만나야 할지, 어디를 가야 할지 잘 알기 때문에 가대위(가족대책위원회)를 빨리 꾸리고 활동하는 데 도움이 많이 됐어요.

우리 사건 전에 5·18이 터지고 김대중 씨랑 왕창 잡혀갔잖아요. 이희호 여사님 등 거기 분들은 다 점잖으셔서 우리처럼 하지 않았기에 우리 대책위가 화젯거리가 됐어요. 우리는 우르르 몰려다니면서 갈 수 있는 데는 다 다녔으니까. 처음에는 이태복은 빨갱이, 이렇게 빨간 딱지를 딱 붙여놓아서 사람들이 피하기도 했어요. 그런데 박형규 목사님 같은 분들이 나서서 이태복, 신철영은 절대 빨갱이가 아니다, 이렇게 얘기해주셔서 조금씩 나아졌죠.

잡혀간 사람 중에 홍영희라는 후배가 있었는데, 아버지가 군인이었어요. 그런 일을 당하면 얼마나 주변에서 하는 말이 많겠어요. 이런 사건은 전관예우를 받는 공안검사 출신이 변호해야 한다는 말을 들으셨대요. 그래서 다 정법회 변호사들로 공동 변호인단을 꾸렸는데, 거기만 따로 했어요. 하지만 재판을 쭉 지켜보니 이건 아니다 싶어서 나중에 우리 변호인 단으로 들어오셨죠. 영희 아버지가 하루는 재판을 보고 나와 서 그러시더라고요. "다들 젊은 예수들이구만."

유동우[5] 씨는 제가 인천산업선교회에 있을 때부터 알고 지낸 사이인데, 그분이 쓴 《어느 돌멩이의 외침》이 국가보안 법을 위반한 불온서적이라 해서 잡혀갔어요. 공장의 열악한 노동조건을 고발하고 노동삼권을 보장하라는 내용인데 말이 죠. 심지어 에드워드 H. 카의 《러시아혁명사》, 《역사란 무엇 인가》 같은 저명한 외국 학자의 책도 불온서적이라는 거예 요. 그래서 서울여대 교수인 이우정 선생님의 도움을 받아 이 어이없는 사실을 영국에 알렸더니 영국에서 한국 정부로 항 의가 오기도 했죠. 저는 교수님들을 쫓아다니며 카의 책들이 어떤 책인지 서평을 써달라고 했는데 고맙게 써주신 분들도 있지만 많은 분들은 미안하다, 나는 못 한다고 거절하셨어요. 하여튼 우리가 할 수 있는 일은 다 했어요.

종로5가의 추억

너무 죄송하게도 남편이 1982년 5월 20일에 집행유예로 나왔어요. 친구들, 후배들을 감옥에 두고서 남편만 먼저 나온

사건이 터진 뒤 압수됐다가 뒤에 돌려받은 유동우의
《어느 돌맹이의 외침》. 1970년대 노동자의 삶과 투쟁을 기록한
노동자문학의 고전으로 평가받는다. 전두환 정권은 이 책과 더불어
E. H. 카의 《러시아혁명사》, 《역사란 무엇인가》 같은 책들도
불온서적이라며 압수해 증거로 쓰려고 했다.

우리는 선택했고 그 결단에 따라 감수한 것이죠

거예요. 저는 신철영을 석방하라고 싸운 건 아니었어요. 우리가 왜 운동을 했는지, 우리 운동이 얼마나 정당한지, 우리가 왜 빨갱이가 아닌지, 정권이 얼마나 나쁜 짓을 하고 있는지를 널리 알리는 게 중요했죠. 이태복 씨는 무기징역, 다른 사람들은 몇 년씩 실형을 받았는데 남편만 집행유예니까, 우리 둘 다 마음이 편하지가 않았어요. 아마 제가 너무 열심히 해서, 가대위가 너무 드세니까 제 남편을 풀어주면 좀 사그라질 거라고 생각했던 게 아닐까 싶은데, 모르겠어요.

어느 날 종로5가 기독교회관에서 나오는데 낯선 사람들이 차로 저를 낚아챘어요. 다행히 가대위 어머니들이 옆에 있어서 우리 애들을 잡아주셨죠. 차에 타자마자 눈을 가리고 어디로 데려갔는데 나중에 알고 보니 옥인동에 있는 치안본부 분실이었어요. 거기 들어가니 벽이 다 빨갛게 되어 있었어요. 그리고 박종철[6]을 고문한 방처럼 욕조 하나, 책상 하나밖에 없었어요. "아줌마, 여긴 빨갱이 잡아서 조사하는 뎁니다" 하면서, 나가면 여기로 잡혀온 것을 밝히지 않겠다고 서약서를 쓰라더군요. 저는 무슨 소리냐면서 버텼는데 그래도 잠을 재우지는 않고 얼마 뒤에 풀어줬어요. 아마 저한테 겁을 주려고 했던 것 같아요.

그때를 생각하면 제일 미안한 게 제 딸이에요. 사건이 장난 아니다 보니, 이태복 씨가 나중에 무기징역으로 바뀌긴 했지만 (검찰 구형은) 사형을 받았잖아요. 돌이 갓 지난 아이를 업고 매일 사람 만나고, 유인물 돌리고 하다 보니 기저귀를 제때 못 갈아줬어요. 밤늦게 집에 오면 아이 가랑이 사이가 빨갛게 부어 있어요. 그럼 그제야 물 덥혀서 닦아줬죠. 그게 지금도 딸한테 너무 미안해요.

눈만 뜨면 애를 업고 한 손에 기저귀가방, 한 손에 유인물 들고 종로5가로 나갔는데 집 앞에 담당 형사가 꼭 지키고 있었어요. 그런데 그 형사가 나를 해코지는 안 했어요. 못 가게 막으려고 했으면 막았겠죠.

"아저씨, 나 이거 오늘 돌릴 거예요. 시말서 쓰지 말고 가서 보고하세요."

그러고는 유인물 한 장 주고 종로5가로 갔어요. 그때는 기독교회관 7층 전체가 다 저희 사무실이었어요. 제가 진정서나 유인물을 쓰면 철필로 다시 다른 사람이 쓰고, 그걸 등사기로 밀고. 다른 방 가서 번역을 부탁했죠.

제일 고마운 분들은 그때 저를 믿고 따라다니셨던 어머니들이에요. 저는 그래도 30대 초반의 새파란 새댁이고 열정적으로 운동하는 사람이니까 빠릿빠릿하게 다니는데 어머니들은 쫓아다니기 힘드셨을 거예요. 자가용도 없고 택시를 탈 형편도 안 되니 맨날 버스 타고 전철 타고, 오늘은 윤보선 전 대통령 만나러 안국동에, 오늘은 지학순 주교님이 써준 편지를 들고 김수환 추기경님 만나러 명동에…… 어머님들은 연세도 있는데 이만저만 고생이 아니었죠. 그런데도 두말없이

우리는 선택했고 그 결단에 따라 감수한 것이죠

따라 나서주셨으니.

현장 대기조로 살았던 시절

당시 영등포에 있던 저희 집이 어떤 집이었냐 하면, 영등포 시장 골목 끝에 있고 방이 세 칸인데 두 칸은 세를 주고 저희는 방 하나에 살았어요. 낮에는 물이 안 나오니 밤에 큰 들통, 빨간 들통에 물을 받아 써야 했어요. 새벽같이 일어나 하루 종일 밖에서 활동하고 오면 받아놓은 물로 빨래하고, 설거지하고, 또 물을 채워놓고…… 그러면 잠을 많이 자야 네 시간? 날이 밝으면 또 진정서나 유인물을 써서 종로5가에 가 프린트를 부탁하고. 그때는 정말 초인적으로 살았어요. 온갖 사람들을 상대해야 하고, 중간중간에 경찰도 만나야 하고, 제 머릿속은 계속 회전해야 하고.

남편이 8월에 들어가서 다음 해 5월에 나왔는데, 더울 때랑 추울 때 불편한 집에 사는 게 정말 힘들어요. 기본적인 생활 시설 자체가 너무 열악하니까. 그렇지만 지금 당장 사람들에게 이 사건의 진실을 알리는 것이 너무 소중했기 때문에, 생활이 불편해도 어디 가서 투정할 데도 없고 피하거나 극복할 방법도 없으니 그저 견디는 수밖에 없었어요. 남편이 잡혀가서 죽을 뻔했는데 이까짓 것쯤이야 하면서 견뎌낸 거죠.

1970~1980년대에는 여성 노동자들의 운동이 활발했어요. 해태제과, 남영나이론, 대일화학, 원풍모방, YH. 하지만 거기서 노동운동을 하고 노조를 만들려고 하면 다 빨갱이로 몰렸죠. 근로자가 아니라 노동자라고 말하는 순간부터 빨갱이, 산업선교회도 빨갱이. 그런 일이 계속 터지니까 가대위 활동 전이나 후나 그때는 정말 현장 대기조로 살았어요. 그런데 거기 여성 노동자들과 만나서 얘기하면 고래고래 고함치고 소리 지르며 말하는 거예요.

"야, 기차 화통을 삶아먹었냐? 왜 이렇게 목소리가 커?"

"언니, 우리 공장에 한번 들어와봐. 그냥 얘기하면 안 들려."

기계 소음이 너무 심해 다들 난청이 된 거죠. 온갖 직업병을 가진 노동자들을 만나면서 저는 의료인들과 친해져 구로동에 구로의원을 만들게 되었어요. 1988년 문송면[7]이 수은중독으로 죽은 뒤에는 원진레이온 문제로 노동자들과 같이 투쟁하면서 녹색병원을 만드는 데도 같이하게 되었고요. 원진레이온 노동자들과는 친구가 되어 지금도 연락하고 있어요.

가장 힘들 때는 남편이 수배 중일 때였어요. 잡혀가면 맞고 그러더라도 일단 수감되면 '아, 남편이 서대문구치소에 165번 달고 있구나', 이렇게 안심이 되기도 하잖아요. 단 5분이나마 면회도 할 수 있고, 책도 넣어주고, 바깥 사정도 얘기해줄 수 있잖아요. 하지만 수배가 되면 이 사람이 지금 어디

우리는 선택했고 그 결단에 따라 감수한 것이죠

에 있는지, 언제 어디서 무슨 일을 당하는 건 아닌지, 밥은 제때 먹는지, 고문을 당했던 사람이라 건강은 어떤지 자꾸만 걱정이 되는 거죠. 제가 굉장히 낙천적인 사람인데도 남편이 수배 중일 때는 너무 불안했어요.

정말 속상했을 때는 큰애가 초등학교 4학년일 때였어요. 그때는 부천에 살고 있었는데, 어느 날 큰애가 학교 갔다 와서 오늘 교장실에서 형사를 만났다는 거예요. 형사가 와서 아빠한테 연락 없느냐고 물어봤대요. 이 얘기를 듣자마자 학교로 담임선생님을 찾아갔어요. 아무리 세상이 그렇다고 아이의 교육 공간에서 이럴 수 있느냐, 교장에게 따져야겠다고 했죠. 담임선생님은 아이가 너무 멀쩡해서 아빠가 그런 일을 겪고 있는 줄 몰랐다며 교장에겐 자기가 말할 테니, 다시는 이런 일이 없게 할 테니 제발 그냥 돌아가달라고 사정을 하더라고요. 선생님에겐 교장이 얼마나 어렵겠어요. 그래서 참았지만, 이 교장은 좋은 교육자가 아니다, 참 본데없다 싶더군요.

남편은 1981년 이후에도 두어 번 더 잡혀갔어요. 1987년에 6월항쟁이 끝나고 노동운동이 들불처럼 일어났잖아요. 그때 남편은 전국으로 노동조합 교육을 다녔는데 거제도 대우조선에서 이석규 씨가 최루탄을 맞고 숨지는 일이 벌어졌어요. 그래서 거기 조문 갔다가 잡혀 통영경찰서 유치장에 또 얼마 동안 있었어요. 거기는 구치소가 없으니 유치장을 감방 대용으로 만들어서 가둔 거죠. 그때 저는 구로동에 있는 노동자병원 상담실에서 일하고 있었는데 일주일에 하루 쉬는 날 통영까지 애들 데리고 면회를 갔어요. 가서 보면 운동을 못 해서, 햇볕을 못 봐서 얼굴이 하얗게 되어 있었어요. 구치소는 운동도 시켜주고 하지만 유치장은 그런 게 없잖아요.

나는 떳떳하다

그 시절에 어떻게 먹고살았냐고요? 1982년 5월에 남편이 나왔지만 우리 사건은 계속되고 있으니까 거기 매달릴 수밖에 없었어요. 그러다 1983년 2월에 막내가 태어났어요. 남편이 산업선교회에서 받아오는 10만 원으로는 기본적인 생계가 안 됐는데 당시 풀무원 사장이던, 지금은 국회의원을 하는 원혜영(남편 후배이자 제 친구)이 선배네 생활에도 도움을 줄 겸 도와달라고 해서, 운동하는 게 내 삶이니까 풀타임은 못 하고 내가 판매한 만큼만 받겠다 하고 풀무원 영업을 시작했어요. 현미 효소, 율무 효소 같은 것을 요즘처럼 예쁜 쇼핑백도 아니고 누런 박스에 담아 집집마다 다니면서 팔았죠.

그러다 1983년 11월에 부천으로 이사했어요. 부천에 집을 보러 다니는데 우리가 가지고 있는 돈으로는 전세방 하나도 구하기가 너무 힘들었어요. 게다가 애 셋을 주렁주렁 데리고 다녔는데 부동산 아저씨가 하는 말이, 애가 셋 있으면 집

우리는 선택했고 그 결단에 따라 감수한 것이죠

주인이 전세를 안 준다는 거예요. 그러면서 중동에 입주한 지 1년 된 주공아파트를 한번 보라고 추천해줬어요. 그때는 아직 중동역도 없을 때인데 거기에 가니까 정말 신세계더라고요. 영등포시장 안쪽의 아주 좁은 골목 끝에 있는 놀이터 하나 없는 동네에 살았는데, 거긴 동과 동 사이도 넓고 놀이터도 있고 너른 잔디밭도 있으니 눈이 확 뜨일 수밖에요.

13평, 15평, 17평이 있었는데, 처음에 15평을 보고 그다음에 13평을 보니 두 평 차이가 너무 큰 거예요.(웃음) 무조건 15평에 살고 싶더라고요. 그런데 전세는 안 된다고 해서 남편한테 그랬죠. "여보, 전세는 안 대. 사자!" 그때 우리가 가진 돈이 다 긁어모아서 500만 원이었어요. 하지만 집값은 1,260만 원. 700만 원이 더 필요한 거예요. 신협에도 가보고 여기저기 돈 빌릴 수 있는 데서 다 빌려 결국 아파트를 샀죠.

그덕분에 부천 여성의전화, 부천 생협, 부천 경실련을 만들 때 그 집을 담보로 대출받아 단체 운영비로 요긴하게 쓸 수 있었어요. 1991년에 남편이랑 저랑 부천 지역 운동을 시작했거든요. 그때 후배들에게 많이 혼났어요. 그전까지 저는 구로 노동자병원에 있으면서 노동자 건강권과 관련된 일을 하고, 원진레이온 투쟁을 지원하고 그랬는데 후배들은 그 일을 계속하라고 했어요. 그렇지만 1987년 6월항쟁이 끝나고 결국 노태우가 대통령이 되는 것을 보면서 우리 운동이 너무 허약하다, 더 아래로, 깊고 넓게 뿌리내려야 한다고 성찰한 사람들이 생겨났는데 저랑 남편도 그중 하나였죠.

풀뿌리 운동이 중요하다는 생각에 부천으로 활동을 옮겼는데, 하루는 부천 여성의전화에 자원봉사를 하러 온 분이 김은혜 선생님은 뭘 해서 먹고사느냐, 참 신기하다고 하더라고요. 자기가 삼성생명 영업소장을 하고 있는데 보험 판매를 해보지 않겠냐고 했어요. 그래서 나는 운동하는 사람이니까 일반 영업사원을 기대하지는 말아달라며 양해를 구하고 시간이 날 때만 사무실에 나갔어요. 몇 년간 그렇게 했죠.

어느 날 영업을 하다가 후배 하나를 만났는데 그 후배가 저를 붙잡고 울었어요. 언니는 왜 이렇게 사느냐고. 이화여대까지 졸업해서 왜 이렇게 사느냐고. 그래서 저는 말했죠.

"그런 말 하지 마. 난 운동을 하고 싶어서 운동하고, 자식 먹여 살려야 하니 돈도 벌어야 해. 난 떳떳해. 하나도 창피하지 않고 당당해. 남한테 손 내밀지 않고 내가 노동해서 자식들 먹여 살리고, 내가 좋아하는 운동도 하잖아."

도서관이 하나씩 사라지고 있다

남편은 제가 걱정할까봐 얘기를 잘 안 했어요. 나중에 이태복 씨가 칠성판에 묶여 고문을 당했다고 재판정에서 폭로하고 나서야 가족들도 고문 사실을 구체적으로 다 알게 되었죠.

"당신도 그렇게 당했어?"

"나도 그랬지, 뭐."

그게 다예요. 미주알고주알 얘기하질 않아요. 그도 인간이잖아요. 힘든 일도 있고 화나는 일도 있을 텐데. 그래서 제가 가끔 농담으로 그래요. 사람이 도사랑 사느라 힘들다고. 아무리 힘들어도 의연한 바위처럼 딱 버티고 있는 느낌. 남편은 앓는 소리를 안 해요.

사실 저도 풀무원 영업한 얘기, 보험설계사 얘기, 이런 걸 어디서 누구한테 해본 적이 없어요. 사람들한테 막 베풀고 연락해서 놀러 오라고 그러니까, 다들 제가 여유 있게 사는 줄, 잘 먹고 잘사는 줄 알아요. 실은 제 머리끝에서 발끝까지 다 언니, 오빠, 동생들, 친구들, 지인들이 사준 옷과 신발이에요. 그렇게 축복을 받고, 받은 것을 나누고, 그렇게 사는 거죠.

힘들고 아파도 견딜 수 있는 것은 견뎌내고, 내 선택에 책임을 져야 해요. 돈이 아니라 좋은 삶을 사는 것, 좋은 세상을 만드는 것이 훨씬 의미 있고 가치 있다고 생각했기 때문에 이런 삶을 선택한 거잖아요. 그 결단에 대한 책임은 나한테 있으니 불편함이 있더라도 감수해야죠.

남편이 수배 중일 때도 다 살아냈는데. 지금도 아침에 깨면 남편이 제 옆에 숨을 쉬고 있다는 것, 심장이 뛰고 있다는 것만으로도 너무 행복하고 감사해요. 부천에서 단체 만들어지역사회에 기여할 만큼 하고, 이제는 여기 괴산에서 마을 만들기를 하면서 후배들에게 "힘들면 놀러 와. 도시, 빌딩 숲에서 벗어나 힐링 하러 와" 이렇게 얘기하곤 해요. 뭐 대단한 것은 아니지만 그렇게 사람들을 불러서 쉬었다 가게 할 수 있는 것, 후배들을 안아줄 수 있는 것, 오면 밥 먹이고 재워주는 것. 이것도 참 고마운 일이죠.

정권만 바뀌었지 노동자들은 계속 사업장에서 죽어나가고 있어요. 우리나라는 여전히 노동자의 목숨을 쉽게 여겨요. 이 정부에서도 그래요. 아직 할 일이, 바꿔야 할 게 많아요. 그리고 국가보안법 역시 여전히 살아 있죠. 사실 국가를 지키는 법이 아니라 정의롭지 못한 방법으로 권력을 잡은 사람을 지키는 법이잖아요. 그러니 지금도 '문재인은 빨갱이', 이런 게 통하는 거예요. 더 좋은 삶을 살기 위해 돈을 써야 하는데 분단 상황에서 주한미군에게 돈이나 갖다 바치고 있고. 아직도 할 일이 너무 많아요.

그래도 저는 낙관적이에요. 제가 저한테 붙여준 별명이 '희망둥이'예요. 현실이 아무리 힘들고 어려워도 어떻게 해서든 일이 잘되게 하고, 낙관적으로 즐겁게 일하며 살자는 거죠.

제가 올해 칠순인데, 하늘나라 가는 게 순서도 없고 치매도 너무 흔하잖아요. 얼마 전에 이태복 씨 어머니를 뵈었어요. 남편이 잡혀간 그날부터 계속 만났고, 그 이후로도 만나면 반갑게 "동진이 엄마, 그때 너무 애썼어" 하며 반갑게 맞아 주셨는데, 온갖 얘기를 하다가 갑자기 "누구지?" 그러시더라고요.

이태복 씨 어머니가 재판정에서 "여러분은 자식 낳지 마라!" 하고 소리친 적이 있어요. 다 키워놓으니 빨갱이를 만들고 때리고 고문하고 그런다고. 어머니가 오죽하면 그랬겠어요. 그분도 그렇고 우리도 그렇고 가족들 역시 민주화운동을 한 거예요. 제 후배 홍영희의 어머니는 지금도 정신이 아주 또렷하세요. 그런 분들의 얘기가 빨리, 더 많이 기록되어서 기억되면 좋겠어요. 사람이 죽으면 누구 말마따나 도서관 하나가 없어지는 것이라고 하잖아요.

제가 정말 존경하는 친구가 있어요. YH 노조가 신민당사 점거 농성을 했을 때 잡혀갔다 나오고, 또 학림 사건으로 잡혀갔다 나와서 진짜 중요한 당사자죠. 누가 그 친구를 인터뷰하고 싶은데 저한테 도와달라고 했어요. 하지만 그 친구는 그 당시를 떠올리는 게 지금도 너무 힘들다, 그때가 너무 생생하게 살아나서 너무 힘들다고 하더라고요. 그 때문에 아직도 얘기하지 못하는 사람들이 많아요. 시민단체에서 후원금을 걷어 하는 치유 센터나 이런 것 말고, 국가가 나서서 그런 사람들이 치유될 수 있도록 해줘야 해요.

에필로그

김은혜, 신철영 부부는 몇 해 전 부천에서의 30년 생활을 접고 충북 괴산군 소수면 들꽃마을로 이주했다. 이들 부부의 이주는 은퇴 후 귀농이기도 하지만 지역 시민운동과 생활협동조합 운동 등 풀뿌리 운동의 연장이기도 하다. 서울에서 부천으로 옮길 때처럼 또다시 '빚을 잔뜩' 져야 했지만, 뜻이 맞는 사람들과 함께 살 집터를 구해 집을 지었으며 지금은 작은 음악회가 열릴 야외 공연장, 마을회관 겸 게스트하우스로 쓸 공동 공간까지 마련할 계획이다.

인터뷰 간간이 김은혜는 국가보안법으로 잡혀가서 당한 고문 때문에 내내 고생하다 결국 제 수명을 다하지 못하고 먼저 간 김병곤, 김근태 등 동료들과 선배들을 그리워하고 안타까워했다.

지금도 그는 틈틈이 지역 단체의 감사 보고서를 쓰고 코로나19로 인해 온라인으로 치러야 하는 총회의 자문도 해주느라 여념이 없다. 사진을 촬영하러 다시 찾은 날, 그의 집 마당에는 흙이 잔뜩 쌓여 있었다. 꽃밭을 가꾸고 나무를 심기 위해서였다.

학림 사건

1981년, 쿠데타로 정권을 장악한 전두환 신군부 세력이 노동운동
단체와 학생운동 단체를 엮어 반국가단체로 조작한 사건이다.
1970년대 후반부터 이태복을 중심으로 광주의 윤상원(5·18 당시
시민군으로 전남도청에서 사망), 도시산업선교회 신철영 등이
전국민주노동자총연맹(전민노련)이라는 조직을 만들어 조직적
노동운동을 준비하고 있었으며, 학생운동 내에서는 1980년 서울역
회군 이후 5·18을 겪으며 준비론을 펼쳤던 이른바 '무림' 진영과
즉각적이고 전투적인 투쟁이 필요하다는 '학림' 진영이 대립하고
있었다. 전민노련은 학림 진영과의 연대를 꾀하고 있었는데,
신군부가 이 두 조직을 이태복을 수괴로 한 반국가단체로 묶어
200명이 넘는 사람을 불법 연행, 구금했고 그중 24명이 구속
기소되었다. 이후 법정에서 고문 사실이 폭로되기도 했으나
재판부는 이를 인정하지 않았고, 모두 국가보안법 위반으로 판결이
최종 확정되었다. 이후 이 사건은 2009년 '진실, 화해를 위한 과거사
정리 위원회'의 재심 권고에 따라 2010년 재심을 통해 고문 등에
의한 조작 사건으로 드러났고, 관련자들은 무죄 선고를 받았다.

주

1. 1960년 3월 15일 치러진 정·부통령 선거에서 이승만이 부정과
   폭력으로 재집권을 시도하다 정권의 붕괴를 야기한 사건. 이후
   4월혁명으로 이어졌다.
2. 전국민주청년학생총연맹의 약칭. 1974년 당국은 관련자 180여
   명이 불온 세력의 조종을 받아 국가 전복을 꾀하고 공산정권

수립을 추진했다는 혐의로 조작 사건을 벌였고, 민청학련의
배후로 지목된 인혁당 재건위 피의자 8명은 대법원 선고 다음 날
사형이 집행되었다. 민청학련 관련자들은 이후 2009년 재심을
통해 무죄를 선고받았다.

3. 1978년 2월, 쟁의 중인 동일방직 노동조합 조합원들에게 사주
측인 '구사대'가 똥물을 뿌린 사건. 1976년부터 쟁의를 해왔던
동일방직 노조는 중앙정보부의 와해 공작 대상이었고, 해고된
노동자들은 블랙리스트에 올라 재취업을 할 수 없게 되었다.

4. 전민노련 중앙위원으로 학림 사건의 수괴로 지목받아 검찰이
사형을 구형했으나, 1심에서 무기징역을 선고받았고 1988년에
석방되었다.

5. 인천산업선교회에서 노동운동가로 활동하며《어느 돌멩이의
외침》이라는 수기를 발표했다. 전민노련의 중앙위원으로 학림
사건 당시 구속, 수감되었다.

6. 서울대학교 언어학과에 재학 중이던 1987년 1월 14일
하숙집에서 치안본부 대공분실 수사관에게 연행되어
남영동으로 끌려간 뒤 물고문을 받다 사망했다. 이 사건이
조작 은폐되었다는 것이 알려지면서 이후 6월항쟁의 기폭제가
되었다.

7. 중학교를 졸업하고 온도계, 압력계 등을 만드는 공장에 취직한
뒤 1년도 안 되어 수은중독으로 인해 17세의 나이로 사망했다.
그의 죽음은 원진레이온 등 한국 사회의 직업병 문제가 널리
알려지는 계기가 되었다.

여자들의 말하기는
저항이고 투쟁이에요

구술

유숙열

글

홍세미

2018년 남영동 대공분실에 갔어요. '고문 피해 실태조사' 때문이었는데 거의 40년 만이었어요. 5층에 들어서는데 갑자기 가슴이 턱 막혔어요. 박종철 방을 들어갔는데 내가 고문당했던 그 방하고 구조가 똑같았어요. 다 그대로 있어.(눈물) 침대도 있고, 욕조도 있고, 세면기도 있고, 수사관들이 앉아 있던 책상도 있고요. 그 순간이 오롯이 생각나면서 갑자기 숨이 안 쉬어지더라고요. 나는 잊고 살았다고 생각했어요. 살면서 한순간도 피해자이고 싶지도 않았어요. 그 일이 내 삶에 영향을 미치는 게 싫었어요. 거부했죠. 정말 잊고 살았어요. 남영동을 잊고 살았어요. 그런데…… 잊을 수가 없는 기억이었어요.

엄혹한 시절

고등학생 때까지 경기도 이천에서 살았어요. 그 시절 나에게 신문과 잡지는 세상으로 난 창이었어요. 아버지가 여러 신문을 구독하셨는데 그 신문들을 바닥에 펼쳐놓고 첫 장부터 마지막 장까지 다 읽는 게 일과였어요. 친구 집에 놀러 가면 친구 언니가 보는《여학생》,《학원》같은 잡지들에서 여성 잡지들까지 한편에 쌓여 있었는데 책장 옆에 앉아 하루 종일 코를 박고 읽곤 했어요. 특히 신문이나 잡지에 실린 연재소설

은 빼놓지 않고 챙겨 읽었어요. 그 무렵부터 신문이나 잡지에 글을 쓰는 기자가 되고 싶다는 생각을 했어요. 고등학교 다닐 때 친척들이 모여 있는 자리에서 "기자가 되고 싶다"고 이야기한 적이 있었는데, 삼촌이 기자는 사기꾼이나 깡패 같은 거고 남자들 일이라고 하셨어요. 여자는 교대에 가서 선생을 해야 한다고 하셨죠. 그런 이야기를 들어도 꿈이 바뀐 적은 없었어요.

대학 졸업 후 합동통신에서 잡지 기자를 모집한다는 신문 공고를 보고 지원했어요. 1978년에 입사했는데 월간《리더스다이제스트》라는 미국 잡지를 편집하는 부서였고 뉴스를 직접 다루는 부서는 아니었어요. 여성 기자가 흔하지 않던 시절이었는데 우리 부서에는 여성들이 더 많았어요. 그래도 여성이 부장이나 데스크로 승진하는 일은 상상할 수가 없었어요. 승진을 바라는 여자는 변태이거나 또라이라는 소리를 듣던 시절이었으니까요. 페미니즘을 만나기 전까지 나 역시 그런 문화를 당연하게 받아들였어요.

기자 생활 초반에는 보통의 직장인이었어요. 문제의식이 있어서 기자가 된 건 아니었으니까. 그러다 1979년 10·26 사태[1]가 벌어졌어요. 박정희는 내가 국민학교 다닐 때부터 계속 대통령이었는데 그때 철퇴로 뒤통수를 딱 맞은 것 같았어요. 정신이 번쩍 들었어요. '내가 역사 속에 살고 있구나. 정신을 차려야겠구나'라는 자각을 처음으로 했어요. 그 사건이 일어난 후에 기자 총회에 가본 적이 있어요. 어떤 선배가 일어나 "차라리 펜을 꺾을지언정 역사에 죄를 짓지는 말자"고 말하는 모습을 봤어요. 그 말을 한 선배는 후에 나하고 같이 해직을 당했죠.

엄혹한 시절이 계속됐어요. 모든 기사는 신군부의 검열을 받아야 했어요. 서울시청에 검열단이 상주했는데 군인들이었어요. 마감 시간에 기자들이 그날 편집한 대장을 들고 가면 군인들이 마치 편집장처럼 기사의 제목과 내용을 모두 검열했어요. 보통 신입 기자들이 갔는데 나도 간 적이 있었어요. 내가 있던 부서는 번역 글을 다뤘기 때문에 검열에 걸린 적은 별로 없었는데 미국 기름 값에 대한 내용이 문제가 돼서 삭제된 적이 있었어요. 중앙정보부 기관원들도 회사에 상주했는데 기자들 사이를 돌아다니면서 캐묻고 그랬어요. 미국 CIA 요원도 회사에 수시로 들락거렸어요. 자기들은 우리가 모를 거라고 생각했겠지만 다 알고 있었죠.

선배의 부탁

1980년 2월 합동통신 외신부의 김태홍 선배가 일종의 좌천을 당해서 우리 부서로 왔어요. 언론운동을 하던 선배였는데 진보 성향의 후배들에게 존경을 받는 분이었어요. 그해

여자들의 말하기는 저항이고 투쟁이에요

3월 31일 기자협회 회장이 되셨죠. 자리가 바로 옆이라 친했어요. 4월부터 전국 각지에서 민주화를 위한 대규모 집회가 있었고 학생들이 거리로 쏟아져 나왔어요. 그리고 5월 18일 광주에서 민주화 봉기가 일어났어요. 시민들이 죽어 나가는데 기자들은 보도를 못 했어요. 많은 기자들이 신군부의 광주 학살에 저항하기 위해 제작 거부에 들어갔어요. 김태홍 선배도 지명수배를 당해 쫓기는 신세가 됐는데 선배 얼굴이 티브이에 매일 나왔어요. 5월 어느 날엔가 전화가 왔어요. 선배였어요. 자기 숨을 데를 마련해줄 수 있겠냐고 하시더라고요.

그때 나는 고민하고 있었어요. '역사 속에서 나는 어떤 일을 해야 할까?' 선배 전화를 받고 내가 해야 할 일이 바로 이거다 생각했어요. 바로 화가 친구에게 부탁해서 친구 화실로 가시라고 했어요. 그러다 두 달 만에 발각됐어요. 주변 인물들을 다 고문하고 괴롭혀서 알게 됐겠죠. 아는 선배 중에 그 화실에 왔다 간 사람이 있었거든요. 화실 친구도 고문을 받았는지는 모르겠어요. 아마도 그랬겠지. 지금까지도 만나는 사이지만 당시 이야기를 한 번도 한 적이 없거든요. 서로 각오하고 한 일이었으니까요. 당시 선배는 수사관이 들이닥치자마자 친구 동생이 알려줘서 용케 피하셨대요.

7월 17일 새벽이었어요. 제헌절이라 날짜를 잊어먹지도 않아요. 그때 나는 상수동의 한 아파트에서 여동생과 둘이 살고 있었는데 그날은 전날 같이 야근했던 여자 선배도 우리 집에서 잤어요. 새벽에 초인종이 울렸어요. 그 시간에 올 사람이 없는데 놀라서 깼어요. 문을 여니 남자들이 서 있었고 그 뒤로 제 친구가 보였어요. 바로 수사관들이라는 걸 알았죠. 각오했던 일이기 때문에 겁이 나진 않았어요. 나는 본능적으로 끌려갈 걸 알고 바지, 티셔츠 같은 편한 차림으로 갈아입었어요. 그러는 사이 수사관들이 집 안에 들어와 방방마다 보더라고요. 혹시 누가 숨어 있는 것은 아닌지 살펴보는 것 같았어요. 남자들이 양쪽에서 제 팔을 잡고 끌고 나가 집 앞에 세워져 있던 차에 태웠어요. 검은 승용차였는데 타자마자 바로 안대가 씌워져서 어디로 가는지는 몰랐어요.

남영동 대공분실

도착해서 취조실까지 들어간 과정은 전혀 기억이 안 나요. 어딘가에 앉혀졌는데 안대를 벗으니까 남자들과 욕조, 책상이 보였어요. 책상 위에 다방 성냥통이 하나 있었는데 곁에 갈월동이라는 주소가 적혀 있어서 서울역 부근이라는 것만 눈치챘죠. 수사관들이 처음에는 정중하게 기자 대접을 해줬어요. 그러다 갑자기 '년' 자를 써가면서 제 뒷머리를 잡고 욕조 물에다가 머리를 처넣었어요. 다시 정중하게 대해주다가 욕하면서 물에 머리를 처넣고, 이렇게 냉온탕을 왔다 갔다

여자들의 말하기는 저항이고 투쟁이에요

하는 거예요. 계속 "김태홍 어디 있냐?" 묻는데 나는 모른다고 그랬지. 나한테 자기네가 원하는 대답이 안 나오니까 "남민전[2] 이재문이 죽어 나간 방으로 가자"고 하더라고요. 다른 방에 끌려 들어갔는데 방 가운데 줄이 달린 나무판이 놓여 있고, 예닐곱 명의 건장한 남자들이 몽둥이를 들고 서 있었어요. 놀랐지. 너무 무서웠어요. 처음에는 그 나무판이 뭔지 몰랐어요. 시신을 묶기 위해 관 바닥에 까는 판자고 구멍이 일곱 개 뚫려 있어 칠성판이라고 부른다는 건 나중에 알았어요. 어떤 남자가 나보고 그 위에 올라가라는 거예요. 본능적으로 엎드렸는데 누가 "돌아누워!" 하고 소리 질렀어요. 돌아눕자마자 발목, 무릎, 허벅지, 배, 가슴 위를 묶었어요. 어떤 육중한 남자가 내 위에 올라와서는 수건으로 얼굴을 가렸어요. 그리고 갑자기 물이 쏟아지기 시작했어요.

당시에는 아무 생각도 안 났어요. 수건이 물에 젖으면서 얼굴에 달라붙으니까 숨이 탁 막히는 거예요. 나는 수영도 못하는데 숨이 막히니까 죽을 것만 같았어요. 젖은 채로 몸부림을 쳐서 그런지 나중에는 온몸이 덜덜 떨렸어요. 7월이면 한여름이잖아요. 몸이 떨리는데 이건 무엇으로도 막을 수 없는 그런 추위였어요. 겨우 일어나 앉았는데 책상 위에 컵이 있었어요. 고춧가루를 탄 물이 3분의 2 정도 담겨 있었어요. 덜덜 떨면서 담요를 세 장이나 뒤집어쓰고 있으니까 다른 수사관들이 들어와서는 "얘, 왜 이래? 전기 했어?" 그러더라고요. 고춧가루 고문과 전기 고문이 예정돼 있는 거잖아요. 그 생각이 드니까 정말 앞이 캄캄했어요.

그 상황에서 밥을 먹으라고 하더라고요. 식사가 들어왔는데 순대국밥 같은 거였어요. 비위에 안 맞아서 국물만 조금 먹다 말았어요. 수사관들이 먹으라고 엄청 강요했는데 정말 못 먹겠더라고요. 밥을 못 먹는다고 초콜릿 색 알약이랑 우유를 강제로 먹였어요. 지금까지도 그게 뭔지 몰라요. 나중에 변기를 잡고 토했는데 검붉은 액체가 나왔어요. 지금 생각하면 그 약 때문인 것 같아요. 피 같은 걸 토하니까 수사관들이 깜짝 놀라 너 죽으면 우리가 큰일이라며 의사를 한참 수소문하더니 수도육군병원인가에서 데리고 오더라고요. 휴일이라 의사가 없었나 봐요. 한참 만에 왔어요. 젊은 의사였는데 나를 보더니 쇼크에 탈진이라는 처방을 내렸어요. 굉장히 조심스럽게 내 몸을 살펴주었어요. 발에 슬리퍼를 신고 돌아다녀서 생긴 상처가 있었거든요. 거기서 다친 게 아닌데 그 상처까지 꼼꼼히 보더라고요. 수사관들이 나가고 잠깐 나하고 둘만 있었는데 그때 내 손을 꼭 잡아주었어요. 아무 말 없이. 나를 쳐다보는 눈빛으로 알았지. '이 사람이 나를 응원해주는구나.' 그 사람이 들어왔을 때 내가 보는 앞에서 여기서 있었던 일을 아무한테도 발설하지 않겠다는 각서를 썼거든요. 자기도 심상치 않은 장소에 왔다는 걸 알았겠죠. 내가 별 이상이 없다는 걸, 죽을병에 걸린 게 아니라는 걸 알았을 텐데 링거

여자들의 말하기는 저항이고 투쟁이에요

를 처방해준 거였어요. 링거 맞는 그 몇 시간 동안은 편해진 거예요. 정말 고마웠어요.

링거 맞는 동안 침대에 누워 있었는데 갑자기 생리가 터졌어요. 도저히 방법이 없어서 담당 수사관한테 얘기를 했지. "아저씨, 저 생리가 터졌어요." 수사관이 나가서 생리대하고 팬티를 사왔어요. 그러면서 떠벌리더라고요. 자기가 생전 여자 생리대하고 팬티를 사본 적이 없는데 얼마나 창피했는지 아냐고. 내 몸에 생긴 어려운 것을 도와줬기 때문에 그랬는지 '아저씨는 왜 사람 고문하는 직업을 하느냐, 직업 바꿔라'라는 얘기를 했어요. 수사관이 어이없다는 듯이 쳐다봤는데 그 표정이 아직도 기억나요.

같은 사건으로 잡혀온 사람들이 다른 취조실에서 동시에 조사받고 있었어요. 수사관들이 조서를 쓰다가 다른 방에서 나온 내용하고 안 맞으면 난리를 쳤어요. 조서를 맞춰야 하니까요. 그러면서 불쾌하게 만드는 이야기도 계속 했어요. 김태홍 선배와 어떤 관계냐고 물으면서, 선배가 다른 취조실에 있던 누구랑 잔 것 같다는 둥 김태홍 선배를 모욕하는 말을 했어. 나한테는 남자와 자봤냐, 담배를 피우냐 같은 질문도 했고요. 말 같지도 않은 말에는 대꾸도 하지 않았어요.

취조실 창문이 아주 좁았어요. 겨우 밖을 볼 수 있는 정도였는데 그날 비가 왔어요. 우산 쓴 사람들이 지나가더라고요. 몇 층인지는 전혀 몰랐어요. 내가 없어져도 세상은 돌아

좁고 긴 창을 통해 본 바깥세상의 아무렇지도 않은 풍경은
1980년의 유숙열에게 막막함과 고립감을 줬다. 욕조의 상상력을
자극하며 들어오는 빛은 희망일 수가 없었다. 욕조와 바닥의
삭아버린 하수구로 흘러내려간 것은 물만이 아니다. 박종철 열사가
물고문을 받다 목숨을 잃은 509호를 빼고 유일하게 욕조가 남아
있는 3층 조사실.

여자들의 말하기는 저항이고 투쟁이에요

가는구나, 그런 생각을 했던 것 같아요. 수사관들이 퇴근하고 취조실에 혼자 있을 때 헌병들이 찾아온 적이 있었어요. 대공분실을 지키는 헌병들이었는데 내가 어느 대학 출신이고 무슨 일을 하는 사람인지 자기들 사이에 알려졌는지, 대학 후배라면서 노래도 불러주고 어떤 사람은 아이스크림을 사다 주고 그랬죠. 그렇지만 그때는 아무 느낌도 없었어요. 지금 생각하니 고맙네요.

남영동 대공분실에서 5일간 조사받고 용산경찰서로 옮겨졌어요. 나온 과정은 기억이 잘 안 나는데 경찰서에 가자마자 독방에 갇혔던 건 기억나요. 옆방에 미스유니버스 세계 대회를 반대하다 잡혀온 수녀님들이 계셨어요. 1980년 6월 서울에서 미스유니버스 세계 대회가 열렸는데 신군부는 그 대회를 광주 민주화 봉기를 은폐하는 데 이용했어요. 기자여서 그랬는지 경찰서 안의 사람들을 호기심 있게 봤던 것 같아요.

수사관이 내가 용산경찰서로 넘어갔다는 이야기를 집에 전해줬어요. 내가 끌려간 이후 연락이 닿지 않아서 엄마는 거의 미치기 직전이었대요. 엄마가 외할아버지하고 당시 내 남자친구하고 한걸음에 용산경찰서로 찾아왔어요. 이름을 부르는 걸 내가 들었거든요. "유숙열? 어? 포고령[3] 위반이네. 면회 안 돼." 엄마는 이름만 듣고 면회를 못 한 거예요. 용산경찰서 독방에 5일 수감돼 있다가 서대문구치소로 이송됐어요. 그때 처음으로 면회가 허락됐어요. 엄마는 내가 번호표 달린

죄수복 입고 있으니까 보자마자 막 우셨어요. 난 "엄마, 아니야. 엄마, 울지 마. 나, 여기 재밌어. 사람 구경하고 금방 나갈 거니까 걱정하지 마" 하고 말씀드렸죠. 서대문구치소에서는 20일 있었는데 다 합해서 한 달 정도 잡혀 있었나 봐요. 구치소로 가서 검사 앞에 갔는데, 여자가 언론 자유 따위 신경 쓰지 말고 시집이나 가라고 하는 거예요. 기가 막혔지. 내가 남자 기자였다면 검사가 그런 말을 했겠어요? 그 검사는 당시에 내 화실 친구 엄마한테 100만 원을 받았대요. 1980년에 100만 원이면 큰돈이에요. 젊은 검사였지만 전형적인 구악 검사였어요. 그 돈 덕분인지 우리는 기소유예 처분을 받고 풀려났죠.

계엄포고 10호

1. 1979년 10월 27일에 선포한 비상계엄이 계엄법 제8조 규정에 의하여 1980년 5월 17일 24시를 기하여 그 시행 지역을 대한민국 전 지역으로 변경함에 따라 현재 발효 중인 포고를 다음과 같이 변경한다.
2. 국가의 안전보장과 공공의 안녕질서를 유지하기 위하여
가. 모든 정치활동을 중지하며 정치 목적의 옥내외 집회 및 시위

여자들의 말하기는 저항이고 투쟁이에요

를 일체 금한다. 정치활동 목적이 아닌 옥내외 집회는 신고를
하여야 한다. 단, 관혼상제와 의례적인 비정치적 순수 종교행
사의 경우는 예외로 하되 정치적 발언을 일체 불허한다.

나. 언론 출판 보도 및 방송은 사전 검열을 받아야 한다.

다. 각 대학(전문대학 포함)은 당분간 휴교 조치한다.

라. 정당한 이유 없는 직장 이탈이나 태업 및 파업 행위를 일체
금한다.

마. 유언비어의 날조 및 유포를 금한다. 유언비어가 아닐지라도
① 전·현직 국가원수를 모독 비방하는 행위 ② 북괴와 동일
한 주장 및 용어를 사용 ③ 공공집회에서 목적 이외의 선동적
발언 및 질서를 문란시키는 행위는 일체 불허한다.

바. 국민의 일상생활과 정상적 경제활동의 자유는 보장한다.

사. 외국인의 출입국과 국내 여행 등 활동의 자유는 최대한 보장
한다.

본 포고를 위반한 자는 영장 없이
체포·구금·수색하며 엄중 처단한다.

1980년 5월 17일 계엄사령관 육군대장 이희성

※ 2019년 11월 6일 재판부는 당시 국내외 정치·사회 상황이 옛
계엄법에서 정한 '군사상 필요한 때'에 해당하기 어렵고 표현의 자
유 등 헌법상 보장된 국민의 기본권도 침해한다며, 계엄포고 10
호가 "위헌이고 위법해 무효하다"하다는 판단을 내렸다.

운명처럼 만난 페미니즘

남영동에 끌려가 있는 동안 직장에서 쫓겨났어요. 스물일곱 살에 백수가 된 거죠. 사직서를 쓴 적이 없는데 구치소에서 나와보니까 이미 해직된 상태였어요. 합동통신에서 제작 거부한 동료 10명과 같이 해직시켰더라고요. 벽에 해직자 명단이 적힌 방이 붙었대요. 당시 여러 언론사에서 1,000여 명의 기자가 해직됐는데 해직 기자들은 언론계 취업이 금지됐어요. 일을 못 하니까 책만 열심히 읽었어요. 낮에는 책 읽다가 밤에는 같이 해직된 사람들하고 울분을 터트리면서 술 마시는 게 일이었죠. 당시 사회과학 서적이 붐이라 사회과학 책을 많이 읽었어요. 여성학을 전공한 한명숙 선생에게 여성학 관련 책을 추천해달라고 했어요. 이화여대 앞에 같이 가서 책을 한 아름 샀어요. 그중에 창작과비평사에서 나온 《여성해방의 이론과 실제》와 《여성의 신비》가 있었는데 그 책들을 읽고 페미니즘에 관심을 갖게 됐어요. 페미니즘은 나에서 출발해요. 아내도 아니고 엄마도 아니고 딸도 아니고 나는 누구인가라는 질문에서 페미니즘이 비롯되는 거예요. 나에서 시작되기 때문에 아주 직접적이에요. 대한민국이 뿌리 깊은 가부장 사회라 남녀차별이나 여성을 옥죄는 문제들이 정말 심각하잖아요. 내가 살아온 생이 그 모든 문제 위에 있었어요.

베티 프리단의 《여성의 신비》라는 책은 나뿐 아니라 미국의 여성들, 전 세계 여성들을 페미니스트로 만든 책이에요. 페미니즘의 봉홧불을 올린 책이죠. 저자는 여성성의 신화에 대한 연구를 하기 위해 교외에 사는 주부들을 취재했어요. 여성다움의 신화에 사로잡혀 남성과 가족에게 맞추어 살다가 자신을 잃고 결국 불행해진 여성들에 대한 이야기였어요. 그 책을 읽고 가부장제에 갇혀 있던 내 세계에 균열이 생겼어요. 어린 시절 성이 다른 가족 안에서 고통을 안고 살았는데 그 시간들이 구원받는 느낌이었죠.

엄마의 재혼

나는 유복녀로 태어났어요. 1950년 6·25 무렵 생부는 교감선생님, 할아버지는 교장선생님이셨고 당시 우리 가족은 학교 관사에서 생활했다고 해요. 전쟁 직후에 인민군이 학교와 관사를 기지로 사용했는데 아버지가 학생들을 지키기 위해 휴교 결정을 내리셨대요. 인민군이 자기들 허락 없이 그런 결정을 내렸다고 할아버지는…… 총살하고 아버지한테는 모진 고문을 한 거예요. 아버지는 고문 후유증으로 3년 고생하시다가 스물아홉 살엔가 세상을 떠나셨어요. 1954년 2월에 돌아가셨다는데 3월에 내가 태어났어요. 곧 태어날 자식 얼굴 보지도 못하고 가신 거예요.(눈물) 나를 낳았을 때 엄마는 고작 스물여섯 살이었어요. 친정에서 나를 기르셨는데 내가 네 살쯤 됐을 무렵 외할아버지가 엄마를 다시 시집보내셨어요. 새아버지는 나이도 많고 자식도 있었는데 한의사라 먹고 살 수 있겠다 싶으셨겠죠. 엄마는 재혼하고 싶지 않았지만 내가 어려서 할 수 없이 외할아버지 결정에 따랐다고 해요.

엄마는 시어머니를 모시고 살면서 큰살림을 다 해야 했어요. 그분은 동네에서 유명한 호랑이 할머니였는데 어린 내 손을 붙잡고 '충신은 두 임금을 섬기지 않고 열녀는 두 낭군을 섬기지 않는다', 이런 시조를 읊어주셨어요. 나쁜 분은 아니었고 나한테도 잘해주셨는데 당시 어른들 시각이 그랬던 거죠. 어릴 땐 그 시조가 무슨 의미인지 잘 몰랐어요. 한글을 배우면서 가족들과 내가 성이 다르다는 걸 처음 알게 됐어요. 엄마한테 "엄마, 난 왜 유씨야? 왜 나만 성이 달라?" 하고 물어봤어요. "넌 이 이름이어야 건강하다고 해서 이렇게 지은 거야"라고 대답해주셨는데 여전히 뭔가 이상했죠. 그때부터 나 혼자만의 여정이 시작됐어요. '왜 나만 성이 다른가?'를 골똘히 생각했고 어렴풋이 내가 데려온 자식이라는 걸 알게 됐던 것 같아요.

국민학교에 들어가니까 봄에 가정환경 조사를 했어요. 선생님이 "친아버지 아닌 사람, 친어머니 아닌 사람 손 들어" 했을 때 난 고개를 푹 숙이고 손을 안 들었어요. 불볕이 내 얼굴에 쏟아지는 것 같았어요. 선생님은 아시잖아요. 반 애들도 알고. 주변에서 다 나를 쳐다보는 것 같았는데도 손을 안 들었어요. 1학년 말에 늑막염이랑 여러 가지 병이 한꺼번에 와서 두 달인가 학교를 못 갔어요. 어린애가 혼자 고민하다가 병이 난 거지. 아버지가 나를 예뻐해서 자주 영화 구경을 같이 갔는데 그후로 아버지하고 극장에 안 갔어요. 연대가 끊어진 거지. 아버지는 항상 사랑해주셨는데 내가 스스로 끊은 거예요. 자라는 내내 가족에 속해 있지 않고 생부가 없다는 상실감이 나를 괴롭혔어요.

대학교 1학년 때 길러주신 아버지가 돌아가셨어요. 집에서 장례를 치렀는데 나가지도 못하고 골방에 들어가서 혼자 울었어요. '가족도 아닌 내가 상복을 입어도 될까? 아니야. 말도 안 되지.' 혼자 그런 생각을 하면서 울었어요. 그런데 집안 큰어른인 작은어머니가 "숙열이 어디 갔냐? 숙열아?" 하고 나를 찾아주셨어요. 그 생각 하니까 지금도 눈물이 나네.(울컥) "숙열이 왜 안 오냐?" 그 소리를 듣자마자 막 울면서 나갔어요. 기쁨의 눈물이었죠. 이 집 딸로 인정을 받았구나 이런 거였을 거예요. 이제 와서 생각하면 아무것도 아닌데 그깟 성이 뭐라고 그렇게 가슴앓이를 했는지. 어릴 때부터 혼자서 가부장제하고 싸운 거죠. 당시 재혼한 여성은 사회에서 비난을 받았어요. 스물여섯 살에 과부가 된 여자가 자식 데리고 재혼한 게 그렇게 큰 죄인가요? 엄마는 재혼 후 열심히 사셨는데도 평생 스스로를 일부종사 못 한 죄인이라고 생각하셨어요.

생각해보면 내가 일생 여성운동을 하게 된 것은 재혼한 엄마 때문인 것 같아요. 여자의 욕망에 대한 변명으로 시작한 거예요. 엄마로 인해 페미니즘을 알게 됐고 엄마 덕분에 공부를 하게 됐어요. 페미니즘을 모르고 살았다면 어떻게 됐을까? (침묵) 지금의 내가 아니겠지. 아마 제대로 못 살았을 것 같아요. 그때 한국을 탈출해서 페미니즘을 만난 게 정말 운명 같아요.

페미니스트 소굴, 뉴욕

1982년에 결혼을 했어요. 검사가 시집이나 가랬는데 정말 시집이나 가게 된 거죠. 당시는 취업 길이 막혔고 오래 연애하던 남자친구가 유학을 가게 되면서 결혼하자고 했어요. 그해 여름 남편과 같이 미국으로 갔어요. 남편이 장학금을 받긴 했지만 뉴욕 생활비가 워낙 비싸서 내가 쓸 돈은 내가 벌어야 했어요. 미국에 갈 때 임신을 한 상태였는데 가자마자 한인 무역회사에서 사무 일을 했어요. 애를 낳고는 유학생 와이프들하고 《여성의 신비》 원서 읽기 모임을 했어요. 가까이 사는 부인들 몇 명을 조직했는데 다들 한두 살 먹은 아이가 있었어요. 애를 같이 보면서 책을 읽었죠. 어렴풋이 여성학 공부를 하고 싶다는 생각을 했는데 그러려면 베이비시터에게 줄 돈과 학비를 벌어야 했어요. 출산하고도 얼마 안 쉬고 다시 일을 시작했죠.

1984년 뉴욕 헌터컬리지에 들어갔어요. 애초에 대학원에 갈 생각이 없어서 비학위 과정으로 수업을 들었어요. 그때 두 살배기 딸을 한국으로 보냈어요. 엄마가 다섯 살까지 키워 주셨죠. 엄마 덕분에 공부할 수 있었어요. 학교에 들어가서는 여성학 수업만 골라서 들었어요. 수업은 마치 종교단체 부흥회 같았어요. 교수가 강단에 서서 강의하고 학생은 앉아서 듣기만 하는 그런 수업이 아니었어요. 교수고 학생이고 모두 원탁에 둘러앉았어요. 나이가 많은 학생도 많았어요. 30대도 있고 40대도 있고 할머니도 있고, 학생이나 교수나 나이 차이가 별로 안 났어요. 교수가 강간당한 이야기를 하면 학생들은 '나도 당했다', '나도 당했다' 이렇게 자기 경험들을 털어놓았어요. 자기의 경험이 곧 수업의 내용이니 학생이나 교수나 위치가 다르지 않았어요. 페미니즘은 나로부터 시작하는 생존기고 투쟁기였어요.

공부를 하면서 미주조선일보에서 파트타임으로 일을 하게 됐어요. 오전에는 신문사에 나가서 원고를 쓰고 점심때 학교에 갔어요. 어느 날인가 인쇄소에 일을 맡겼는데 인쇄에 문제가 생겼어요. 인쇄소 직원하고 통화하는데 이 사람이 내가 여자라고 다짜고짜 반말을 하는 거예요. 몇 번 전화가 오가다가 화가 나서 "야! 너, 왜 반말하니?" 이랬죠. 그랬더니 이 사람이 당장 쫓아올 기세로 무슨 년 무슨 년 하면서 전화를 끊는 거예요. 내가 다시 전화해서 "얘기가 아직 안 끝났는데 왜 끊습니까? 당신 이리로 와!" 하니 상대방이 난리를 치더라고요. 도대체 어떤 여자길래 반말을 하느냐는 거죠. 이 문제를 공론화시켜야겠다는 생각을 했어요. 당시만 해도 한국 남자들은 전화할 때 여자가 받으면 무조건 반말을 했어요. 한국 여자들은 반말이 듣기 싫어서 일부러 영어를 썼어요. 내가 동료한테 고소를 해볼까 생각한다니까 상대방이 먼저 반말한 거 녹음해놓지 않았으면 힘들다면서 나보고 같이 반말한 건 잘못이라는 식으로 말하더라고요. 이 문제를 함께 이야기해보고 싶어서 여기저기 알아봤어요. 당시 뉴욕은 페미니스트들의 소굴이니까 혹시 한국 페미니스트들도 있나 하고요. 그러다가 '여성청우회'라는 모임을 알게 됐죠.

그때가 1984년이었는데 미국 이민자 페미니스트 모임인 여성청우회가 만들어진 초창기였어요. 유니온신학대학의 정현경 교수, '위안부' 문제를 국제적인 이슈로 알리는 데 앞장선 신혜수 씨, 뉴욕 한인 여성 상담소를 처음 만든 김광희 씨, 이 사람들이 그때 뉴욕에 공부하러 온 유학생들이었고 페미니스트 모임을 막 시작한 때였어요. 학교는 달랐지만 다들 근처에 살아서 자주 만났죠. 우리 집에 자주 모여 밥해 먹고, 자고, 밤새 이야기했어요. 우리 집이 맨해튼 여인숙, 페미니스트들의 숙소였어요. 난 물 만난 고기처럼 신이 났죠. 열심히

여자들의 말하기는 저항이고 투쟁이에요

활동했어요. 영사관 앞에서 부천경찰서 성고문 사건을 고발하는 시위도 벌이고, 3월 8일 세계 여성의 날에 뉴욕 여성들하고 같이 행진도 하고, 활동 뉴스레터도 발간했어요. 이후 본격적으로 페미니즘 비평을 배우기 위해 뉴욕시립대 여성학 석사과정에 들어갔죠.

페미니스트저널《이프》

내가 어렸을 때 신문, 잡지 연재소설을 많이 읽었다고 했잖아요. 남자들의 문학 속 여성들은 공부를 하는 여성이든 일을 하는 여성이든 남자를 만나는 순간 모든 게 다 무너지면서 무색해지잖아요? 남자에 의해 모든 일이 결정나버리는 게 여성의 삶이었어요. 그런 문학을 읽고 살아온 여성들도 자연스레 그런 삶을 살게 됐어요. 다른 삶을 상상해보질 못했으니 잘못됐다는 생각도 못했죠. 페미니즘을 공부하고 나서야 내가 그동안 남자들이 쳐놓은 덫에 걸려 있었다는 걸 알았어요. 소설이나 영화가 그려놓은 사랑의 환상에 빠지지 말아야겠다는 생각을 했어요. 내가 그 덫을 해체해야겠다는 생각에 페미니즘 비평에 관심을 갖고 공부하게 된 거죠. 미국에 있을 때부터 언젠가 한국에서 페미니스트 잡지를 만들겠다는 꿈을 갖게 됐어요.

1991년 귀국해 그해 창간한 《문화일보》에서 2004년까지 일했어요. 여성전문기자로서 여성에 관한 다양한 기사를 쓰고 노동조합을 만드는 등 활동을 쉼 없이 했어요. 당시는 여성 기사라는 게 양육, 미용, 패션, 김장, 제사상 차림 같은 것이었어요. 나는 페미니즘 관점에서 여성들의 정치, 문학, 예술 등 다양한 분야를 다루려고 애썼어요. 기존 언론에서 나의 페미니즘을 구체화시키려고 노력했죠. 그래도 아쉬움이 늘 있었어요. 내가 쓴 기사는 여성주의 시각에서 쓰려고 노력한 글이었지만 '나'는 빠진 이야기였어요. 쓰고 싶은 글을 마음껏 쓸 수 있는 매체를 만들어야겠다는 생각을 더욱 굳혀갔죠.

《문화일보》에서 일하고 있을 때 버지니아 울프의 작품을 각색해서 〈자기만의 방〉이라는 희곡을 발표했어요. 대학로에서 무대에 올렸는데 첫날부터 여성 관객들로 장사진을 이루며 큰 성공을 거뒀어요. 이후 여성문화예술기획에서 페미니스트 잡지를 만드는 출판분과를 만들어 워크숍을 하면서 페미니즘 잡지 창간을 준비했어요. 기존 여성잡지는 여성들을 아내, 엄마에 국한시킨 내용으로 가득 차 있었고 여성 관련 학술지들은 대중이 소화하기 어려운 내용이었어요. 나는 그 둘을 잇는 잡지를 만들고 싶었어요.

1997년 4월 이문열이 《선택》이라는 소설을 발표했어요. 이문열은 글에서 조선시대 여인 장씨의 입을 빌려 현대 여성들을 비판했어요. 여성문화예술기획하고 페미니즘 연극을 해서 성공을 거두었는데 이런 소설이 나오다니, 잡지 발간을 더 이상 늦춰서는 안 되겠다는 생각이 들었죠. 그해 여름에 페미니스트 저널 《이프》를 창간했어요. 당시는 홍길동이 아버지를 아버지라고 부르지 못한 것처럼 스스로 페미니스트라는 이름표를 못 붙이는 페미니스트들이 많았어요. 그래서 《이프》를 '페미니스트저널 이프'라고 명명했어요. 창간호는 '지식인 남성의 성희롱' 특집이었고 나는 〈예술과 폭력 사이에서 꽃피는 남근의 명상〉이란 제목의 글을 실었어요. 네 명의 남성 작가 작품을 페미니즘 시각에서 분석하고 비판한 글이었죠. 내가 페미니즘을 공부하지 않았다면 쓸 수 없는 글이었어요.

페미니스트 잡지가 시기상조라고 말리는 사람들도 있었는데 나는 조금도 주저하지 않았어요. 내가 가진 모든 노하우를 응축시켜서 《이프》를 만들었고, 그후에는 여성들이 《이프》를 손에 들고 제 발로 찾아왔어요. 새끼 치듯이 사람들이 모이고 또 모였죠. 여성 독자들의 반응은 열화와 같이 뜨거웠어요. 요즘도 어디 가면 《이프》 애독자였다는 사람들을 많이 만나요. 당시 지방에서 대학을 다녔다는 어떤 독자는 계간지였던 《이프》가 나오는 때만 손꼽아 기다렸대요. 하지만 여러 사람이 만들고 많은 사람들이 사랑해줬던 《이프》가 재정적인 어려움으로 2005년에 결국 완간(폐간)을 하게 됐어요. 자본이 없는데 10년을 버틴 것도 사실 기적이었죠. 그때는 페미니즘이 더 이상 이슈가 아니었어요. 《이프》를 완간하고 나서 많이 아팠어요.(눈물)《이프》는 내 생명과도 같았는데 사라지니 너무 힘들었어요. 회복하는 데 시간이 오래 걸렸어요.

여자가 말한다는 것

살면서 고비가 많았지만 그 무렵이 가장 힘들었어요. 2005년이 쉰두 살이 되던 해였는데 남편과 이혼하고, 윗선의 압력으로 《문화일보》를 그만두고, 《이프》를 완간하는 일이 한꺼번에 일어났어요. 내가 사랑하는 것들과 다 이별한 거죠. 그때 시를 썼어요. 머릿속에서 뭔가가 떠오르면 죽기 살기로 매달려서 썼어요. 《외로워서》라는 제목의 시집을 냈는데 그 책에서 유복녀라는 사실을 50년 만에 처음으로 고백했어요. 그전에는 내가 유복녀라는 사실이 나에게 어떤 영향을 주지 못한다고 생각했죠. 그래서 말할 필요도 느끼지 못했어요. 그런데 그렇지 않았어요. 대한민국이라는 뿌리 깊은 가부장사회에서 유복녀로 태어나 겪은 일들이 분노와 그리움이라는 감정으로 내 안에 깊이 새겨져 있었어요. 내가 유복녀이기 때문에 모든 일이 일어난 거였거든요. 아버지가 죽고 내가 태어났기 때문에 엄마는 시집을 다시 가야 했고, 성이 다른 아버지 밑에서 자라야 했잖아요. '내 아버지는 왜 내가 태어나기도 전에 죽어서 나를 이렇게 만든 거야?' 하는 분노도 있었고 그리움도 있었어요. 한 번도 만나본 적이 없는 분인데 사무치게 그리웠어요. 곧 태어날 자식을 보지도 못하고 억울하게 세상을 떠난 생부의 삶이 너무 슬프기도 했고요. 분노와 그리움이라는 모순된 감정이 나를 고통스럽게 했어요. 내 머릿속에 가득 차오르는 감정들을 시로 써내려갔어요. 뭔가가 뻥 뚫리는 듯한 기분이 들면서 맺혀 있던 게 풀리는 것 같았어요.

그리고 2012년에 처음으로 고문 피해에 대해 공개적으로 이야기했어요. 그해 1월에 어느 방송에서 이근안[4]이라는 고문수사관이 목사가 됐다는 소식을 접했어요. 그 영상에서 그 사람 얼굴을 봤는데 나를 고문했던 바로 그 수사관이었어요. 소스라치게 놀랐어요. 그 순간을 잊고 살려고 노력했는데 그 사람 얼굴을 보는 순간 당시로 되돌아갔어요. 대공분실에서 고문당했던 일들이 모두 생생하게 떠올랐어요. 온몸이 부들부들 떨리면서 아무것도 할 수가 없었어요. 정말 피가 거꾸로 솟고 욕이 나왔어요. 내가 이근안한테 직업 바꾸라고 말했던 일이 떠올랐어요. 소름이 돋았어요. '이 사람이 내가 직업을 바꾸랬다고 정말 직업을 바꾼 건가? 이 사람이 목사가 된 데 내가 일조를 한 건가?' 이런 생각이 드니까 정말 미치겠는 거예요.

김근태 씨와 김태홍 선배가 바로 그 전해에 돌아가셨어

요. 김태홍 선배는 루게릭병을 앓다가 돌아가셨어요. 고문후유증이었을 거예요. 두 분이 돌아가신 것 때문에 마음이 많이 아팠어요. 개인적인 구원을 위해 기독교 신자가 될 순 있겠지만 고문관이 반공 목사가 돼서 설교를 한다는 건 있을 수 없다고 생각했어요. 영상을 보자마자 글을 썼죠. 웹진《이프》와《오마이뉴스》에 1980년 남영동 대공분실에서 고문당한 일을 기사로 냈어요. 〈내게 팬티를 사준 남자 이근안에게〉란 자극적인 제목 때문인지 검색어 1위까지 하면서 많은 사람들이 읽었어요. 그러면서 제가 1980년 고문 피해자라는 사실이 알려지게 된 거죠. 그전까지는 아무한테도 이야기 안 했어요. 남편 말고 다른 가족은 아무도 몰랐어요. '그동안 1980년, 이근안, 남영동과 아무 관계가 없다는 듯이 살았는데 아니었구나'를 그때 깨달았어요. 당시는 정말 힘들었어요. 그래도 이야기해서 다행이다 싶은 생각도 들고…… 이야기하길 잘했다 이런 생각도 들어요. 그 이야기를 한 후로 몸과 마음이 조금씩 회복해갔어요.

2017년이《이프》창간 20주년 되는 해였는데 역대 편집장을 중심으로《이프》를 만들었던 사람들이 다시 모였어요. 2015년 #나는 페미니스트다, 2016년 강남역 살인 사건 등으로 페미니즘이 다시 이슈가 되고 있었는데《이프》창간 20주년이니 뭘 좀 해보자는 이야기가 무르익었어요. 우리가 뭘 할 수 있을지 고민하다가 '대한민국에서 페미니스트로 산다는 것은 무엇을 의미하는가? 현주소를 물어보자'라는 기획을 했어요. 페미니스트 26명의 이야기를 실어《대한민국 페미니스트의 고백》이란 제목으로 출판했어요. 그 책에 나도 글을 실었죠. 그동안 밝히지 않았던 이야기를 처음으로 썼어요. 가장 힘들었던 시기에 정신과 치료까지 받았던 이야기를요. 대한민국에서 여성으로 살면서 미칠 수밖에 없었던 내 이야기를 고백한 거예요.

그동안 여자들의 목소리가 안 들렸잖아요. 여자들의 목소리가 울타리를 넘으면 안 되고 암탉이 울면 집안이 망한다는 소리를 우리에게 했잖아요. 이제 여자들이 말할 차례고 여자들이 말할 시대예요. 이젠 여자들이 말해야 돼요. 여자들의 말하기는 저항이고 투쟁이에요. 나도 그동안 고백, 발설하면서 그 힘으로 살아냈어요. 페미니즘이 말할 수 있게 해준 거죠. 2017년부터 이프북스라는 출판사를 하고 있어요.《페미니스트저널 이프 창간호 소장판》,《근본 없는 페미니즘: 메갈리아부터 워마드까지》,《여성을 위한 별자리 심리학》 등 페미니즘 도서를 출간하고 있어요. 앞으로 페미니즘 전문 출판사로서 여성들에게 목소리를 줄 수 있는 책을 낼 수 있으면 좋겠어요. 마지막 바람이에요.

에필로그

그는 고문 피해가 자신의 삶에 큰 영향을 끼치지 않았다는, 어느 순간도 피해자로 살지 않았다는 이야기로 인터뷰를 시작했다. 그러다 함께 해직당한 선배들 이야기로 번질 때 단단하던 그의 목소리가 흔들렸다. 어머니의 생애에 대해 분노하다가 아버지에 대한 이야기로 이어질 때 마른 눈에 눈물이 고였다. 그의 눈물에 여러 감정이 함께 녹아 있는 것 같았다. 우리 대화는 사람들의 이야기에서 마치 추모하듯 멈추었다. 침묵을 깨는 쪽은 항상 그였다. 그는 이내 눈물을 닦고 앞에 앉아 있는 나에게 이야기를 전하기 위해 지난 상처를 쾌히 헤집었다. 인터뷰를 마치고 그는 곧 출간될 이프북스의 열 번째 책을 나에게 소개해주었다.《페미니즘으로 다시 쓰는 옛이야기》라는 제목으로 콩쥐팥쥐, 홍길동, 구미호, 선녀와 나무꾼 같은 옛이야기를 여성의 눈으로 새롭게 쓴 책이라고 했다. 말하지 못해 기록되지 않고, 무시되어 지워지거나 왜곡된 여성들의 이야기가 그와 동료들의 손에서 복원되고 있었다.

여자들의 말하기는 저항이고 투쟁이에요

1980년 한국기자협회 집행부 집단구속 사건

1979년 10월 26일 박정희 정권이 무너지자 언론계는 언론 자유를
강하게 요구했다. 1980년 4월에 접어들자 신군부는 엄격한 규제와
주문을 하면서 다시 언론에 족쇄를 채우기 시작했다. 이런 상황에서
《중앙일보》기자가 취재 중 군인에게 맞아 중상을 입은 사건이
발생했다. 이 사건은 언론 검열 철폐운동에 불을 붙였다. 5월
10일부터 각 언론사의 기자들이 연속해서 언론 검열을 철폐하라는
결의문을 채택했다. 평기자를 중심으로 자유 언론 실천을
요구하는 목소리들이 터져 나왔다. 한국기자협회는 5월 16일 긴급
연석회의를 열고 대책을 논의했다. 5월 17일 한국기자협회는
비상대기 상태였다. 5월 20일 자정부터 계엄사령부의 검열을
거부하고 여의치 않을 경우 제작 거부에 들어가기로 결의했다.
이때 신군부가 기자협회 회장 김태홍을 학생운동의 배후 인물로
연결시키려 한다는 첩보가 들어왔다. 급히 몸을 피한 김태홍은 후배
유숙열의 친구 집에서 50일 정도 숨어 지냈고, 7월 17일 수사관들의
급습을 피해 우여곡절 끝에 전남 강진에 있는 친구 농장에
숨었다. 하지만 김태홍은 도피한 지 100여 일 만인 8월 27일 낮에
체포되었다. 이후 대공분실에서 고문을 당하고 복역한 후 1981년
5월에 석방되었다. 집행부의 구속으로 기자협회는 와해되었고
10·26 이후 태동한 언론자유운동은 구심점을 잃게 되었다.[5]

1. 1979년 10월 26일 중앙정보부 부장 김재규가 박정희 대통령을
   암살한 사건.
2. 반유신, 민주화, 민족해방을 목표로 결성된
   남조선민족해방전선준비위원회의 약칭. 1976년 이재문, 신향식
   등이 결성한 단체로 유신체제를 비판하는 조직적인 활동을
   전개했다. 1979년 적발되어 이재문, 김남주 등 84명의 조직원이
   체포되었다. 박정희 정권은 '북한과 연계된 간첩단 사건'으로
   규정하고 국가보안법을 적용했다. 이재문은 1981년 감옥에서
   사망했고, 신향식은 1982년 사형이 집행되었으며, 김남주 등은
   15년형을 선고받았다.
3. 계엄포고 10호.
4. 군사독재 시절의 대표적인 고문 기술자. 1987년 6월항쟁 이후
   김근태 등 고문 피해자들의 고발이 잇따르자 우편으로 사표를
   내고 10년 넘게 잠적, 도피하다가 1999년 자수하여 재판에서
   7년형을 받았다.
5. 김성후, 〈기자들 검열 거부 결의에 신군부 무자비한 탄압〉,
   한국기자협회, 2010.9.28 참고.

국보법이 폐지되면
그 자리에서 춤을 출 거여

구술

정순녀

글

홍세미

시대 배경 민주화실천가족운동협의회(민가협)의 출발은 1974년 민청학련 사건으로 대량의 구속자가 발생하자 결성된 '구속자가족협의회'로 볼 수 있다. 그 이후에도 계속 정권에 의한 조작 사건이 이어졌으며 그때마다 각 사건 피해자 가족들이 만든 대책위원회가 생겨났다. 그러다 1980년대 중반 이른바 '유화 국면'을 맞아 대학에서의 학생운동이 활발해지면서 서울 미국문화원 점거 농성 등으로 대학생들이 대거 구속되었고 그 어머니들을 중심으로 그동안 있어왔던 대책위들이 결합하면서 1985년 민가협이 만들어졌다.

1980년 5·18 광주 학살로 시작한 5공화국은 집권 초기, 정권에 대한 저항을 철저히 탄압하고 봉쇄하는 정책으로 일관했으나 86아시안게임과 88올림픽 개최를 앞둔 상태에서 국내외적인 압박으로 인해 일정 정도 열린 공간을 허용할 수밖에 없었다. 바로 이러한 유화 국면에서 각 대학을 중심으로 조직적 저항운동이 벌어졌으며 민가협은 구속자 석방만이 아니라 양심수 처우 개선, 최루탄 추방, 백골단 해체, 고문 근절 등 중요한 인권 의제들을 한국 사회에 제기하며 싸웠다. 또한 1990년대 들어 민가협은 당시 한국 사회에서 가장 민감한 문제인 '남파 간첩'이라 불리던 비전향 장기수 문제를 제기하면서 국가보안법 폐지운동의 중심에서 활동했다.

"왜 학생들을 독방에 가두느냐!"

전주교도소 앞에서 엄마들이 큰 소리로 외쳤어. 수감된 학생들끼리 말을 못 하게 하려고 독방에 넣었다길래 엄마들이 나선 거였어. 드러눕지도 못하는 좁은 방에 애들을 가뒀다는 거여. 서울 민가협 엄마들이 다 같이 전주로 내려갔어. 우리가 간다고 하면 지역에서 와주는 엄마들이 있어. 같이 연대를 허는 거지. 그날은 내가 앞장을 섰어. 소장 방문을 쾅 열고 소리 질렀지.

"학생을 독방에 가두어놓고 어떡할 마음이냐?"

그러고는 책상 유리를 들어다가 바닥에 던졌어. 유리 부서지는 소리가 요란스럽잖아. 1985년 즈음이었는데 그때는 내가 40대 후반이라 그 유리가 들렸어. 기운이 좋잖아. 그 소리를 듣고 경찰들이 모였어. 나는 앞에 있던 의자를 들고 소리를 고래고래 질렀지.

"이놈들아! 나를 먼저 죽여라! 우리는 죽어도 애들만 살면 돼!"

의자를 가지고 벽도 치고 바닥도 치고 막 그러면서 말이여. 소장이 경찰들을 나가게 하고서는 소장 방에서 특별 면회를 했어. 엄마들 싸움이 그렇게 쎘어. 엄마들이 여럿이니까 힘이 됐지. 어디가 어떻다고 하면 이 얼굴이 흙빛이 되도록 그냥 쫓아다니는 거여. 그때는 '나가야 한다!' 이 정신이었어.

'학생들이 모인 곳이면 어디든 가야 한다!' 5공 때 엄마들은 그 정신으로만 살았어.

열세 살에 가장이 되어

나는 충남 공주에서 태어났어. 아버지는 굉장한 부자였는데 서른 살까지 한문 공부만 허셨대. 아버지보다 한문을 못 쓰는 양반이 서울 가서 2등을 했다더라고. 1등 할 실력이 있는 분이 그걸 써먹질 않고 그 많은 재산 다 팔아서 노름만 허셨어. 그러다 서른아홉 살에 병이 나서 맨날 방에만 계셨지. 우리 엄마가 옹기를 팔아 살림을 허셨어. 나는 일곱 살부터 아버지 병수발을 혔어. 일곱 살짜리가 산에서 솔방울을 주워다가 아궁이에 삼발이를 걸어 약을 달이는 거여. 아침저녁으로 약을 짜서 드렸지. 아버지가 "나중에 뭐 있으면 머스마 안 주고 우리 딸만 줄 거여" 하시더니 결국 마흔넷에 돌아가셨어. 6·25가 터진 해였는데 그때 난 열세 살이었어.

전쟁 통이라 굶을 때가 많았어. 엄니가 얻어다 주는 밥을 받아먹으려니 너무 가슴이 아팠어. 나도 밥을 얻으러 돌아다녔는데 나는 잘 못 얻었어. 그리고 바로 대전에 갔어. 오빠는 군인이고 남동생은 어려서 돈 벌 사람이 나밖에 없었거든. 지갑 만드는 공장을 하는 집이었는데 거기서 빨래해주고 삼시

세 끼 밥을 했어.

1년인가 있다가 아는 사람이 소개해줘서 서울 가정집으로 식모를 살러 갔어. 열다섯 살짜리가 서울에 혼자 올라갔는데 겁나는 게 없었어. 우리 집이 가난하니까 돈을 벌어야 한다, 이 생각밖에 없었어. 어디를 가든 당당했지. 은행에 다니는 집이었는데 광화문에서 가까웠어. 물지게를 져다가 밥하고 빨래하고 그랬지. 매일 와이셔츠에 풀을 멕여서 빳빳하게 다려야 혔어. 가정집은 힘은 드는데 돈을 너무 적게 줬어. 내가 일을 잘하니까 어떤 사람이 자기 식당으로 오라고 꼬시더라고. 그래서 그 집으로 도망을 갔어.

남대문에 있는 큰 식당에 서빙을 했어. 돈을 모아야 허니께 집을 따로 구하덜 않고 식당 다락방에서 먹고 자고 혔어. 난 어디를 가면 주인들이 놓덜 안 해. 거기서 오래 일했어. 그때는 홀어머니 자식이 연애를 하면 온 면이 들썩였어. 과부 자식이 바람이 났다고 말이여. 내가 행실을 잘못허면 우리 엄니가 창피해서 머리를 못 들게 돼. 엄니 생각에 열심히 일만 혔어. 돈이 모이면 집에 보내고 보내고 혔지.

열아홉 살에 성북동 친구 집에 놀러 갔는데 다음 날에 난리가 났어. 4·19가 터진 거여. 애덜이고 어른덜이고 몽둥이를 하나씩 들고 길로 쏟아져 나왔어. 동대문경찰서가 불에 타고 이기붕네 집이 을지로였는데 여럿이 습격해서 지하실서부터 다 뒤졌어. 그때는 수박이나 참외는 다 수입해서 먹었잖아.

수박, 참외가 박스로 나오니께 사람들이 갖다가 다 깨뜨려버렸어. 나도 종로로 나갔어. 사람들이 하도 많으니께 걸려 넘어져가지고 신이 벗겨져버렸어. 그거 줍다간 밀려오는 사람에 괜히 더 다쳐. 그냥 신이 벗겨진 채로 맨발로 걸으면서 "이승만은 하야하라!" 하고 외쳤어. 경찰들이 밤새도록 헛총을 팡팡팡 쏴댔어. 그래도 날이 새면 나가고 날이 새면 나가고 그랬어. 내가 그렇게 종로2가에서 4·19를 치른 사람이여.

홀로 가족의 생계를 떠안아

집에 논이 하나도 없었는데 일하면서 애껴 모은 돈으로 고향에 논 열닷 마지기를 샀어. 그때는 오빠가 최고니께 다 오빠 이름으로 샀지. 조금 남은 돈은 고리채에 넣었어. 얼마씩 이자가 나오면 시집갈 때 보태려고 혔는데 그것도 오빠가 다 받아 썼어. 원금도 빚진 사람이 안 갚고 떼먹었어. 엄니가 나중에 시집갈 때 네 혼수는 어떻게 하냐고 걱정허시는데 남동생이 불쑥 "논이라도 팔아서 해가야지" 그러는 거여. 그 소리를 올케가 듣고 오빠한테 얘길 혔어. 오빠가 나보고 논을 팔 생각을 어떻게 허냐고 때리려고 허길래 그랬어.

"나 논 안 팔어. 시집가도 논 안 팔고 갈겨. 걱정하지 말어."

작은아버지가 중매해서 남편을 만났어. 무슨 회사에 다닌다고 혔는데 가서 보니까 일을 그만뒀대. 그랬으면 화투 안 허고 다른 일이라도 구해야 하잖아? 화투는 못 고쳐. 남편이 노름을 하니까 한두 가지 고통이 아니여. 시집갈 때 서 돈짜리 반지를 받았는데 그걸 내달래. 드러워서 빼줬어. 도망을 가야지 가야지 혔는데 큰애를 낳았어. 우리 딸 때문에 살은겨.

애 낳고 나서 시골서 보따리 장사를 혔어. 우리 딸을 업고 다니면서 팔았지. 서울 남대문시장에 가면 미제 담요허고 미제 청바지, 미제 작업복을 팔았어. 미제 작업복이 참 좋거든. 그걸 사다가 시골에 가져가면 환장들을 햐. 작업복 팔아다 돈을 많이 벌었어. 남편이 노름을 해서 내버리는 돈이 많았는데도 3년 후에 논을 열 마지기나 샀어.

둘째를 임신했을 때여. 남편이 여관을 잡아놓고 노름을 하고 있었어. 거기서 펼쳐놓고 팔아보라길래 그러고 있는데 경찰이 덮쳤어. 배가 만삭인 여자가 노름판에서 그러고 있으니까 경찰이 한심했는지 물어.

"이 작업복 어디서 샀어요?"

"몰러요. 누구 따라가서 처음 사봤는데 어딘지 몰러요."

거기서 똑똑한 체하면 큰일 나지. 경찰이 한참을 물어도 그냥 바보인 척혔어. 다행히 잽혀가진 않았어. 옷 보따리를 이고 20리 길을 걸어서 집으로 돌아왔어. 집에 도착했는디 돼지가 울어. 얼른 돼지 밥을 주고 보니께 밤 10시가 넘었어. 남편이 화장실에 가다가 내가 경찰에 잽혀서 그러고 있는 걸 봤거든. 그러믄 걱정이 되니께 집에라도 바로 와야 허잖어? 밤새 실컷 놀다 오더라고. 그런 남편을 내가 지금까지 데리고 산다니까. 허허허.

남편이 노름해서 살림을 다 날려먹으니까 장사할 힘도 안 났어. 논 몇 마지기 남은 거 털어서 서울에 올라갔지. 살림살이 다 버리고 이불만 한 채 이고 서울에 왔어. 우리 큰애가 일곱 살이고 작은애는 네 살이던 해여.

서울 중랑구로 갔는데 그때는 제대로 지은 집 하나 없이 뚝방촌에 판잣집만 가득혔어. 보증금 3만 원에 월 3,000원 하는 방을 얻어 살았어. 당장 먹고살 게 없어서 집 앞에다 천막을 치고 함바를 시작혔지. 개발을 많이 할 때라 집 짓는 사람들 밥을 해주는 함바가 많았거든. 밥도 해다 주고 국수도 삶아주고 새참도 해다 주고 그랬어. 셋째를 임신하고 있을 땐데 몇 달 있다가 애 낳을 때가 된 거야. 새벽 2시에 집에서 애를 낳았어. 사람들이 내가 애를 낳았는지 어쩐지를 아나? 아침에 일 나가는 사람들이 그날도 밥을 먹으러 오잖아. 갓 낳은 애를 방에 두고 밥을 하러 나간 거여. 그러다 하도 어지러워서 일하다 말고 병원에 가서 영양제를 맞았지. 그거 한 대 맞으니까 어지러운 기가 가시데. 내가 그때부터 영양제가 좋은 줄을 알어.

위태롭고 위험한 딸의 세계

살림이 어려워도 애들이 착하고 공부를 잘혔어. 그 낙으로 살았지. 우리 큰딸은 시골서 왔는데도 1등을 도맡아서 선생이 자식을 잘 뒀다고 칭찬을 입에 마르도록 혔어. 단칸방에 살아도 구석에 우리 딸 책상은 항상 마련해뒀지. 애가 다섯인데 다 손이 많이 안 갔어.

그 애가 1982년도에 서울대에 입학했어. 을매나 자랑스러웠는지 몰러. 근디 2학년이 되더니 데모한다고 집에 잘 안 들어왔어. 어느 날엔가는 공장에 나간다고 그래. 시골에서 국민학교만 졸업하고 올라온 애들 데려다가 잠도 안 재우고 밤낮으로 일 시키는 공장 있잖어. 사장이 밤에 일한 것도 안 쳐주고 월급을 요만치만 주는 그런 공장들만 찾아서 들어간 거여. 우리 딸하고 친구들이 몰래 위장취업을 한 거지. 거기서 일하면서 여공들 공부도 시키고 그랬대. 사장하고 싸워서 여공들 못 받은 월급 3년치를 받아주고 말이여. 우리 애랑 걔 친구들은 법을 아니까 공장에서 못 받은 월급을 제대로 받게끔 했다는 거여. 밤에 자지 않고 일하는 건 얼마, 이건 얼마, 뭐는 얼마를 사장이 주게 해결해놓고 나와서, 다시 그런 공장을 찾아가 그런 일을 하고 그랬대. 우리 딸이 그때부터 사위랑 친구였어. 어떻게 해서 친구가 됐냐면 우리 딸이 데모를 하다가 넘어졌대. 다른 사람은 다 먼저 갔는데 사위가 우리 딸을 일

으켜주더래. 친구였다가 나중에 애인이 돼서 나중에 결혼꺼정 했어. 같이 공장에 다니면서 운동을 한 거지.

　우리 딸은 데모한다고 집에 안 들어오고 계속 도망 다녔어. 애가 없어졌는데 연락이 안 되니까 내가 얼마나 속이 타. 경찰들이 날마다 최루탄을 터트리는데 애는 소식이 없어. 딸이 지희라는 친구랑 잘 다녔는데 둘 다 소식이 없었어. 지희 엄마랑 나랑 밥만 먹으면 애들을 찾으러 다니는 거여. 학교 안에도 다니고 신림동도 막 찾으러 다녔어. 학생들이 주로 신림동에 모였거든. 어느 날 신림동 어디서 딸을 봤다고 연락이 와서 급히 쫓아갔는데 정말 우리 딸이 있었어. 근디 애가 나를 보자마자 도망가는 거여. 딸이 도망가는 걸 보고 그 자리에서 기절을 했어. 어느 학생이 내 몸 여기저기를 눌러서 깨웠는데 도저히 일어날 수가 없었어.

민가협과 만나다

　우리 딸 때문에 너무 답답해서 내가 굿까지 했어. 무당이 처음에 점을 치더니 우리 딸이 간첩이 돼서 곧 이북으로 넘어가겠대. 애가 지금 어디에 끌려 들어갔는데 굿을 하면 풀려난다고 그래. 처음에는 한 200만 원을 이야기하더니 돈을 가져가니까 더 해야겠다고 100만 원 더 가져오래. 은행에서 수표를 찾아서 가져갔지. 그러니까 40만 원짜리 부적을 써서 주면서 집에다가 묻으래. 집에 묻고는 점집을 찾아가니까 "아이고, 뒤돌아보지 말아야 하는데 뒤를 돌아봐서 소용없구먼" 그러면서 40만 원짜리 부적을 또 사야 한다고 그래. 나중에 생각했지. '이건 사기꾼이다.' 그 뒤로는 안 갔어. 안 가니까 전화가 왔어. 거짓말로 "우리 딸 돌아왔어요" 그랬지.

그 뒤로도 아무리 돌아다녀도 애를 찾을 수가 없었어. 지희 엄마가 강남 어디를 가면 책으로 점을 봐주는 사람이 있다고 알려줬어. 그 사람이 계룡산에서 공부를 오래 해서 용하다고 가보래. 너무 답답해서 찾아갔어. 몇 월 며칠 9시에 만날 수 있다면서 날짜랑 시간을 딱 알려줘. 내가 가고 싶은 방향으로 가면 된다 길래 서울대로 갔어. 도망간 딸년 찾으러 맨날 찾던 데를 간 거여. 늘 가던 덴데 그동안은 안 보였던 작은 문이 보여. 문을 이렇게 살짝 열어봤지. 세상에, 거기 우리 애랑 지희랑 다른 애들이 다 모여 있었어. 학생들이 담배를 뻐끔뻐끔 피고 있어. 방에 담배 연기가 자욱하게 그 지랄들을 하고 있어. 내가 아주 넋이 빠져 있으니까 딸이 내 손을 잡더라고. "엄마, 괜찮아?" 우리 애가 나를 껴안고서는 "엄마, 엄마!" 그래. 걔도 나를 놓덜 못하더라고. 거기서 막 울었어. 울음이 그렇게 나오데. 학생들이 어머니 진정하시라고 그래. 그 자리에서 애를 데리고 집에 왔어. 이튿날이 지 아버지 생일이었어. 지도 엄마를 놔두고 도망갔는데 다시 만났으니 도망

　　　　　국보법이 폐지되면 그 자리에서 춤을 출 거여

못 가고 순순히 따라오더라고. 집에 와서 같이 잤어. 아침밥을 먹는데 또 나가겠대. 내가 가더라도 소식 없이 그렇게 하지 말라고 했어. 엄마도 너를 이해할 테니 소식만 전하라고. 애를 아무리 막아봐야 소용이 없어. 딸이 하는 일들이 이해는 안 갔지만 그렇다고 집을 나가면 안 되잖아. 서로 연락이라도 받고 살아야지. 연락도 하고 집에도 오라고 혔어. 그래도 애가 밤에 학생들하고 뭔 일을 많이 하느라 바빠서 집에 잘 못 왔어.

딸이 데모하고 공장에서 위장취업을 하다가 결국 경찰한테 잽혔어. 그렇게 잡힌 학생들을 간첩이라는 거여. 국가보안법을 위반했다고 고문이라는 고문을 다 해. 우리 딸이 잡혔을 때 바로 경찰청에 면회를 갔어. 우리 딸을 보자마자 "네가 결국 이렇게 고생을 하는구나" 하면서 울었어. 우리 딸이 나를 보더니 냉정하게 그러는 거여.

"엄마, 울지 마. 울지 말고 민가협을 찾아가."

"민가협이 뭔데? 어디에 있는데?"

"엄마, 거기를 가야 내가 왜 여기 있는지 알 수 있어."

내가 민가협이 뭔지 모르잖어. 딸이 민가협을 가라고 그래서 일단 찾아갔어. 물어물어 갔는데 자식이 수감된 나 같은 엄마들이 있어. 우리 엄마들 활동하는 게 다 장하더라고. 그렇게 우리 딸이 잽혀가자마자 민가협 활동을 시작한 거여.

"엄마, 울지 마. 울지 말고 민가협을 찾아가."

"민가협이 뭔데? 어디에 있는데?"

면회 가서 만난 딸과 나눈 이 대화 뒤 정순녀 어머니의 삶은 민가협이 됐다. 온몸엔 수십 년 싸움의 흔적이 고스란히 남았지만 멈출 생각은 없다. 더 이상 아무도 안 당해야 하기에.

국보법이 폐지되면 그 자리에서 춤을 출 거여

딸들을 모두 석방하라!

우리 애는 노동운동을 해서 인천교도소에 있었어. 같이 활동하던 여학생들 일곱이 같이 붙잡혔어. 집이 상봉이었는데 인천까지 매일 갔어. 일찍 밥 한 숟갈 뜨고 시아버지가 지하철역에 태워다 주시면 지하철 갈아타고 갈아타고 주원까지 갔어. 나는 항상 면회를 제일 먼저 햐. 조금이라도 늦으면 애가 운동 가고 어쩌고 해서 못 볼 수도 있어. 그러니까 아침 첫 번에 해야 돼. 가면 나 혼자가 아니라 엄마들이 여러 명 있어. 아침에 딸 면회를 하고는 같이 길바닥으로 나가는겨. 땡볕에 뭐 가릴 것도 없이 드러눕기도 하고 앉았기도 하고 그랬지. 우리가 뭘 바르길 했겄어. 맨날 길바닥에 앉았으니께 얼굴하고 땅하고 똑같았어.

어느 날엔가는 갑자기 면회가 안 된다는 거여. 우리 딸을 징벌방에다 갖다 넣었대. 박종철이 추모제를 주동했다고 말여. 징벌방이 뭔지도 모르잖아? 그래서 "징벌방이 뭐요?" 그러니까 지하 어디 가서 면회도 못 하고 혼자 묶여 있는 거래. 세상에, 그냥 두지 않고 묶어놓는대. 내가 소장실에 쳐들어가서 우리 딸 내놓으라고 소리를 질렀지. 소장이 말도 안 하고 도망가데.

"우리 딸 어디 있냐? 죽었냐 살렸냐? 날마다 면회를 했는데 오늘은 왜 면회가 안 되냐?"

결국 면회를 시켜주긴 했어. 창 너머로 애를 보는데 목 아래허고 손목에 줄로 묶었던 자국이 보이는 거여. 소장실에 또 쫓아가서 책상을 부수고 난리를 쳤지. 지들도 말을 못 하는 거여. 이걸 부쉈어도 말을 못 하는 건 뭐여? 우리 딸을 묶어놔서 그 흠집을 보고 내가 뒤집어졌잖아. 나를 건드리면 사달이 날 것 같으니까 가만히 있더라고. 의자 들고 다 부숴버린다고, 너희 죽고 나 죽는다고 소리 지르니까 아무 말도 못 해. 평생 살면서 가장 화가 났던 때가 그때여.

이제 날마다 더 일찍 가는 거여. 교도소에 일찍 오는 것들은 직원이지 뭐여. 들어오는 차 앞에 가서 막 드러누웠어. 길에 누워서 뒹굴면 직원들이 와서 끌어내 차 지나가게 하고 난 또 드러눕고 직원들이 다시 끌어내고를 며칠을 했어. 나중에는 교도소 입구에서부터 다 막고 주민등록증 조사를 했어. 나 들어갈까봐 그런 거지. 원래 입구는 마음대로 들어갔었는데 나 때문에 다른 사람 면회도 거북하게 된 거여. 날마다 가서 그렇게 뒹굴고 있는데 언젠가 소장이 나를 부른다고 직원이 왔어. 내가 이 길 다 터놓으라고 했지. 내가 뭔디 나 때문에 여러 사람 불편하게 하는겨? 이거 다 터놓고 나 부르라고 그랬어. 나중에 막았던 걸 다 풀길래 소장실에 갔지.

"딸 풀어줄 테니 아무것도 하지 말고 조용히 집으로 가세요."

"가두어놓은 학생들 다 풀어줘. 애들이 무슨 죄가 있다고 가두는 거여?"

　막 소리를 질렀어. 여기 잡혀온 여학생 일곱 명 다 풀어
줘야 조용하지, 난 조용히 안 할 거라고 혔어. 내가 내 딸만 위
해서 싸우는 게 아니여. 모두를 다 위하려고 온 거여. 그 딸은
누구고 그 딸은 누구냔 말이여? 다 풀어달라고 그랬더니 안
풀어주더라고. 내가 우리 딸 면회 가서 그랬어.

　"소장이 너만 풀어주고 다른 애들은 안 풀어준단다. 넌
거기서 싸우고 난 여기서 싸우자."

　같이 수감된 학생들이 여럿이었는데 엄마들이 많이는
안 왔어. 그때는 자식이 데모하다 붙잡히면 공무원은 잘린다
는 이야기가 있어서 공무원인 부모는 안 왔어. 나는 공무원이
아니니까 상관없었지. 근디 아무리 공무원이래도 자식을 구
해야지 공무원 자르기가 어디 쉬워? 그런데 안 오더라고. 원
래 나 혼자 면회를 다녔는데 어느 날 엄마들 두엇이 나와서
내 뒤를 슬슬 따라다녀. 인자 전경들이 막 와서 못살게 하면
같이하고 그랬어. 며칠을 그렇게 했더니 일곱 명을 다 풀어준
다고 그래. 우리가 시끄러우니까 다 풀어주겠다는 거여. 그날
다른 엄마들이 안 와서 내가 걔들 점심 사주고 그랬지. 애들
이 감옥에 한 6개월 정도 있었나 봐.

나의 아이들

3년 뒤에 우리 아들도 대학에 들어갔어. 우리 아들이 다니는 학교는 데모를 안 해서 전두환이한테 상을 탄 학교라는데 우리 아들이 들어가서부터 말도 못하게 데모를 혔어. 어느 날인가 아들 학교에서 데모를 크게 한다고 혀서 찾아갔어. 비가 억수같이 오는 날이었는데 데모하는 학생들 숫자보다 경찰 숫자가 더 많았어. 학생들한테 최루탄을 막 쏴대. 그런데 비 올 때 데모하니께 좋더라고. 매운 게 뻑뻑하게 떠내려와. 하나도 안 매워서 내가 거기서 그랬지.

"어머, 비 올 때 데모하니까 너무 좋구나."

우리 머시매는 주동자니까 학생들이 흩어진 후에도 저 위에서 지켜보고 서 있었어. 오랜만에 봤는데 애가 싹 삭발을 했어. 경찰이 우리 아들을 바로 잡아가진 않았어. 우리 애한테 뭐 하나라도 더 얻으려고 맨날 따라다니면서 물어보고 그랬어. 그러다가 우리 애가 잡혀서 직결까지 갔어. 다행히 내가 그 자리에 있었지 뭐여. 경찰 놈이 우리 아들을 데리고 가면서 막 소리를 질러.

"넌 이번에 가면 얼마나 살지 알어? 이놈아?"

"이 새끼야! 애가 감옥에 오래 살면 너는 뭐가 시원하냐? 아무리 경찰이래도 말을 그따위로 하냐!"

내가 얼른 쫓아가서 소리를 질렀어. 저쪽에서 다른 경찰이 나를 부르더라고. 바짝 옆으로 가니까, 이번에는 많이 잡혔기 때문에 암 말도 않고 있으면 괜찮을 거래. 조사할 때 그냥 묵비권 하래. 길 가다가 잡혀온 거지 아무것도 모른다고 하라는 거여. 내가 아들을 불러서 이야기했어. 묵비권 하고 길 가다 잡혀서 왔다고 하라고. 그래서 우리 아들은 안 들어갔어. 애가 잡혀간 순간에 내가 따라가서 효과를 본 거지. 경찰에 끌려가는 우리 애 손을 내가 꼭 붙들고 따라갔거든.

내가 오남매를 뒀어. 딸이 셋이고 아들이 둘이여. 서울대 다니는 딸이 첫쨋데 둘째 딸도 공부를 잘했어. 애가 대학교 갈 때가 됐는데 중학교 다니던 막내아들이 지 누나를 불러다 놓고 다짐을 받더라고.

"누나, 큰누나처럼 데모 안 할 거지? 하면 안 돼!"

"엄마가 얼마나 속을 썩이며 쫓아다니는지 알지? 절대 안 돼!"

막내는 어려서부터 내가 저희 누나 쫓아다니는 게 지겨웠던 거여. 우리 둘째 딸도 데모를 하긴 했는데 몰래 슬슬 했지, 그렇게 앞장은 안 섰어. 우리 큰딸이 도망 다닐 때였는데 어느 날 집으로 경찰이 찾으러 왔어. 나는 우리 애 쫓아다닌다고 집에 없고 우리 막내, 그 쬐깐한 애가 혼자 있었어. 경찰이 어린애 혼자 있는데 집을 막 뒤진 거여. 큰애 친구들이 숨어 있을까봐 집을 다락까지 다 뒤졌대. 우리 막내한테 "누나 어딨냐? 누구는 안 왔냐?" 이것저것 물어봤다는 거여. 그리고 우리 애한테 그러더래.

　"넌 크면 뭐 하고 싶냐?"

　"난 경찰은 안 해요."

　"경찰이 좋은데 왜 그래?"

　"다른 거 다 해도 경찰은 안 해요."

　우리 애가 경찰한테 그랬다는 거여. 막내가 어렸는데 밥도 잘 못 챙겨줬어. 나는 새벽에 일어나서 학교 가는 애들 도시락 싸놓고 들통에다 밥만 해놓고 싸운다고 밖으로 돌아다녔어. 그럼 애들이 알아서 도시락 가져가고 밥도 퍼다 먹고 그랬어. 막내도 알아서 챙겨 먹었어. 지금 생각하면 우리 막내가 참 딱해.

온몸에 남은 싸움의 흔적

　싸우다가 한쪽 눈이 멀었어. 노태우 수서 사건[1] 때 서울역에서 종이에 내용을 써서 사람들한테 나눠줬어. 말로 하면 소문날까봐 써서 돌린 거야. 돌리고 숨었다가 몰래 나와서 다시 돌리고 그랬지. 한 사람이 현수막을 내걸길래 내가 막 뛰어나갔는데 경찰이 막았어. 그러니께 어째. 바로 그 자리에서 "노태우 구속하라! 수서 사건 조사하라!" 하고 막 소리를 질렀지 뭐여. 그때 갑자기 최루탄이 날아왔어. 왼쪽 눈에 맞아서 눈을 못 뜨고 괴로워하고 있는데 어떤 학생이 급히 나를 데리고 다방으로 갔어. 촛불을 켜니까 눈이 떠지데.

딸 그러고 다니지, 아들 그러고 다니지 하니까 내가 입원을 하고 있을 수가 있어? 치료를 하긴 했는데 어떻게 하다 보니까 나중엔 다친 눈이 아예 안 보였어. 그래도 그냥 돌아다녔어. 지금까지 눈 한쪽 가지고 살았어. 애들한텐 얘기 안 했어. 나만 알고 있지. 애들한테 이야기하면 애들이 얼마나 속이 상할 거여. 나 때문에 엄마가 눈이 안 보인다고 하면 그건 애들 가슴에 못 박는 거지. 아무 말 안 하고 지금까지 나 혼자만 알고 있는 거여. 그대신 우리 애들이 교도소는 갔다 왔어도 안 다치고 건강하니 그것만 해도 복이지.

그때는 학생들이 데모할 때 정부에서 백골단까지 풀었어. 백골단이 뭐냐면 깡패들이여. 그것들은 우리 엄마들이고 애들이고 사정 봐주는 게 없어. 그냥 두들겨 패고 때려서 잡아가는 거여. 얼마나 많이 잡아갔는지 넣을 데가 없었어. 엄마들이 다치거나 말거나 막 밀어붙이고 티 안 나게 때리는 거여. 보이면 안 되니까 보이지 않는 데로만 살을 쥐어. 백골단한테 엄마들 많이 다쳤어.

구로 사건[2]도 기억이 나. 노태우 때 이놈들이 구로구청에서 투표통을 바꾸려고 했어. 안 찍은 표로 한 통을 만들어서 찍은 표 넣은 통이랑 바꿔 가는 거여. 학생들이 그걸 알고서는 구로구청에 모였어. 그때는 구속자가 많으니까 구속자 엄마들도 많이 갔어. 서 있을 데도 없을 만큼 모였어. 엄마들이 며칠이고 학생들하고 같이 데모를 한 거여.

투표함 지킨다고 학생들이 며칠 철야를 했어. 신철이 엄마(임기란)랑 나랑 둘이서 학생들 먹이려고 아침에 밥이랑 콩나물국을 끓여가지고 갔어. 둘이 택시를 타고 구로구청에 갔더니 벌써 경찰차가 들어오고 있는 거여. 학생들한테 암것도 못 먹였지. 이놈들이 학생들한테 물대포를 쏘기 시작했어. 서울대 학생 하나는 옥상에 있었는데 떨어져서 하반신을 다쳤어. 그리고 내가 그걸…… 봤어. 어떤 차가 쓰레기를 많이 싣고 나오더라고. 그 쓰레기 더미 아래로 발이 보였어. 학생들한테 물대포를 쏘고 망치로 때리고 그래서 애들이 많이 다쳤는데 어떤 애가 죽었나 봐. 어디다 갖다 버렸겠지. 행방불명된 사람은 그렇게 된 거여. 내가 그걸 내 눈으로 봤어. 그때는 그랬어.

나도 거기서 많이 맞았고 신철이 엄마도 거기서 머리가 터졌어. 그때 신철이 엄마가 민가협 회장이었거든. 신철이 엄마가 말도 잘하고 정말 똑똑했어. 지금은 치매에 걸려서 병원에 있어. 치매 오기 전에도 잘 걷지는 못했어. 저놈들한테 두드려 맞으니까 그때부터 안 좋았지. 그건 말도 못해. 말도 못해. 아이고. 우리 5공 때 고생한 건 말도 못해. 지금 한총련 엄마들은 호강하는 거여. 우리는 맨날 최루탄 맞아서 옷이 다 최루탄 모양 따라 구멍이 났어. 최루탄 맞으면 옷이 구멍이

나. 애들이 밖에 나갔다 들어오면 옷에 최루탄 냄새가 펑펑 나고 옷에 구멍이 뚫려 있어. 처음에는 왜 구멍이 뚫렸는지 몰랐어. 구멍이 뚫리면서 팔다리도 다쳤겠지.

지금도 안 아픈 데가 없어. 관절은 다 다쳤지. 넘어져가지고 방댕이도 다쳐서 수술하느라 한 달인가 병원에 있었어. 그런데도 퇴원하면 또 나갔어. 다 낫지도 않았는데 애들한테 미치니까 할 수 없는 거여. 그때 다리랑 허리랑 다 다쳐서 지금 지팡이 짚고 다니잖아. 그렇게 돌아다니다 보니까 하이고 (한숨) 세월이 이렇게 되었네. 그 난리를 다 겪다 보니 팔십넷이 됐어. 싸우다 싸우다 늙어서 눈도 멀고 몸뗑이도 다 다쳤지 뭐여.

엄마에서 인권운동가로

해결이 안 되는 것들도 엄마들이 큰소리쳐서 해결되기도 했어. 법원에 가서 소리 지르는 것도 엄마들이 일등이여. 신발도 벗어서 집어 던지고 그랬어. 그때는 우리 엄마들이 그렇게 쎘어. 그렇게 하고 다니니까 엄마들이 살림하기가 어렵지. 살림을 할 시간이 없으니께. 허허허. 우리는 밥만 먹으면 나가서 "노태우 물러가라! 전두환 물러가라!" 하고 다녔어. 엄마들은 모이기만 하면 학생들 데모하는 데로 쫓아다녔어.

명동성당에서 최루탄 쏴서 학생들이 밀리고 있다고 하면 명동성당으로 가고, 저 동대문 어디에 학생들이 있다고 하면 또 거기로 가고.

그때는 경찰이 쇠망치를 가지고 다녔어. 거기에 맞아서 데모하는 학생들 팔이나 다리에 피가 막 흘렀어. 지금 홍콩 데모할 때 경찰이 사람들을 마구 때리잖아. 딱 그 식이야. 내가 그걸 보고서 "우리나라도 저랬다" 그랬어. 학생들을 때리고 막 팔을 뒤틀어 잡아가는 걸 보면 우리 엄마들이 쫓아가서 우리 애를 왜 때리냐고 경찰한테서 학생들을 뺏어 왔어. 그러는 재미로 우리 엄마들은 밥만 먹으면 나가는 거여.

언젠가는 학생들이 수감된 감옥에 화장실하고 밥 먹는 데가 가깝다는 이야기를 들었어. 애들이 얼마나 거북할 거여. 그 소식을 듣고는 따지려고 엄마들이 법무부에 모여 철야를 했어. 그때는 엄마들한테 "모여라!" 하면 장대같이 비가 와도 이삼백 명씩 거뜬히 모였어. 밤낮으로 이삼 일 철야하면 해결이 됐어. 엄마들은 해결이 돼야 흩어지지 그전에는 안 흩어져. 한번은 수감자 한 사람당 식비가 한 달에 4만 원인데 그걸 다 떼먹고 2만 원도 안 되는 돈으로 반찬을 해준다는 거여. 얼마나 형편없이 줬겠어. 엄마들이 구로구에서 모여서 며칠을 싸웠어. 그랬더니 그게 또 고쳐졌대. 또 애들 면회 가서 고문을 받았다는 소리를 들으면 우리 엄마들이 그 앞에 모여서 싸워. 함께 해결하는 거여. 또 최루탄을 안 쓰기로 했는데 경찰청에서 최루탄을 썼다는 소리가 들려와. 그럼 엄마들이 쫓아가서 경찰서 앞에 막 드러누웠지. 학생들한테 또 최루탄을 쓰면 엄마들 여기서 다 죽는다고 드러누워서 일어나질 않았어. 나중에 경찰청 형사한테 안 쓸 거라는 확답을 받고서야 일어났지.

우리 엄마들이 싸우는 게 학생들이 싸우는 것보다 몇 배가 더 쎄. 우리 엄마들은 자식을 위해서 한다 생각하면 무서운 게 없거든. 멱살 잡고서 싸울 수도 있고 저 사람을 죽이라고 하면 죽일 수도 있어. 학생들은 그렇게 못 하잖아. 엄마들이 싸우는 힘이 너무 좋더라고. 학생이 들어가도 엄마들이 힘을 주잖아. 나는 그게 좋더라고. 그러니까 계속하게 됐지. 힘이 좋으니까 힘을 하나라도 보태야지 헤어지면 안 돼. 그 힘으로다가 우리가 지금까지 해나가는 거여. 다른 욕심은 없어. 우리 엄마들 힘이 있어야 우리 애들이 덜 당한다. 그래서 여적지 끌고 온 거여.

이근안도 얼마나 쫓아다녔는지 몰라. 처음에 이근안이 재판받을 때 내가 앞장서가지고 이근안이 멱살을 잡으려고 했어. 일찍 가서 막 소리를 질렀더니 여러 놈들이 날 붙들고 끌어다가 저짝에 처박아서 재판을 보덜 못했어. 그다음에는 물병을 던지려고 가지고 쫓아다녔어. 그놈이 고문한 우리 학생들 생각하면 화가 나잖아. 우리 사위도 고문을 많이 받았어. 감옥에 7년 있었는데 이근안이한테 고문을 그렇게 받고 지금도 삭신이 아픈데 거기엔 약도 없어. 고문받은 것만 생각하면 가슴이 아퍼.

엄마들이랑 장기수 석방운동도 계속했어. 장기수 석방하라고 공주에 가서 며칠을 있고 전주까지 가서 별짓 다 했지. 장기수 석방하라고 공주교도소 앞에서 싸우는디 엄마들이 어디 간다고 하면 그 근방에서 다 지원을 와. 연대를 하는 거여. 같이 밤도 새우면서 싸우는 거지. 그런 데는 빠지지 않고 다 갔어.

지금 경동시장 같은 데 가면 아무 죄 없는 대통령을 왜 가두냐고 하면서 줄을 서서 서명을 해. 아이고 다 늙은이들이지. 내가 지나가면서 "아이고 미쳤네" 그랬더니 노인네들이 다 쳐다보는 거여. 나보고 "지랄하네" 그러데. 내가 쳐다보고 "미쳤네" 그러니까 "지랄하네" 그러고 있어. 하하하. 난 하나도 안 무서워. 그전에 그렇게 싸웠으니까 그 기가 지금도 있는 거여.

끝까지 싸운다

국가보안법으로 죄 없는 사람들을 잡아가잖아. 국가보안법으로 엮어가지고 다 잡아가지. 이걸 철폐해야 억울하게 잡아가덜 안 할 거 아녀. 요새는 전처럼 싸워선 해결이 안 돼.

국보법이 폐지되면 그 자리에서 춤을 출 거여

국가보안법 철폐하라고 5공 때부터 떠들었는데도 안 됐어. 그때부터 엄마들 모이면 "국가보안법 철폐! 국가보안법 철폐!" 소리를 지르고 별짓 다 해도 안 돼. 결국 지금까지 끌고 왔는데도 안 돼. 그때나 지금이나 정치 돌아가는 게 그냥 답답하지. 지금 바뀐 건 우리 엄마들이 그전에는 청와대 같은 데 못 갔는데 청와대 같은 데 들어가서 밥도 먹고 사진도 찍고, 그거 한 가지만 바뀐 거지 다른 건 없어.

민가협 엄마들이 싸운 지 40년이 다 되어가. 참 오래도 싸웠어. 우리 애들은 먹고살아야 하고 할 일이 있으니 우리 엄마들이 그 뒤를 이어서 싸운 거여. 이것만 생각해서 지금까지 목요집회[3]에 나오는 거지. 다른 생각은 없어. 우리는 할 일을 거진 다 해놓고 애들도 다 키워놨으니까 활동을 틈틈이 하면 되잖아. 지금도 당하는 사람들이 있으니까 말이여. 국가보안법이 폐지돼서 더 이상 아무도 안 당해야 한다, 이 생각뿐이여. 그래서 일주일에 한 번씩 가서 "국가보안법 철폐! 국가보안법 철폐!" 하고 소리 지르는 거여. 학생들이 고생을 많이 했잖아. 나도 학생들과 같이 고생한 게 잘했다 싶어. 그렇게 했기 때문에 나라가 이만치라도 됐잖아. 지금은 이 운동이 힘을 못 받고 있어서 조금 안타깝지만 말이여.

우리 식구들은 나한테 나가지 말란 소리는 안 해. 가지 말라고 해봐야 안 되니까. 나는 하고 싶은 대로 하고 살 거여. 내가 나가고 싶으면 나가는 거지. 집회 하는 목요일에는 절대 약속을 안 잡어. 목요집회는 사람이 적으니까 하나라도 더 채워야 한다는 마음이여. 이제 우리 엄마들이 몇 안 되잖아. 누가 알아주든 말든 나가는 거여. 목요집회는 여태껏 한 번도 안 빠졌어. 우리 엄마들은 목요집회는 절대 빠지지 말라는 정신을 가지고 살지. 우리 민가협 엄마들이 이제 열 몇 명밖에 안 남았어. 민가협에 팔십 넘은 엄마들이 없어. 몇 있었는데 다 죽어서 없어. 5공 때 싸웠던 엄마는 나 혼자밖에 없어. 같이 싸운 엄마들은 다 죽고 없고 나 혼자여. 다 없어졌어.

이 활동 하면서 좋았던 적이 단 한순간도 없었어. 맨날 우울하지. 국가보안법이 철폐되어야 좋을 텐데 여적지 있잖아. 그러니까 안 좋아. 폐지 안 하면 누구든 다 당할 수 있어. 누가 또 당하고 누가 또 당하니까 이게 좋은 게 하나도 없어. 이근안이 구속되고 장기수가 풀려나기도 했지만 그래도 확실한 건 없잖아. 국가보안법을 철폐 안 하면 맨날 내 가슴에 맺혀 있을 거여. 이 긴 세월에 시원한 게 없어. 나는 죽을 때가 됐잖아. 죽기 전에 국가보안법 철폐하는 걸 봐야 하는디 말이여. 국가보안법이 폐지되면 나는 그 자리에서 춤을 출 거여. 엄마들하고 집회 대신 친목계 하듯 춤을 출 거여.

에필로그

이 글은 인권운동가 정순녀의 기록이다. 정순녀는 딸, 여동생, 부인, 엄마로 살아오면서 많은 차별과 억압을 겪었지만 그 곁에서 뿌리내려 사람들을 지켜냈다. 그는 다가오는 고난을 피하지 않았다. 생의 어느 순간에나 자기 몸을 내던져 적극적으로 문제를 해결해왔다. 배움의 기회는 적었지만 무엇이 잘못인지를, 그런 순간에는 저항해야 한다는 것을 삶을 통해 배웠다. 딸의 6개월 수감 기간을 훌쩍 넘어 36년이나 운동을 지속할 수 있었던 것은 그의 외침이 가족에 한정되지 않고 모두에게로 향해 있었기 때문이다. 그의 인권운동은 어려운 말에 갇혀 있지 않다. 그에게 민주화와 인권은 거창한 것이 아니라 '하고 싶은 것을 하는 것'이다. 국가는 국가보안법으로 사람들의 의도를 필요에 따라 재단해 정치적으로 이용한다. 그 법으로 수많은 학생들이 간첩이 되었고 모진 고문을 받았다. 그래서 그에게 민주화와 인권은 '국가보안법 철폐'와 같이 놓인 말이다.

정순녀는 마흔여덟에 '전두환 타도'를 외치며 집 밖을 나섰고 여든넷이 된 지금까지 길 위에서 '국가보안법 철폐'를 외치고 있다. 최루탄이 날아드는 현장에서 얼굴이 흙빛이 되도록 함께 뒹굴었던 동지들은 늙고 병들고 세상을 떠났다. 집회 현장을 가득 채웠던 '굳센 엄마'들의 자리는 매해 비어가고 그는 이제 5공 시절을 기억하는 유일한 사람이 되어간다. 그는 철심 박은 허리를 받쳐 잡고 지팡이로 땅을 디디며 탑골공원으로 향하는 버스를 탄다. 동지들의 빈자리를 그리움으로 채우며 목요집회에 참석한다. 정순녀의 인권운동은 이 땅에 '국가보안법'이 사라지는 날까지 계속될 것이다.

국보법이 폐지되면 그 자리에서 춤을 출 거여

민주화실천가족운동협의회(민가협)

민가협은 1985년에 만들어졌다. 군사독재 정권하에서 수많은 학생들이 고문당하고 수감되었는데 그들의 석방을 위해 가족들이 중심이 되어 결성한 단체다. 주로 양심수의 가족들로 구성되었는데 민가협 운동은 수감자 가족의 석방운동을 넘어 이 땅의 민주와 인권을 위한 활동으로 확대되었다. 민가협의 엄마들은 민주화를 위한 집회, 농성 현장의 맨 앞에서 싸웠고, 경찰에 끌려가는 학생들을 맨몸으로 구출했다. 재소자에 대한 인권 침해 사건이 발생하면 밤을 새워 농성하고, 고문 등 가혹행위가 벌어지면 재발 방지를 위해 목소리를 높였다. 양심수 석방을 위한 활동도 꾸준히 전개하여 40년간 구금된 장기수의 존재를 알리고 석방해내는 일에 앞장섰다. 1993년 9월부터 '양심수 석방과 국가보안법 철폐를 위한 목요집회'를 지금까지 하고 있다.(오픈아카이브, 민주화실천가족운동협의회 참고.)

주

1. 1991년 서울시 강남구 수서동 일대의 택지를 특정 개발조합에 불법으로 분양한 노태우 정부 최대 권력형 비리 사건.

2. 1987년 제13대 대통령 선거 중 구로구에서 부정선거 정황 의혹을 알게 된 학생들과 시민 수천 명이 투표 장소인 구로구청을 점거하고 사흘간 농성을 벌인 사건.

3. 민가협과 양심수후원회를 중심으로 종로 탑골공원에서 양심수 석방과 국가보안법 철폐를 외치는 집회. 1992년부터 현재까지 이어지고 있으며 2020년 2월 20일 1,258번째 집회가 열렸다.

세상에 눈을 뜨니
너무 사랑스러운 거여

구술

김정숙

글

이호연

내가 무슨 인터뷰까지 할 게 있나? 별별 일이 다 있었고 국가보안법에 대해서는 내 마음속에 있지만 인터뷰를 하려면 몇 년 몇 월 정도는 알아야 하잖아요? 체계적으로 말할 능력도 없고 젊은 나이도 아니어서 다 기억도 안 나요. 민가협 활동할 때 메모라도 남겨놨어야 하는데 그걸 못 했어. 그렇게 했으면 책이라도 썼을 건데. 사실 아무것도 아닌 말도 왜곡돼서 다른 말로 만들어지는 걸 내가 아니까 우리 아들한테 피해가 갈까봐 걱정도 되고. 부담이 돼서 이런 인터뷰는 별로 안 했는데 오늘 말을 너무 많이 해버렸네.

소원

학교를 못 간 게 한이 됐지. 키워주신 증조할머니도, 부모님도 나를 예뻐해주셨지만 여자는 얌전히 집에 있다 시집가면 된다고 배웠지. 전라도 골짜기 시골인데도 그 옛날에 우리 작은아버지는 대학교를 졸업했어요. 친정이 교육에 대한 이해도 있었고 경제적으로 넉넉한 편이었지만 여자라는 이유로 나는 초등학교만 다녔어. 여자는 자기 이름만 쓸 줄 알면 된다는 거지. 우리 동네에서 여자가 초등학교를 간 경우도 많지 않았어요.

감히 말도 못했지. 공부를 하고 싶다고 말하는 건 상상도

못할 일이었지. 여자는 어른들이 시키면 오로지 예예 하면서 사는 거라고 그랬으니까. 반항은 꿈도 못 꿨어. 중·고등학교 다니는 여학생들 보면 얼마나 예뻐요. 빳빳하고 하얀 교복 깃에 다리 내놓은 교복 치마. 너무 부러웠어요. 우리 동네에서 여자는 더운 날씨에도 감히 반팔 옷을 못 입고 긴팔 옷을 입고 다녔어요. 여자는 큰길, 차가 다니는 길에도 못 나가게 했어요. 멋 좀 부리고 집 밖에 나가고 싶었지만 마음뿐이고 진짜 하면 난리가 나지. 어릴 때 가설극장이라고 있었어요. 몇 월 며칠 어디에 가설극장이 들어온다고 하면 넓은 공터에 포장을 쳐서 극장을 설치해요. 지금 생각하니까 배우인데 그때는 배우인지 뭔지도 몰랐지. 배우들이 와서 직접 관객 앞에서 대사를 치는 거야. 연극을 하는 것처럼. 거기 가려면 어른들한테 거짓말하고 보자기로 머리를 싸매고 몰래 가서 소나무 밑에 숨어 보고 그랬어요. 그렇게 살았어.

우스운 얘긴데 초등학교 졸업하면 열세 살, 열네 살밖에 더 돼요? 십대 때 내가 결심을 했다니까. 결혼하면 절대 아들을 안 낳을 거야. 딸 낳아서 내가 하고 싶었는데 못 했던 거 다 해줄 거야. 근데 소원을 못 이뤘어. 얼마나 내가 딸을 낳고 싶었는데 아들만 넷을 낳았어.

배짱

연애가 어디 있어? 남자 얼굴 한 번 보고 결혼했지. 1959년, 내가 스물한 살 때 결혼을 했어요. 남편은 스물네 살이었는데 7남매의 장남이었어요. 남편은 겨울에 군대 제대하고 바로 봄에 결혼했으니까 아무것도 모르는 어린 것들이 결혼을 한 거지. 시집와서 나중에 들으니까 시할머니가 손자며느리를 보고 죽고 싶다고 하셔서 손자 결혼을 서둘렀다고 하더라고. 식구가 시할아버지, 시할머니, 고모, 작은아버지, 남편형제들까지 열한 명인가 열두 명인 거여. 밥을 한 번 먹어도 설거지할 그릇이…… 아휴, 한번 상상을 해보세요.

집이 아주 보수적인 분위기였어요. 어쩌다 남편 신발이라도 신고 있으면 큰일 나는 줄 알고 어디 여자가 남편 신발을 신냐 그랬지. 그때는 세탁기가 없잖아요. 우물가에 가서 빨래를 하면 제일 먼저 시아버지 옷 빨고 그다음 시어머니, 내 옷은 맨 마지막에 빨았지. 시부모님 옷 위에 내 옷을 올리면 안 되고. 지금처럼 옷도 부드러운 천이 아니고 무명 옷이거든요. 우리는 시집갈 때도 시댁 사람들 옷을 무명으로 해서 가져간 사람들이에요. 가족들이 옷을 벗어놓으면 산처럼 큰 꾸러미가 나오는데, 오늘 빨고 내일도 빨고 그다음에 풀칠하고 다림질하고.

스물한 살에 결혼했지만 지금 생각해보면 내가 성숙했

세상에 눈을 뜨니 너무 자랑스러운 거여

던 것 같아. 공부를 못 해서 내가 한이 있잖아요? 시댁에 살다 보니까 그런 생각이 드는 거여. 시댁에서 계속 살면 우리 애들 고등학교라도 보낼 수 있을까? 안 되겠다 싶었지. 시댁에서 한 6, 7년 살다가 분가를 했어요. 친정에서는 자식을 손에서 놓지 않고 키우면 나중에 자기 스스로 살기 힘들다는 생각으로 자식 교육을 하는 분위기였어요. 근데 시댁은 시할머니가 남편을 귀하게만 키워서 남편이 아주 여리고 어리더라고. 분가를 결심하고 내가 남편을 열심히 설득했지.

사람은 낳으면 서울로 보내고 말은 낳으면 제주도로 보내라. 이 말이 생각났어요. 내가 서두르지 않았으면 1979년에 서울로 못 왔지. 아들 중 하나가 묻더라고요. "어머니, 우리 넷을 한꺼번에 데리고 도대체 어떻게 서울로 올라왔어요? 아버지 배짱으론 어려운 일이고 엄마 배짱일 텐데 아버지를 어떻게 설득했어요?" 아들한테는 "설득은 무슨. 내가 서울로 가자고 하니까 니 아버지도 그렇게 하자고 하더라" 그랬지만 내 나름대로 설득을 한두 번 했겠어요? 아이고, 한도 끝도 없는 얘기여. 그만 물어봐.

내가 배짱이 있었구나. 생각하는 것도 좀 빨랐구나. 과거의 나를 돌아보면 그런 생각이 들어요. 우리 큰손녀가 생리를 시작했을 때 내가 큰 케이크를 사서 식구들 모이라고 해서 축하해주는 자리를 만들었거든. 어떤 할머니가 손녀 생리 시작했다고 케이크 사서 그렇게 하겠냐고 며느리가 그랬지. 난 환

갑이 될 때까지 시어머니한테 "우리 며느리 생일이구나" 이런 말을 들은 적이 없어요. 그래서 우리 며느리들 생일을 챙기고 싶더라고. 며느리 생일이 되면 내가 시루떡을 해요. 생일 초는 생일이 아닌 며느리한테 구해 오라고 해요. 큰며느리가 나한테 하는 말이 "우리 어머니는 뭐든지 남보다 한발 앞서 간다"는 거여.

안티에서 팬으로

아들이 학교를 갔다 오면 벗어놓은 바지에서 이상한 냄새가 나는 거여. 처음엔 최루탄 냄새인 줄도 몰랐어요. 아버지가 이게 무슨 냄새냐고 물으니까 아들이 "몰라요" 그러더라고. 어느 날 갑자기 친구 집에서 자고 온다고 해서 전화 통화가 되는 친구 집에서만 자고 오게 했거든요. 지금처럼 손전화가 없으니까. 근데 외박 횟수가 잦아지더라고. 어느 날 학과 교수한테서 집으로 편지가 왔어요. 공부는 잘하는데 공부에 머리를 안 쓰고 못된 서클에 가입했으니 아버지가 말려라. 알고 보니 민중가요 서클이었어요. 교수가 나쁜 거라고 하니까 그런 줄 알았지. 남편이 교수한테 답장을 했어요. 못된 서클이든 아니든 내 아들이고 내가 아버지니까 책임을 지마. 아휴, 그때 생각 하고 말을 하니까 갑자기 더워지네.

세상에 눈을 뜨니 너무 자랑스러운 거여

학생운동이 뭔지 어떻게 알겠어? 이한열[1]이 죽었을 때 내가 텔레비전으로 대학생들 최루탄 맞는 거 보면서 "저 나쁜 놈들" 그랬다니까. 부모가 대학교 등록금 해주기 얼마나 어렵소. 등록금 때문에 부모는 허리가 휘는데 더구나 우리 집은 자식이 여럿이잖아요. 부모가 안 먹고 안 쓰고 어렵게 모아서 등록금 내주는데 왜 저런 짓을 할까. 근데 우리 아들이 그때 경찰한테 곤봉으로 맞고 끌려갔다고 하더라고요. 학생운동이고 뭐고 모르니까 그때는 아들한테 욕을 했던 거지.

남편이 많이 반대했어요. 서클이 문제가 아니라 학생운동을 안 해야 한다고 생각한 거지. 아들이 학교를 못 가게 했어요. 가방을 뺏어버렸어. 막내가 "아버지, 형 가방 주세요. 다신 안 한대요" 하고 빌어서 가방을 주긴 했는데 남편이 아들한테 그랬지. "너, 엄마하고 같이 학교 다녀라. 수업 듣는 동안 엄마가 기다리고 있을 테니까 끝나면 엄마랑 같이 집에 오기로 약속해라." 아들이 그렇게 약속하고 며칠은 지키더라고. 근데 아무 소용이 없었어. 우리가 야단치니까 이 일은 누가 해도 해야 할 일인데 그럼 누가 하냐고, 자기가 해야 한다 그러더라고. 난 "아이고, 남이 하든지 말든지 내 아들은 착하게 공부하고 좋은 회사 취직하면 되지" 그랬어요. 남편이 속상해서 "내가 아파트에서 떨어져 목숨을 버릴 건데 그래도 할 거냐"고 난리를 쳤지. 아들이 결국 학생운동 안 하겠다고 빌었지만 그때뿐이었지.

엄한 아버지였어요. 아들들이 아버지를 무서워했지. 아들은 학생운동을 계속하고 싶으니까 아버지를 설득하고 싶었을 것 아니여. 어느 날 전화가 왔더래. "아버지, 할 얘기가 있는데 회사로 갈게요." 남편이 눈치를 채고 바쁘다면서 전화를 끊어버렸대요. 근데 며칠 있다가 또 전화가 왔대. "아버지, 저 배고픈데 점심 좀 사주세요." "나, 지금 바쁘다." 전화를 끊으려고 하니까 아들이 "아버지, 저 지금 아버지 사무실 앞에 왔어요" 그러더래. 총학생회장에 출마하고 싶어서 아버지를 설득하려고 찾아갔던 거지. 밥을 먹고 잔디밭으로 데리고 가서 "니가 나한테 할 말이 뭐냐?" 하고 물으니까 학생회장을 한번 해보겠다고 하더래요. 안 된다고 하니 아들이 사정을 했대요. "그래, 좋다. 그럼 니가 나가서 떨어지면 어떻게 할 거냐. 된다는 보장도 없지 않냐." 학생회장 떨어지면 군대 간다고 아들이 그랬대요.

아들을 만나고 난 다음에 남편이 그럽디다. 한 시간 동안 얘길 해보니까 이미 내 품속의 자식이 아니라는 판단이 서더라는 거여. 이제는 말릴 수 없게 됐다는 거지. 자기 아들이지만 말하는 거 보니까 대단하더라는 거여. "아버지, 아들이 넷이 있잖아요. 하나는 나라에 내놓아야지." 반대해도 소용이 없겠더래요. 기왕에 한다고 하니 아들한테 힘을 줘야 되겠더래요. 그때부터 남편이 하던 일은 던져두고 학교에 가서 살았어요. 아들 선거 유세에 따라다녔어요. 같이 다녀보니까 진짜 내 아들인지 모르겠다 할 정도로 수준이 다르더래요. 결국 총학생회장이 됐지. 그다음에 하는 말이 전대협² 의장에 출마해본다는 거예요. 하하하. 나도 어떻게 해야 할지 몰라서 오죽하면 내가 그랬다니까. "아야, 그렇게 사람이 없냐? 너를 누가 전대협 의장을 시켜준다냐?" 그랬는데 그걸 하더라고.

10년 같은 1년

아들이 수배 생활을 하는 동안 우리 가족이 겪은 얘기는 책 한 권으로도 다 못 하지. 1989년 1월 13일에 텔레비전을 보는데 집회에서 머리에 띠를 두른 아들 모습이랑 이름이 나오고 난리가 난 거여. 겁이 나서 학교에 쫓아가 아들한테 "이게 뭔 소리냐?" 그랬더니 "걱정 마세요. 저는 아무것도 한 거 없고 5분 격려사 한 거밖에 없어요." 이미 수배가 떨어졌는데 아들이 그러더라고.

학교 관할 성동경찰서, 우리 집 관할 태릉경찰서, 대공분실, 안기부(국가안전기획부) 할 것 없이 우리 집에 날마다 찾아와서 에워싸고 있었어요. 밤에 문이 잠겨 있고 내가 늦게 들어오면 뭐라고 하니까 우리 막내가 몰래 들어오느라고 담을 넘어 들어왔어요. 감시하던 사람들이 그걸 보고 수배 중인 아들이 들어왔다고 난리가 났지. 셋째 아들이 막내랑 얼굴이 많이 닮았거든요. 우리 집 들어가는 입구에 경찰이 장기판을 갖다 놓고 거기서 살았어요. 우리가 동네 사람들한테 어떻게 보이겠어요. 동네 사람들은 우리 아들이 못된 짓을 해서 그런 줄로만 알았겠지.

어느 날 내가 경동시장에 갔는데 짐을 누가 딱 뺏어 가는 거여. 쳐다봤더니 어떤 사람이 그러더라고. "어머니, 이거 제가 들고 갈게요." 어디를 가든 그놈들이 나를 따라다닌 거지. 그때는 내가 민가협 활동을 하니까 그놈들이 어디서 보고 있다가 나타나 차를 딱 대면서 그래요. "어머니, 우리 차 타세요. 어쨌든 우리도 가야 하니까." 고려대학교에 행사가 있어서 가는데 그때는 아무것도 모르고 그냥 그 차를 탔어. 근데 이 얘기를 들은 민가협의 다른 어머니가 나를 혼냈어. 경찰인 줄은 알았지만 내가 가는 데 그 사람들도 간다고 하니까 탄 건데 뭘 몰랐던 거지. 그렇게 바보 같았어. 우리 둘째 며느리와 아들이 은행에 다녔거든요. 경찰인지 안기부 직원인지, 며느리 앞에 가서 아무 말도 안 하고 앉아 있더래요. 뭘 물어보지도 않고 지켜보면서 앉아만 있더래. 얼마나 불편하고 무섭고 속이 상하겠어. 큰아들이 회사에 다녔는데 얼마나 성가시면 사장님이 아들한테 월급 줄 테니까 출근하지 말라고 했겠어. 그래서 며칠씩 회사에 안 나가기도 했다니까.

어느 날은 손녀를 업고 연세대학교 총학생회실에 갔어요. 아침에 아들이 사무실에 오기로 했다고 연락이 왔거든.

전날 밤에 아들 먹이려고 고기 재고 다른 음식하고 옷도 준비했지. 아침 일찍 가니까 금방 여기 있었는데 경찰이 쳐들어온다고 해서 빠져나가버렸대. 결국 못 봤지. 애기가 응가를 한 거 같아서 잔디밭에 애기 눕혀놓고 기저귀를 갈려고 앉았는데 경찰이 쳐들어오더라고. 급하게 다시 손녀를 업고 가는데 돌멩이가 막 날아오는 거여. 시위 중이니까 어디서 돌을 던지는지 모르겠고 정신이 하나도 없었지. 우리 애기가 머리에 돌 맞을까봐 무서워서 달렸어. 피해서 올라가니까 불 켜진 사무실이 있더라고. 애기가 어떻게 됐을까봐 거기 가서 애기를 좀 받아달라고 했어. 사무실에 있던 남자가 뭐 하려고 애기를 업고 여기 왔냐고 하는 거여. 급하게 나온 말이 내가 먹고살려고 떡 장사를 하러 왔다 했어. 그랬더니 떡은 어디에 뒀냐는 거여. 저 아래 두고 도망 왔다고 내가 그랬어. 애기를 살펴봤더니 다행히 괜찮더라고. 애기 기저귀를 갈아서 제대로 업고 나오는데 길이 다 막혔어. 손녀를 업고 차가 보일 때까지 계속 걸어서 나왔지.

어느 날은 성동경찰서 서장이 직원한테 나를 데려오라고 했대. 갔더니 서장이 그러는 거여. 우리 아들이 한 번만 더 학교에 나타나면 자기 모가지가 떨어진다고. 서장이 나를 잡고 울면서 자기 애들이 아직 어린데 여기서 잘못되면 자기는 어떻게 하냐고 사정을 하더라고. 사정을 해도 내가 할 수 있는 게 없잖아. 집에 왔는데 그 서장이 생각나고 불쌍한 거여.

지금 같으면 불쌍하긴 뭐가 불쌍해. 근데 그때는 그런 마음이 들었어. 큰아들한테 서장이 이러저러해서 너무 불쌍하더라, 니 동생이 나타나면 경찰서에 데리고 가자고 그랬지. 그랬더니 큰아들이 화를 내면서 "엄마, 걔가 자기 몸 자기 마음대로 할 수 있는 줄 알아? 걔는 혼자 몸이 아니야, 엄마. 그런 소리 하지 마" 그러는 거야. 그때까지도 내가 뭘 몰랐던 거지.

남편이랑 나랑 며느리랑 셋이서 집에서 점심을 먹고 있는데 전화가 왔어. 수배 중인 아들이 충남대학교 앞에서 큰 교통사고를 당해 병원에 있으니 빨리 오라는 거야. 큰아들한테 전화를 했어. "니 동생이 교통사고가 나서 병원에 있다는데 얼른 가봐라." 큰아들이 놀라서 직장에서 입던 가운을 그대로 입고 달려갔지. 돈이 없어서 근처 전당포에 결혼반지를 맡겼대. 병원에 가서 다 찾아봤는데 동생이 없다고 큰아들이 나한테 전화를 했어. 그래서 내가 학교에 있는 아들 친구한테 전화했더니 "의장님 아까 여기 있었어요" 그러는 거야. 별일이 다 있었어. 이렇게도 놀라고 저렇게도 놀라고 얼마나 놀라는 일이 많았겠어. 큰아들이 결혼반지를 그때 전당포에 맡기고 못 찾아서 지금도 결혼반지가 없어요.

우리 집이 옛날에 지어서 마루가 온돌이 아니에요. 아들이 수배 중일 때 난 방에서 잠을 안 잤어. 자식이 어디 가서 죽었는지 살았는지, 밥을 먹는지 잠을 자는지도 모르는데 내가 어떻게 따뜻한 데서 잠을 자. 겨울에 그 추운 때도 마루에서

자면서 지냈어. 아들이 수배돼서 경찰들이 아들을 찾아다니
는데 내가 밥을 먹을 수가 없어서 거의 못 먹었어. 한번은 화
장실에서 내가 쓰러져버렸어. 화장실에 간 사람이 한참을 지
나도 안 나오니까 남편이 와보고 쓰러져 있는 나를 발견했지.
내가 숨을 안 쉬고 얼굴이 시퍼래져 있더래. 그리고 한번은
목욕탕에 가서 물에 들어가 있는데 영 죽겠더라고. 기력이 없
어서. 근데 갑자기 수배 중인 아들이 잡힌 것 같은 느낌이 드
는 거야. 물속에 있다가 확 일어났어. 나와서 체중을 재니까
55킬로그램이 나가는 거여. 내 평생 몸무게가 65에서 66킬로
그램 사이거든요. 10킬로그램이 빠진 거여. 살이 빠져서 얼굴
이 원숭이 같은 거여. 그때 정신을 차리고 생각했지. "내가 죽
으면 안 되지. 우리 아들 어쩌라고. 내가 살아야 돼." 용기를
내서 억지로 먹고 힘을 내고 그렇게 살았어요. 12월에 아들이
검거됐으니까 1년 내내 가족들이 그렇게 힘들게 지냈어요.
1년을 보통 사람들 10년 산 것처럼 살았지.

화난 손

"여기로 나와. 집에만 있으면 못살아." 아들이 수배돼서
학교를 갔는데 민가협 활동하는 어머니들이 그러더라고. 처
음으로 집회에 갔는데 어머니들이 대열 앞에 국기를 들고 서

구호를 외칠 때 손도 안 올라가던 어머니는 어느새 투사가 됐다.
오로지 내 새끼만 예뻐 보이던 어머니가 민가협 활동을 하며
내 새끼나 남의 새끼나 똑같아 보이게 됐다. 그 예쁜 새끼들이
자유롭게 살아야지, 국가보안법 따위에 얽매여서 살게 하면 안
된다는 어머니들. 코로나19로 끊임없던 목요집회가 잠시 멈췄다.
2006년 11월 23일의 목요집회.

세상에 눈을 뜨니 너무 자랑스러운 거여

서 노태우를 타도하자고 하는 거여. 구호를 외치는데 그때는 손이 안 올라갔어. 집회 때 민가협 간사를 보고 내가 집에 와서 그랬어요. "계집애가 못됐더라. 대통령한테 어떻게 그런 말을 하냐. 곱게 커서 시집이나 가지." 그러니까 아들이 민주화운동 하는데 여자, 남자가 어디 있냐고 그러는 거여. 따라다니는데 겁도 나고 어떻게 여자들이 저러냐 하면서 다녔지. 항의하는 모습 보면 민가협 어머니들 무섭거든. 아들 학교를 가니까 '노태우를 타도하자'고 쓰인 대자보가 있더라고. 아, 우리 아들이 학교를 잘못 선택했구나, 이런 학교를 보내서 그랬구나 생각했지. 근데 경희대학교에 가니까 거기도 비슷한 대자보가 있더라고. 학교를 잘못 선택한 건 아니네? 하하하. 그 당시만 해도 내가 잘 몰라서 이해를 못 했던 거지. 그랬던 내가 결국 아들 편이 되어버리더라고.

내가 가만히 생각해봤어. 사람들이 우리 아들한테 못된 놈, 빨갱이라고 그랬잖아요. 우리 아들 키우면서 남자가 착하기만 해서 어쩔까 걱정했어요. 근데 우리 아들이 이북 찬양을 해? 기가 막히는 거지. 이것들 안 되겠네. 그렇게 생각이 바뀌더라고. 저놈들이 거짓말을 하는구나. 저것들이 모략해서 우리 아들을 죽이려고 하는구나. 우리 아들은 나쁜 짓 할 사람이 아니여. 그렇게 생각하니까 경찰도 안 무서웠지. 그전엔 정복을 입은 경찰 옆에 스치기만 해도 무서웠거든. 집회 나가서 구호 외칠 때도 손이 막 높이, 높이 올라가더라고. 거의 밖에 나와서 살았어. 집에 들어가기가 싫었어. 민가협 어머니들하고 경찰서, 교도소를 쫓아다니고 싶지 집에 들어가서 편안하게 있기가 싫었어. 나와서 싸우고 싶은 거여. 막 화가 나는 거여. 맨날 화가 나서 가만히 집에 있을 수가 없는 거지.

귀갓길의 합창

거의 잠옷을 안 입고 잤어. 전화 오면 번쩍 일어나서 후딱 나갈 수 있는 옷을 입고 자는 거지. 밤중에도 부르면 나가야 되니까. 내일모레 추석인데 명절이니까 오늘은 안 부르겠지 했는데 부르는 거여. 아휴, 추석도 소용없었어. 나만 그런 게 아니었을 거여. 남편, 아들 밥 차려주는 거 신경 쓰면 민가협 활동을 못 해요. 밤낮없이 필요하면 나가야 하니까. 집은 딱 버려불고 사니까 한번은 남편이 뭐라 하길래 '옛날 애들 엄마 아니니까 나 잡지 말라고. 다른 엄마들은 우리 학생 애들 꺼내려고 감옥도 가는데 당신이 나를 잡으면 안 된다. 다른 엄마들이 평길을 걸어가면 나는 가시밭길을 걸어야 된다.' 내가 남편을 그렇게 설득했어요. 그 뒤로 남편이 딱 조용해지더라고. 목요집회에서 구호 외칠 때 남편이 손을 올리지는 안 해도 뒤에 와서 서서 보고 가요. 아침에 신문이 빨리 안 오면 남편이 신문 보급소에 신문을 가지러 가. 가서 보고 어제 어떤 학생이 경찰서 어디에 잡혀갔네, 얼른 가야겠네, 그러지. 지금은 맨날 인터넷 보면서 어디 뭣이 있네, 먼저 말을 한다니까.

교도소에 싸우러 갔을 때는 지고는 안 와봤어요. 우리 애들이 단식할 때 제일 많이 싸우거든요. 단식 풀게 해달라. 걔들이 그냥 단식하는 게 아니지 않냐. 그럼 교도소에서는 그냥 한다고 하는 거지. 괜히 그런다고. 대전교도소에 항의하러 가서 9일을 거기서 잔 적이 있어요. 민가협 엄마들이 떴다 하면 공중전화 박스를 들고 가버려. 그때는 지금처럼 핸드폰이 없던 때라 연락 수단을 끊어버리는 거지. 물도 못 쓰게 막아버리고. 화장실 가보면 소변이 막 넘치는 거야. 그렇게 하면 우리가 빨리 집에 갈 줄 알고 교도소에서는 수단과 방법을 안 가리는 거지. 면회 신청하는 곳이 교도소 밖에 있었는데 1월이니까 춥잖아요. 거기서 잠을 자야 하니까 충남 지역 대학생들이 스티로폼을 사가지고 오고 연탄 세 개씩 넣는 난로로 버텼어요. 대전교도소 간판 떼다가 저기 버려불고. 엄마들만 있는 게 아니라 다른 지지자들도 오니까 몇 백 명씩 모여서 돌멩이로 문을 두드리면서 항의하니 얼마나 시끄럽겠어요? 지역 사람들이 꽹과리도 갖다 주고 양푼도 갖다 주고 그랬어요. 감옥에 있는 양심수들 이름 다 부르고 교도소 주위를 돌아다니고. 우리가 왔다 하면 대전교도소도 골치 아프지. 그때는 싸우니까 분도 나고 50대 초반이라 젊으니까 밤새 그렇게 해도 힘들지 않았어요. 그렇게 해서 애들이 단식 풀고 우리는 버스 대절해서 집으로 올 때는 노래를 부르면서 오는 거지. 그럴 때 통쾌했죠.

우리 젊었을 땐 석유곤로가 있었는데 뭔지 알아요? 교도소에 항의하러 갔는데 석유곤로를 학생들이 가져온 거여. 춥고 깜깜하니까 불을 더 세게 올리잖아요. 그럼 연기가 얼마나 나는지. 밀폐된 공간 안에서 석유곤로를 두세 개 피워놓고 잤거든요. 교도소장이 새벽에 협상을 하자고 불러서 소장실로 가는데 어머니들이 나는 너 보고 웃고, 너는 나 보고 웃고 서로 얼굴 보고 웃는 거야. 얼굴에 그을음이 잔뜩 묻어 있어서. 하하. 그때는 물티슈도 지금처럼 흔하지 않고 물도 휴지도 없어서 가지고 있던 수건으로 닦으면 얼굴에 그림이 이렇게 그려지고 저렇게 그려지고. 그걸 보고 소장이 기가 막히는 거지. 이런 일도 있었어. 감옥에서 학생이 화를 못 참고 뭘 받아버려서 몸에 상처가 나고 찢어졌는데 외부 병원 치료를 안 데리고 간다는 정보를 들었어요. 가서 보니까 눈 옆이 찢어졌는데 교도소에서 그냥 놔두고 있는 거야. 그 학생 치료받게 하고 돌아왔죠. 춘천교도소에 갔는데 소장이 면회 좀 하자고 해서 갔더니 영등포교도소에 있던 사람이 거기 가 있더라고. 서로 보고 깔깔 웃었다니까. 그렇게 대구, 장흥, 군산 할 것 없이 전국을 돌아다녔지. 계획을 세우고 가서 한 번도 그냥 온 적이 없어요. 올 때는 이겨서 기분 좋게 오지.

세상에 눈을 뜨니 너무 자랑스러운 거여

무서운 여자들

안기부에서 아무도 안 무서워하는데 민가협 엄마들은 무섭다고 소문이 났어. 103일 동안 낮에는 안기부에 항의 가고 밤에는 기독교회관에서 자면서 농성을 했거든요. 안기부 앞에 있으면 이놈들이 닭장차에 우리를 실어다가 88고속도로 중간에 오도 가도 못하게 두 명씩 내려놔. 모이지 못하게 하려고 그러는 거지. 그때는 아침마다 회의를 했는데 도청할까봐 쪽지에 적어서 회의를 했어요. 만약에 우리를 어디다 내려놓으면 이리 모이자고 항상 작전을 미리 짜놓는 거지. 항상 주머니에 택시비를 가지고 다녔어요. 그놈들이 어디에다 내려놓을지 모르니까. 안 올 것이다 그러는데 우리는 역시 오거든. 택시 타고 오든 택시가 안 잡히면 지나가는 차를 세워서라도 타고 오는 거지. 나는 못 보고 선배 어머니가 봤는데 이놈들이 어디서 속옷만 입고 뛰어나온 적이 있어요. 우리가 이제 안 올 거라고 생각하고 방심했던 거지. 근데 우리는 실어다 놓으면 또 오고 실어다 놓으면 또 오고 그랬어요.

안기부 앞에 쪼그마한 슈퍼가 있더라고. 거기 어떤 남자가 있었는데 우리 어머니가 "너 안기부 직원이지? 니가 우리 아들 고문했지?" 막 그러니까 "난 안기부 직원 아니에요" 그러더라고. 점잖게 말해서 아닌 줄 알았어. 근데 나중에 보니까 안기부 직원인 거여. 어머니들이 와이셔츠가 찢어질 정도로 그놈을 잡고 항의를 했어요. 무경우가 이긴 거 아니여? 안기부 앞에서 끝까지 그렇게 싸웠어요.

노태우 재판할 때 법원 앞에 가서 싸우다가 어머니들이 같이 경찰서에 끌려갔어요. 조사받을 때 어떻게 하라고 선배 엄마들한테 들은 얘기가 있었어. 형사들이 이름을 쓰라고 하면 못 쓴다고 해라. 경찰서 갔는데 나보고 이름을 쓰라고 해서 "이름 못 쓰는데요" 그랬더니 경찰이 "예?" 그러는 거야. "안 써봐서 못 써요." 경찰이 곧이듣지 않더라고. 어쨌든 우리는 아침에 어머니들끼리 약속을 했으니까 안 쓰는 거지. 못 쓴다는데 경찰이라고 어쩌겠어. 내가 계속 이름을 안 쓰고 있는데 어떤 놈 하나가 들어와서 동료 경찰한테 "아직 안 끝났어?" 이러는 거야. 내가 계속 말을 안 들어서 끝이 안 났다고 하니까 "어? 왜 아직 안 끝났어? 나는 끝나서 가셨는데 빨리 하고 보내드려" 이러더라고. 그러든지 말든지 나는 계속 안 쓰고 버텼어. 내 손을 잡고 억지로 이름을 쓰려고 하길래 강제로 쓰게 하면 내가 뭘 어떻게 하겠냐고 그랬지. 결국 내 손을 잡아서 쓰게 하더라니까. 나중에 알고 보니까 어머니들이 안 가고 있었는데 그놈이 와서 거짓말을 한 거여. 그렇게 자연스럽게 이 방 저 방 다니면서 우리를 속이려고 한 거지.

동대문경찰서를 한두 번 간 게 아니니까 언제인지는 모르겠어. 어떤 경찰이 나를 가리키면서 저 키 큰 여자가 자기 불알을 차버렸다고 하는 거야. 난 안 찼거든. 내가 그런 용기는 없는 사람이여. 경찰이 나를 유치장에 넣어버렸는데, 같이 있던 어머니가 옛날 흑백 텔레비전 큰 거 그걸 들어다 패대기를 쳐버리더라고. 무섭데, 하하하.

파란만장했지. 1990년대 민가협 활동할 때는 어머니들이 갈비뼈가 부러진 사람이 한두 명이 아니었어요. 물불 안 가리고 달려드니까. 어느 날인가 집회를 갔는데 백골단 바가지 모자 쓴 놈이 민가협 간사 다리 사이로 내 머리를 끌고 가더라니까. 머리가 쏙 빠져버릴 것 같은 거여. 그놈이 나를 끌고 가서 머리를 발로 차버리더라고. 거기서 내가 기절을 해버린 거야. 병원 가서 치료받고 하루 있다가 나왔어요. 병원에서는 안 된다고 했는데 느낌에 괜찮은 거 같아서. 열이 받쳐서 그랬는가. 그 뒤로 민가협 어머니가 매일 쑥으로 뜨고 침으로 피 빼고 해줬는데 계속 아픈 거여. 지금도 흉터가 있어요. 내가 얼마나 고생을 했던지 지금도 아파요. 여러 번 MRI를 찍고 검사해봐도 별것이 안 나오는데 지금도 쿡쿡 머리가 쑤셔요. 나만 그런 건 아니여. 그런 사람들이 몇 명 있어요. 그렇게 몸으로 싸운 게 민가협 어머니들이여.

몸의 언어

내가 이렇게 몰라서는 안 되겠구나 싶더라고. 민가협 활동을 하다 보니까 뭘 알아야 쓰겠더라고. 시골에서 겨우 초등학교 나와서 민주화라는 말은 생각도 못해봤으니까. 한자책하고 공책 열 권을 사다가 이 공책을 다 쓰면 뭐라도 되겠지 해서 오늘 저녁에 두 자 쓰면 내일 저녁에는 네 자 쓰고 계속 늘려갔지. 누구한테 물어보지도 않고 책을 사서 영어도 기초 공부를 했어요. 많이 아는 건 아니지만 내 나름대로 눈을 떠야 하지 않겠나 싶어서. 정식으로 자격증은 못 따더라도 쪼금이라도 해야 되겠다 싶어서 밤에 혼자 공부를 했지. 민가협 활동하다 집에 오면 밤 11시나 12시가 되는데 오늘 그냥 자면 한자 공부한 거 잊어버릴까봐 쓰고 또 쓰고 했어요. 내가 그러고 있는 모습을 자다가 일어난 남편이 보고 "어디다 쓰려고 그러는가? 그러다 몸 상해. 건강이 먼저지" 그러더라고. 내가 그랬어. "당신은 몰라, 내 속을."

　　내가 가정주부로 살 사람이 아니었다니까. 여자라는 이유로 시골에서 갇혀 키워졌을 때도 아휴, 내가 어찌 이런 집에서 태어났을까? 비행기 조종사 하고 싶고 수천 명이 모인 자리에서 연설하고 싶고 여군이라도 하고 싶었지, 자식 낳고 이렇게 살고 싶은 마음은 별로 없었어요. 근데 나를 이렇게 잡아놓고 키우니까 오그라져서 피지를 못했잖아요. 올라가지 못할 나무는 쳐다보지도 말아야 한다고 하니까 마음으로만 쳐다보고 살았어요. 우리 할머니가 여자는 시집가면 벙어리 3년, 귀머거리 3년, 봉사 3년을 지나야 말할 수 있다고 했던 말이 머릿속에 박혀서 그런 줄 알고 살았지. 여자는 어디 가서 함부로 말을 하면 안 되고 밖에만 나가도 큰일 나는 줄 알았는데 내가 이렇게 전국을 싸우며 돌아다녔잖아? 이렇게 세상이 넓다는 걸 알게 해준 우리 아들이 효자여. 이제 팔십이 넘으니까 갈 날이 얼마 안 남아서 요즘 마음 정리를 하면서 그런 생각을 해요. 내가 못 배웠지만 느낄 수 있고 눈으로 보면 분석할 수 있잖아. 대단한 거 아니여? 그래도 내가 한풀이는 했는가? 다는 아니지만 쪼금이라도 내가 꿈을 이뤘나? 하하.

이론적으로 수준 있는 얘기는 못 하더라도 보고 느낀 건 이야기할 자신이 있을 정도로 내가 변했지. 민가협 회장이 나한테 "입에 돌을 채워놓았다고" 할 정도로 전에는 말을 많이 안 했어요. 함부로 말하면 내 무식함이 드러날까봐. 말 잘못하면 실수할까봐. 근데 내가 민가협 회장을 두 번 하다 보니까 말을 해야 하는 상황이 많아졌어요. 우리는 산수 공부를 주산으로 했거든요. 그 주산이 머릿속에 딱 서 있는 것처럼 할 말이 생각나고 글씨가 내 눈앞에 보이더라고. 내 마음속에 할 말이 그려지는 거지. 내가 한 말을 스스로 생각해도 "수준이 쫌 되네" 할 정도로 말이 줄줄줄 나오더라고. 내가 활동한 얘기고 경험한 거니까. 실제로 내가 보고 느낀 이야기잖아요. 어쨌든 내가 느껴야 누구한테 설명도 할 수 있고 진심이 나오는 거잖아요. 내가 못 느끼면 말을 하기 어려운 거지.

다른 진실

민가협 활동한 것에 후회는 없어요. 애들 어쩌나 싶어서 빨리 가고 싶지 "아휴, 힘들어. 그만 가야지" 그런 생각은 안 해봤어. 학생들 얘길 들어보면 검사 중에 조사하면서 아주 상스러운 소리를 하는 사람이 있대요. 그런 소리를 들으면 화가 나는 거여. 그 귀한 애들이 당한 얘기를 들으면 얼마나 마음이 아파요? 우리 때는 모이면 최루탄을 쏘니까 나부터 죽겠어서 쥐구멍이라도 잡고 헤매잖아요. 이런 얘기 곧이들리려나 모르겠는데 내가 더 마시면 학생들이 덜 마시지 않을까, 그런 생각도 했어요. 내가 지금도 안 잊어지는 게 경대[3]가 4월에 죽었거든요. 그해 여름에 대전교도소 갔을 때 보도블록이 올라올 정도로 뜨거웠어요. 경대 엄마가 내 앞에 앉아서 주먹을 올리며 구호를 외치더라고. 아들은 죽어서 없는데 엄마는 거기 그렇게 앉아서 외치는 모습을 보니까 보기만 해도 마음이 아프더라고. 고통당하고 있는 사람들 생각만 하면 내 자식, 네 자식 구별이 없어지고 너무 마음이 아픈 거여. 지금도 생각하면 눈물이 나오려고 해요. 민가협에 나올수록 변한 게 전에는 내 새끼만 예쁘고 좋은 학교, 좋은 회사 갔으면 좋겠다고 생각했지만 지금은 내 새끼나 남의 새끼나 똑같아. 같이 먹고 함께 살아야지. 나만 배부르고 잘살면 되겠나 생각이 드는 거지.

어떤 사람들은 자기 후손들한테 돈을 물려주려고 모아 놓고 그러잖아요. 왜 그래? 같이 먹고 살다 가면 되는 거지. 우리 아들도 조그만 회사를 경영하는데 IMF 때 혹시 직원들 해고할까봐 "그러지 마. 너부터 월급 덜 받고 나눠 먹어라. 그 사람을 해고하면 그 가족은 어떻게 살 것이냐?" 그랬어요. 전에는 남이 그러거나 저러거나 내 자식들 잘되고 부자 되면 좋다고 생각했는데 180도 바뀐 거지. 예전엔 내가 부자가 아니어서 원망스럽고 뭐 하다가 돈을 못 벌고 이렇게 힘들게 살까 했는데 그런 생각이 없어졌다니까. 돈도 없고 부자도 아니고 그저 먹고살지만 떳떳하면 되는 거 아니여?

사람을 보는 눈이 달라졌지. 농사짓는 친척이 시커먼 얼굴로 우리 집에 오잖아요. 전에 뭘 모를 때는 이웃 사람이 볼까봐 무섭고 창피하고 그랬는데 세상에 눈을 뜨니까 그 사람이 너무 자랑스러운 거여. 이렇게 열심히, 떳떳이 살고 있다는 게 보이니까. 이전엔 간첩 잡았다고 하면 정말로 간첩 잡은 줄 알고 "나쁜 놈들" 했는데 알고 나서는 '저놈들 또 거짓말하네, 사기 치네. 나쁜 놈들' 이렇게 생각이 바뀌었어요. 누가 나쁜 놈인지가 바뀐 거지. 처음에는 몰랐다가 나중에 진실을 알고 나니까 누구한테 빨갱이라고 말하는 사람들이 더 이상 사람으로 안 보이더라고. 자기들 하는 거 반대하면 여론 몰이를 하면서 다 간첩이라고 해요. 민주화운동 하는 건데 국가보안법으로 사람들을 맘대로 휘두르지. 우리 목요집회 할 때 국가보안법 없애면 간첩들은 어떻게 할 거냐고 말하면서 남자들, 영감들이 지나간단 말이에요. 그런 사람들과 우리 생각은 너무 다르잖아요. 그걸 몰라줄 때 미치게 답답한 거여. 내가 설명을 잘할 능력도 없지만 진실을 얘기해도 듣지 않는 거지. 이렇게 인터뷰하고 기록하는 것도 그런 사람들 설득하려고 하는 거 아니여?

민가협 어머니들이 많이 모일 때는 300명도 됐던 때가 있었어요. 지금은 12명이 남았어요. 활동하는 어머니들이 적어지는 게 당연하다고 나는 생각해요. 예전엔 자식들이 수배 돼서 쫓겨 다니다 안기부에 잡혀 들어가면 면회도 안 되고, 죽었는지 살았는지도 모르고, 고문당한다는 얘기만 들었지. 엄마들은 눈에 보이는 게 없지. 변호사 면회도 안 되는 경우가 한두 번이 아니었으니까. 그래서 우리가 활동을 했던 건데, 지금은 이런 부분이 많이 달라졌어요. 민가협이 사라진다면 좋은 세상이 온 거 아니여? 민가협이 활성화되면 안 되는 거지. 다만 우리가 민가협에 있는 자료를 보관하고 있어야 하니까 지금은 민가협이 사라질 수 없는 거지. 자료는 점점 훼손될 텐데 이 자료를 알고 있는 사람이 없으면 이게 얼마나 중요한지 모를 거 아니여. 우리가 모은 자료를 두고두고 역사에 남겨야 할 텐데 이제 나도 팔십이 넘었고 다른 어머니들도 나이를 먹는데 우리가 죽으면 어떻게 할 거여. 언제까지 우리가 이걸 지킬 거여. 자료가 잘 정리되면 민가협이 사라져야 하듯이 국가보안법도 그래야 할 거 아니여? 사회가 많이 바뀌었지만 국가보안법이야말로 진짜 바뀌었으면 좋겠어. 국가보안법이 쉽게 말하면 착하고 정직하게 사는 사람들 잡는 법이여. 이젠 젊은 세대를 자유롭게 살게 해야지 이런 법에 얽매여 살게 하면 안 되지.

에필로그

1850년대에 당시 62세였던 미국인 사라 그림케는 친구에게 보내는 편지에서 "내 정신의 능력은 결코 크게 자라날 기회를 얻지 못했다"고 말했다. 그녀는 미발간된 어떤 글에서 남녀의 동동한 교육을 주장했다. "나에게 배움이란 정열이었다. …… 만약 내가 그리도 원하던 교육을 받고 법률직에 종사했더라면, 나는 사회의 쓸모 있는 일원이 되어, 내 자신과 나의 가난을 걱정하는 대신에 가난한 사람들의 보호자가 되었을 것이다."[4] 19세기 사라 그림케의 말이 시공간을 넘어 김정숙의 얘기로 이어진다. 열망하지만 박탈된 기회는 그녀들의 삶을 가두지만 김정숙은 그곳에 머물지 않고 '감히 여자가'라는 말을 뚫고 집 밖으로, 동네 밖으로 나왔다. 언뜻 국가보안법과 아들이 가져다준 기회인 듯 보이나 결국 세상과 싸우는 '무서운' 여성이 된 것은 그녀 자신의 선택이다. 더 넓은 세상을 돌아다니고 싶었던 어린 여성이 사그라지지 않은 마음의 불꽃을 간직한 채 기다리다가, 세월이 흘러 필연처럼 찾아온 우연의 시간에 가고 싶은 삶의 방향을 정했을 뿐이다. 그녀의 말하기는 참고문헌을 갖고 있지 않다. 직접 보고 듣고 느끼며 몸으로 부딪친 시간이 만들어낸 언어가 그녀의 입을 통해 나온다. 그녀의 말은 듣는 이들이 누군가 감춘 거짓을 볼 수 있게, 닫힌 눈을 뜰 수 있게, 다른 진실을 알고 함께 말

세상에 눈을 뜨니 너무 자랑스러운 거여

할 수 있게 힘을 모으기 위한 것이다. 그녀가 쌓아온 말의 시간은 누군가에겐 특별하지 않지만 여성에겐 특별한 사건이다. 어쩌면 우리는 이 일이 특별한 사건이 되지 않는 역사를 만들어왔고 지금도 만들고 싶은 건지 모른다.

1. 연세대학교 재학 중 1987년 6월 9일 박종철 고문치사 사건의 진상 규명을 요구하는 시위에 참여했다가 경찰이 쏜 최루탄에 머리를 맞고 쓰러졌다. 이후 27일간 사경을 헤매다 7월 5일 새벽, 향년 22세로 세상을 떠났다.

2. 전국대학생대표자협의회의 약칭. 1987년에서 1993년까지 활동했던 대표적인 학생운동조직으로, 당시 한국 사회에서 정치적 영향력이 상당했다. 한국대학총학생회연합(한총련)의 전신.

3. 1991년 명지대학교 경제학과에 입학한 강경대는 신입생이던 4월 26일 시위에 참여했다가 학교 앞에서 경찰의 집단 구타로 사망했다. 이에 격분한 학생, 빈민, 노동자 등 11명이 노태우 정권에 항의해 분신하면서 소위 분신정국이 형성되었으며, 한진중공업 박창수 노조위원장이 의문사하고 성균관대학교 김귀정 학생이 경찰의 강경 진압으로 사망하는 일이 발생하기도 했다. 이러한 사회 분위기에서 '해체 민자당, 퇴진 노태우'라는 구호 아래 대규모 시위들이 잇따랐다.

4. 거다 러너, 《역사 속의 페미니스트》, 김인성 옮김, 평민사, 1998, 39-40쪽.

기억되지 못한 시간들
—봉인된 24년

구술
고애순

글
유해정

1987년 6월항쟁 직후 민주화운동 및 사회변혁운동은
김영삼과 김대중의 후보 단일화 실패 및 독자 출마,
김대중에 대한 비판적 지지와 백기완 민중후보 추대 등의 입장
차이로 분열되었다. 그러나 1990년 여소야대 정국을 뒤엎은
민주자유당으로의 3당 합당, 1991년 강경대의 죽음으로 시작된
'분신정국'을 거치면서 전국연합(민주주의민족통일전국연합)을
중심으로 결집하게 되었다.
한편 해방 공간에서 좌우 합작운동을 이끌었던 혁신계에 뿌리를
둔 재야 세력은 오랜 휴지기 끝에 6월항쟁 이후 열린 공간에서
본격적인 활동을 재개한다. 문익환 목사와 임수경의 방북을
거치면서 사회적으로 남북 교류와 통일에 대한 열망이 높아지자
이들은 남과 북, 해외 3자 연대를 통한 연방제 통일을 강령으로 한
범민련(조국통일범민족연합) 등 통일운동단체를 중심으로 세력을
규합한다. 노태우, 김영삼 정부는 이들의 비합법적인 활동과 노선을
빌미 삼아 당시 가장 위협적이었던 김대중 세력을 공산주의자로
모는 것과 동시에 통일운동을 탄압했다. 이 시기에 발생한
사건으로는 1992년 중부지역당 사건, 1994년 구국전위 사건 등이
있다.

묻어두다

처음에는 의식적으로 지웠던 것 같고, 그다음에는 문득 문득 튀어나올 때마다 현재의 내 삶에 크게 영향을 미치진 않는다고 생각했어요. 시간도 많이 지났고, 상당 부분 극복했다고 믿었으니까. 그런데 그런 말이 있잖아요? 어떤 식으로든 트라우마로 남아 있을 거고, 그걸 한번은 꺼내놓고 대면할 필요가 있다고. 주변에서 그런 기회를 한번 갖는 게 좋을 것 같다는 조언을 듣곤 했는데 그냥 넘겼어요. 그러다 선생님 연락을 받은 거예요.

인터뷰 제안을 받고 처음에는 '그래, 나한테도 한번은 필요한 과정일 수 있겠다' 생각해서 하겠다고 한 건데, 약속일이 가까워질수록 어떻게 설명할 수 없게 아팠어요. 그렇다고 뭔가 대단히 울컥해지고 우울해지는 건 아닌데, 몸도 마음도 아팠어요. 내가 아직도 준비가 안 되었을 수 있겠다, 나 스스로 그 일을 정식으로 대면하려면 앞으로 시간이 꽤 지나도 같은 상태일 수 있겠구나 싶으면서 인터뷰를 안 하고 싶은 생각도 들더라고요. 그렇게 한 번을 미루고, 두 번을 미루고…… 그러다 문득 이 인터뷰가 기록 작업하는 분들뿐 아니라 나에게도 정말 필요한 과정일 수 있겠다 싶어서 나왔어요.

벌써 24년 전이네요, 아이를 보낸 게. 그 일을 한 번도 입 밖에 내본 적이 없어요. 저도 없었던 일처럼 살려고 했던 것

같고, 사람들도 아마 조심스러워서 그랬겠죠? 한 번도 물어본 적이 없어요. 심지어 남편과도 얘기를 나눠본 적이 없어요. 그런 문제는 당사자가 아니면 꺼내기 어렵잖아요?

운동권이 된 범생이

엄청 착한 아이였어요. 모범생이었던 것 같아요. 직업군인인 아빠의 영향으로 어렸을 때 꿈은 여군이 되는 거였죠. 조금 커서는 교사가 되고 싶었는데, 그건 저보단 부모님 바람이 컸던 것 같아요. 부모님은 저에 대한 기대가 엄청 컸어요. 지금도 늘 하시는 말씀이, 대학 들어가기 전까지는 속 한 번 안 썩이고 손 한 번 안 가고 키운 자식이래요.

고등학생 때부터 대학에 가면 데모를 안 하겠다는 결심을 했어요. 친언니가 대학을 다닐 때, 광주 조선대학교의 사학 비리 투쟁이 엄청 치열했어요. 교수들조차 스크럼 짜고 나와서 학생들을 막고 그랬는데, 언니도 그때 데모를 심하게 해서 집에 형사들이 찾아오는 걸 보고 그렇게 결심했죠.

서울에 있는 대학에 가고 싶었지만 가정 형편이 좋지 않았어요. 그래서 1987년 전남대학교 사범대학에 입학했어요. 입학식 다음 날인 3월 3일이 박종철 열사 49제였는데, 제가 너무나 자연스럽게 49제 행렬에 앉아 있었어요. 이게 뭔가 싶긴 했는데 신입생이 된 다음 날부터 그런 자리에 앉아 있는 게 너무나 자연스러웠고, 그때부터 6월항쟁까지 그 행렬에 함께하는 건 당시 광주 지역의 정서나 전남대 분위기로는 굉장히 당연했어요. 그러면서 제대로 공부하고 싶은 마음에 동아리 활동을 시작했고 본격적인 학생운동의 길로 접어들었죠. 제가 전남대에 입학할 때 사범대학은 딱 교사로 발령될 숫자만큼만 뽑았어요. 임용고시도 없고, 수업료도 다 면제받았어요. 저도, 부모님도 당연히 제가 교사가 될 거라고 생각했죠. 하지만 학생운동을 하면서 교사라는 직업에 회의가 생겼어요. 운동을 시작하고 나니 교사가 할 수 있는 게 아무것도 없는 사람으로 보였던 것 같아요. 보장된 교사의 꿈을 포기하는 데 특별한 심적 갈등은 없었어요. 겁이 없었던 거죠.

두려움을 삼킨 믿음

대학교 4학년 때 5월투쟁본부 반미특별위원회[1] 위원장을 했어요. 광주이다 보니 5·18 투쟁을 하는 기간이 굉장히 길고 강도도 세서 해마다 5월투쟁본부라는 걸 발족했어요. 5·18 투쟁을 하다가 잡혀갈 것을 전제로 책임자를 세우는 거예요. 졸업을 안 하고 5학년이 되어서는 남대협(전남지역대학생대표자협의회)에서 남총련(광주·전남지역총학생회연합)으로 넘어가는 시점에 조국통일위원회[2] 일을 했어요. 그 과정에서 1992년 중부지역당 사건이 터졌죠. 당시 중부지역당 사건이 언론에도 크게 나고 전국적으로 난리가 났는데, 저도 그 사건에 연루돼 수배를 받게 됐어요. 정권이 이 사건을 충분히 정국 전환용으로 써먹은 터라 저같이 비중 없는 인물들에 대해서는 관심이 없으면서 수배 기간만 길어졌어요.

긴 수배 기간에 저는 위장취업을 해서 공장에 다녔어요. 광주 한복판에 있는 방직공장이었는데, 그때가 1993년이었어요. 그런데도 아이들이 중학생인 나이에 또는 중학교만 졸업하고 와서 3교대로 공장에서 먹고 자고 하며 일했어요. 그렇게 번 돈은 고스란히 시골집으로 보내고 학교는 산업고등학교 야간부에 다녔는데, 공장에 있는 애들 대부분이 그렇게 살았어요. 우리 집도 아버지가 전역하자마자 사기를 된통 당하면서 형편이 나빠졌어요. 그래도 부모님은 자식들을 어떻게든 대학까지 보내주셨는데, 공장에서 그렇게 살고 있는 어린 직공들을 보니까 충격이 매우 컸죠. 아직도 이렇게 사는 사람들이 많구나…… 그 친구들이랑 같이 먹고 자며 일하는 게 좋았지만, 공장에서 뭔가를 제대로 해보기도 전에 신변이 너무 위험해지면서 나오게 됐어요. 그리고 그해 겨울에 구속됐죠.

안기부 광주 지부에서 2주간 조사를 받고 그 뒤 광주교도소에 수감됐어요. 안기부에 잡혀서 조사받고 재판에 넘겨지는데 왜 겁이 안 났겠어요? 제가 얼마나 잔 겁이 많은 사람인데요. 그런데도 그때는 그게 운동하는 사람이라면 어쩔 수 없이 거쳐가는 과정이라고 생각했던 것 같아요. 주변에 워낙 구속되는 사람들이 많았고, 또 '이 정도는 내가 의연하게 넘길 수 있어' 하고 자기최면을 걸었던 것 같아요. 한편으론 광주교도소에 있는 재소자들이 다 주눅 들어 있을 때였는데, 그래도 내가 양심수인데 뭔가 당당한 태도를 보여줘야 한다는 마음도 있었어요. 그래서 교도소 측과 싸움도 많이 하고 재판투쟁도 열심히 하면서 씩씩하게 살았죠.

안기부에서는 제가 상부 지령을 받아서 광주에 하부 조직을 만들려 했다고 생각한 것 같은데, 그럴 상황이 아니었어요. 얘기를 다 하려면 꽤 복잡한데, 내부에 작은 갈등도 좀 있었고, 제가 거부한 과정도 있었고, 또 제가 그런 일을 할 수 있을 만한 시기도 아니었어요. 상황이 그렇다 보니 안기부가 저를 건드려도 사건을 엮을 수 있는 게 없었고, 시기적으로도 중부지역당 사건이 발생하고 1년 반쯤 지난 뒤라 중부지역당 사건에 대한 사회적 영양가가 없었던 것 같아요. 이미 쓸모없는 상태였죠, 저 하나 더 잡아넣는 걸로는. 제가 보기엔 사실 사건을 마무리하는 차원에서 구속시킨 게 아닌가 싶어요. 당시 제가 대학에서 제적된 상태지만 어쨌든 학생 신분이었고, 또 초범이다 보니 1심에서 집행유예 정도로 마무리됐죠. 구속에서 재판까지 한 5개월 정도 걸렸던 것 같아요.

출소한 뒤에 어떻게 살까 고민하다가 우선 집에서 나와야겠다 싶었어요. 물론 전에도 수배 상황 때문에 집에 안 들어갔지만 활동을 계속할 생각이라 서울로 간다고 하고 나왔어요. 광주 지역이 좁아서 어디서 보든 가족들을 보겠구나 싶어 불안했는데 신기하게 한 번도 안 마주치더라고요.

전국연합[3] 일을 시작했어요. 당시 전국연합의 지역연합이 지역의 전선운동 공동체로서는 가장 활발하게 일하고 있었고 전국연합 광주전남연합에서도 같이하면 좋겠다고 해서 갔어요. 다시 운동하는 게 두렵지 않았냐고요? 그때는 아무래도 젊어서 그랬나? 옳다고 믿었고, 필요하다고 믿었고, 그래서 무서움이 없었던 것 같아요.

전국연합에 가서 또 재밌게 살았는데 얼마 후 다시 수배를 받았어요. 1993년부터 범민련이 전국적인 조직화 사업을 해왔는데 그걸 문제 삼아 벼르다가 1994년 여름 북한의 김일성 주석 사망과 관련해 낸 애도 성명을 트집 잡아 수배가 내려진 거죠. 그때도 긴 수배 생활을 하다가 1995년 겨울에 구속됐어요. 그때는 제가 범민련에 가입을 했냐, 안 했냐가 큰 쟁점이었어요. 들어보니 증거가 없었어요. 제가 작성한 가입원서를 갖고 있다고 했는데, 실은 원서 양식만 입수해서 그걸로 사람들을 위협해 자백을 받아냈던 거죠. 그렇다 보니 국가보안법상의 이적단체[4]를 구성, 가입했다는 조항이 적용이 안 됐어요. 또 일종의 찬양고무, 그것도 성립이 안 됐어요. 사실

김일성 주석 애도 조문이라는 것도 지극히 상식적인 입장의 조문이었는데, 그런데도 제가 구속된 건 집행유예 기간이기 때문이었어요. 수사를 받으면서는 구속 여부와 상관없이 국가보안법의 허상과의 싸움에서 내가 이겼다는 생각을 갖고 있었는데, 임신 중에 구속되다 보니 상황이 많이 달라졌어요. 구속되었을 때, 제가 임신 8개월이었어요.

아이를 품다

결혼은 전국연합에서 활동할 때 했어요. 제가 1차로 구속됐다가 출소하고 얼마 안 지났을 때인데, 그때 남편이 좀 애매한 상황이었어요. 학생운동 시절의 활동이 문제가 돼서 남편이 집시법 위반으로 수배를 받았는데 수배가 완전히 풀린 것도 아니고, 그렇다고 수배 중이라고 하기도 약간 애매한 그런 상태였어요. 그런데 제가 구속이 돼봤잖아요? 제가 조사받거나 교도소에 있을 때, 무슨 상황이 생겨도 이 사람이 저를 만나러 올 수가 없더라고요. 가족도 아니고 아무것도 아니니까. 그래서 결혼을 해야겠다, 그래야 이후에 무슨 일이 생겨도 서로에게 제대로 버팀목이 될 수 있겠다 싶어서 정말 번갯불에 콩 볶아 먹듯이 결혼했죠.

부모님은 제가 결혼 얘길 한 번도 안 하다가 한다고 하니까 오히려 다행이라고 생각하셨어요. 남편과 대학교 때부터 8년 넘게 만났는데, 그때만 해도 연애 오래 하다가 헤어지면 여자만 손해다, 그런 시대였거든요. 그리고 저는 이미 교도소도 다녀왔잖아요? 그렇다 보니 반대가 없었죠.

그런데 결혼하고 얼마 안 있다가 제가 덜컥 수배를 받게 된 거예요. 집에서 같이 지낼 수 없으니 임신한 상태에서 후배 집에서도 좀 지내고 여기저기 의탁하며 8개월 동안을 그렇게 다녔는데, 지금 와서 생각해보면 참, 우리가 뭘 몰라도 한참 몰랐나 봐요.

태교 일기[5]

1995년 12월 3일

오늘은 기분이 정말 좋구나. 아침부터 부지런을 떨어 시간을 효율적으로 잘 쓴 것도 그렇고 아빠가 오랜만에 좀 밝아지셨어. 여전히 힘드시지만 너와 엄마에게 할 수 있는 모든 걸 다 해주시기 위해 힘쓰는 모습이 역력해서 엄만 너무 고마웠단다. 내일도 계단 오르내리기를 계속 하자꾸나. 그게 나중에 엄마와 너를 덜 힘들게 해준다나 봐. 차근차근 준비를 해야 하지 않겠니? 내일부터 당분간 아빠를 못 보게 될지 몰라. 조심을 좀 하셔야 하거든. 엄마랑 너는 차분하게 기다리면서 성

고애순 씨가 구속되기 하루 전날인 1995년 12월 3일에 쓴
태교일기. 인권운동사랑방이 발행하던 《인권하루소식》 1996년
2월 9일 자에 실렸다. 국가안보라는 명목으로 생긴 상처는 아물지
못한 채 고스란히 개개인한테 남았다.

　　　　　　　　　　　　기억되지 못한 시간들—봉인된 24년

실하게 살아가자. 그것이 너를 사랑하고 기다리는 많은 사람들을 위해 할 수 있는 유일한 길이고 그러다 보면 일은 차츰차츰 풀려갈 거야. 아빠가 주신 여유가 좀 있으니까 먹고 싶은 게 있으면 그때그때 이야기하렴. 마지막으로 뼈도 더 튼실하게 가꾸고 피도 더 맑게 하고 운동하는 데 필요한 에너지가 많이 필요할 테니까 먹고 싶은 것도 많을 거야. 착하고 여유 있는 마음으로 우리의 생활을 꾸려보자꾸나. 잘 자렴.

감옥에 갇힌 임신부

제가 거의 만삭인 상태로 한겨울에 구속되니까 밖에서 어떻게든 빼내려고 엄청 노력들을 많이 하셨어요. 그런데 집행유예 기간에 다시 구속된 상황이다 보니 구속적부심도 안 되고, 보석도 허가가 안 났어요.

첫 임신이다 보니 임신에 대한 지식도 없었을 뿐 아니라 교도소 안에서도 저를 도와줄 사람이 없었어요. 그래서 많이 불안했어요. 그때는 누가 보기에도 제 상태가 안 좋았어요. 수배 기간이 꽤 길다 보니 그전부터 쌓인 게 있었고 교도소가 난방도 안 되고 환경이 열악하다 보니 몸이 계속 안 좋아지면서 전체적으로 문제가 생겼어요. 처음에는 얼굴 각질로 나타났는데 손으로 얼굴을 비비면 나무껍질 떨어지듯이 각질이 떨어졌어요. 나중에 알고 보니 영양 쪽으로 문제가 생기면 나타나는 피부 괴사 현상이래요. 교도소 측에서는 "왜 그래? 연고 같은 것 좀 발라보지그래?" 이런 정도이지, 그게 임신부한테 대단히 해로운 거라고 얘기해준 사람이 없었어요. 지금도 그렇지만 교도소 안에서는 정말 기본적인 진료만 가능하거든요. 그래서 산부인과 진료를 볼 수 있도록 외래 진료를 나가게 해달라고 요청했지만 받아들여지지 않았죠. 사실 1990년대의 교도소는 죽어 나가기 전에는 병원 가기도 힘든 곳, 애 나올 때 아니면 나가기 힘든 곳이었어요. 그렇게 계속 요구하다가 거의 한 달 만인가, 한 달 반 만에 겨우 외래로 산부인과 진료를 한 번 받았어요. 당시 의사는 다른 얘기는 안 하고, 애기가 영양이 부족해서 그런지 많이 작다, 아무래도 교도소에 있으니까 잘 관리해야 한다, 그런 정도의 얘기만 해줬어요.

제 몸은 점점 더 안 좋아졌어요. 뭐라고 해야 할까? 뭐가 계속 밑으로 흐르는 느낌? 소변이 새는 것처럼. 그래서 교도관에게 뭐가 자꾸 흐르는 것 같다, 배가 많이 뭉친다고 하면, 임신하면 본래 그러저러한 게 다 나타난다는 식으로 얼버무리곤 했어요. 임신하면 이런 증상이 당연한 건가? 그러면서 버텼죠. 나중에 일이 터지고 보니 그때 왜 그렇게 바보 같았을까? 후회가 되더군요. 아무리 첫 임신이라 해도 그렇지.

하지만 그때까지만 해도 저는 교도관들에게 아쉬운 소리를 하고 싶지 않았어요. 너무 추우니 뜨거운 물을 넣어달라든가, 의료과장을 만나야겠다든가, 밖에 있는 병원에 가야겠다든가…… 구속 상황을 당당히 이겨내겠다는 생각이 앞서다 보니 그런 것들을 요구하는 것조차 좀 삼갔던 거 같아요. 좀 융통성을 발휘했더라면 상황이 그렇게까지 안 갔을 수도 있는데 쓸데없는 고집만 있었던 거죠. 물론 (지금도 그렇지만) 교도소의 의료 인력은 의료과장인 의사 한 명, 직원 한 명, 그리고 남사와 여사를 왔다 갔다 하는 의료 지식이 전무한 교도관이 전부이다 보니, 몸이 안 좋다고 교도관에게 얘기해봤자 의료과장한테까지는 전혀 전달이 안 됐어요. 그래서 상황은 더욱 나빠졌죠.

남편에게[6]

우리 아기에게 매일 아빠 이야기를 전할 때면 대책 없이 치밀어 오르는 울음을 삼키기 위해 숨을 정지해야 합니다. 당신과 우리 아기를 생각할 때마다 모든 것이 희망스러우면서도 한편 모든 것이 실제보다 힘들어지기도 합니다. 매일 이 고비만 넘기면 당신과 나, 그리고 곧 태어날 우리 아기가 누구보다 행복한 가정(그런

표현만으로는 너무 부족한)을 가꿔갈 수 있다고 약속해 보지만 지금이 훌쩍 뛰어넘어지지는 않는 게 사실입니다.

저는 알다시피 처음에 열과 부기 때문에 고생을 좀 했어요. 헌데 어제부터는 열도 내리고 몇 겹씩 벗겨지던 얼굴도 괜찮아졌습니다. 방에 난로도 들어왔고요. 신장 때문에 특히 겁났던 임신중독증을 피하기 위해 짠음식을 싱겁게 먹는 등 노력 많이 하고 있습니다. 며칠 동안 잘 느껴지지 않던 태동도 형태는 좀 달라졌지만 다시 느껴지고요. 제일 심각한 고민거리였던 변비도 오늘부턴 좀 잡혀가고 있습니다. 시간만 나면 우유, 요구르트, 땅콩을 먹어댔거든요. 지난 검진이 20일이었는데 어제 체중을 재어보니 1kg밖에 늘지 않았더군요. 그래서 좀 걱정이 됐습니다. 아이가 스트레스를 너무 받은 게 아닌가 하고요. 먹을 수 있는 것은 최대한 찾아 먹고 있으니 너무 걱정 마세요. 곧 검진을 한 번 받았으면 싶은데 어떨지는 모르겠어요. 오늘 이 의원을 비롯해 몇 분이 면회를 오셔서 당신네 딸같이 걱정을 하시며 곧 병원에 한 번 갈 수 있도록 힘써보겠다고 하시더군요.

우리 아가에게도 늘 말하지만 당신과 나같이 착하고 열심을 내어 살았던 사람들에게는 반드시 행복이 찾아질 겁니다. 당신, 다른 생각 말고 내 출산 준비 원래 계획대로 꼭 해주셔야 합니다. 검찰에선 아직 기소를 안한 것 같아요. 공소장이라는 것이 어차피 구속영장과 별반 차이 없이 제출되어왔지만 이번에도 조사 내용과 상관없이 작성된다면 정말 화가 날 것 같아요. 당신도 알다시피 내가 내 감정을 쉽게 드러내지 않고, 특히 나쁜 감정일 때에는 되도록 표현 않고 돌려서 표현하는데에 익숙한 사람이라 나 스스로도 여겨왔는데 사실과 다르게 무조건 편견을 가지고 진행하는 대화 방식에 그만 짜증을 내고 말았죠. 사실을 사실대로 인정하지 않는, 아니 '않으려는' 것에 화가 났던 겁니다. 어쨌든 검취(검사 취조)는 조사 내용이 어땠는지 간에 제 마음을 아주 심난하고 복잡하게 만들어 사실 그냥 피곤하게 이러지 말고 뭐든지 빨리빨리 끝내버리고 싶다는 생각만 간절하기도 했습니다. 하지만 이젠 많이 안정이 돼가고 있습니다. 어쩔 수 없는 적응이기도 하겠고요. 우리 아기와 함께 가꿀 수 있는 희망 찾기를 시작한 덕이기도 합니다. 당신과 함께면 얼마나 좋겠습니까? 곧 어떤 형태이든지 그렇게 되겠지요. 너무 조바심 내지 않으렵니다.

—1995년 12월 19일 당신의 아내가

지키지 못한 죄

구속되고 두 달 좀 못 되었을 무렵부터, 그러니까 1996년 1월 말쯤이었던 것 같은데, 급격하게 몸 상태가 안 좋아지더니 밑으로 뭔가가 엄청 많이 흘렀어요. 마침 그즈음 형집행정지 신청이 받아들여져서 1월 31일에 형집행정지로 나왔는데 그날 정말 기록적인 폭설이 왔어요. 바로 병원으로 가려다가 제가 너무 기진맥진하고 눈도 많이 쏟아지니까 가족들이 저를 데리고 먼저 친정으로 갔어요. 형집행정지로 나오면서 친정집으로 주거 제한이 돼 있었거든요. 며칠간 정말 어마어마하게 눈이 내려서 꼼짝도 못했는데 3일째인가, 4일째 되는 날 눈이 조금 잦아들었고, 갑자기 아침부터 산통 같은 게 왔어요. 급히 병원으로 갔는데……

애가 죽은 것도 모르고 낳았어요. 낳고 보니 이미 죽은 상태였다고, 그게 어제오늘 일은 아니고 좀 됐을 거라고 의사가 말하더군요. 그러니까 저는 바보같이, 밑으로 뭔가가 굉장히 쏟아지는 느낌이 양수가 빠지고 그런 상황이었는데, 그걸 전혀 몰랐던 거죠.

며칠간 누워서 정신없이 눈물만 흘렸는데 정신을 차리고 나니까 너무 죄스러운 거예요. 애 얼굴도 못 봤어요. 우리 엄마 입장에서는 애를 본들 어떻게 할 거냐, 괜히 마음에서 못 잊으면 어쩔까 싶어 안 보여준 건데, 제 입장에서는 아홉 달 동안 품고 있던 아이를 한 번 품어주지도 못하고 얼굴 한 번 안 보고 보냈다는 사실이 너무나 사람을 미치게 하는 거예요. 또 출산 예정일이 한 달도 채 안 남았던 거니까 애가 더 일찍 나왔어도 문제가 없는 거잖아요? 근데 내가 대체 뭘 하겠다고 애를…… 임신하고 아이 낳는 것에 대해 아무것도 모르는 상황에서 그냥 나 혼자 괜찮다고, 내가 씩씩하면 애도 괜찮을 거라고 생각했던 게 용서가 안 되더라고요. 몸 상태가 그렇게 바닥이면 일상적으로 배려를 받을 필요가 있었는데 뭐가 그리 혼자 잘났다고 아쉬운 소리, 죽는 소리 한 번 안 하고 바보같이 있었는지, 그게 참 오랜 시간 동안 용서가 안 되더라고요. 퇴원해서 친정에 와 있는데 아무것도 못 하겠고, 밥도 못 먹겠고, 사람도 못 보겠고…… 그냥 계속 자거나 누워만 있었어요. 그냥, 정말로, 눈만 뜨고 있었던 것 같아요. 아무것도 안 하고, 하루 종일 누워 있다가, 울다가……

　남편도 방에 못 들어오게 하고, 엄마가 밥을 차려 방 앞에 놔두고 먹으라고 하는데 알은체도 안 하고. 그때 엄마고 남편이고 얼마나 저 때문에 애를 태웠겠어요? 하지만 그때는 아무것도 할 수가 없더라고요. 남편은 제가 너무 오래 기운을 못 차리고 있으니 답답하기도 했을 테고, 제가 어떻게든지 일상생활을 할 수 있게 해야겠다 싶어서 애를 더 많이 썼던 것 같아요. 그런데 그때 저는 부부가 같이 열 달 동안 애를 키워도 애를 낳기까지는 엄마하고 아빠가 느끼는 게 엄연히 다른

'보안법' 수감 만삭주부 아기 사산

범민련 관련 고애순씨…보석 잇단 기각뒤 최근 출감

광주 / 이수범 기자

임신 8개월째인 몸으로 국가보안법 위반 혐의로 구속돼 50일 남짓 수감돼왔던 주부가 최근 아기를 낳았으나, 아기가 숨진 채로 태어나 주위를 안타깝게 하고 있다.

지난해 12월4일 조국통일범민족연합(범민련) 남쪽본부 가입 혐의로 구속돼 광주교도소에서 수감중이던 고애순(28·여)씨가 지난 5일 광주 에덴병원에서 출산했으나, 이 과정에서 아기가 이미 숨진 채 태어났다.

병원쪽은 "아기가 태반이 너무 일찍 떨어지는 '태반 조기 박리' 증세로 병원 도착 직전에 숨진 것

으로 추정된다"면서 "이는 조산하는 경우 2백명 중 1명꼴로 일어나는 사고"라고 밝혔다.

오는 3월1일이 출산예정일이었던 고씨는 지난달 31일 구속집행정지 결정으로 출감했으며, 출감 직전 광주 시내 산부인과에서 외진을 받은 결과 '이상이 없다'는 진단을 받고 집에서 지내왔으나 예정보다 25일 가량 이르게 분만했다가 이런 일을 당했다.

고씨는 지난해 12월 중순 구속적부심을 신청했으나 '집행유예 기간중에 또다시 구속됐다'는 등의 이유로 기각됐으며, 다시 같은달말 보석을 신청했으나 구속집행 정지 결정 이전까지는 결정이 내려지지 않아 만삭의 몸으로 50일 넘게 갇

혀 있었다.

이 때문에 고씨 가족들은 "비록 직접사인이 수감생활 때문은 아니라 하더라도 당국이 만삭인 주부까지 무리하게 구속수사하고 추운 날씨에 수감생활을 강요한 것이 영향을 끼친 게 아니냐"면서 위자료 청구 등 법적 대응방안을 찾고 있다.

그러나 광주지검은 "고씨가 출감하기까지 건강했고, 통상 임신부의 경우 예정일 2주일 전에 집에 보냈다가 출산 뒤 1달까지 회복기한을 줘왔으나, 고씨는 겨울이라는 점 등을 감안해 예정일 1달 전에 출감시켜 오는 4월20일까지 회복기간을 줬다"며 법 집행에 문제가 없다는 입장을 보이고 있다.

《한겨레》, 1996년 2월 10일 자, 17면

데, 더군다나 이 사람은 그 기간을 같이하지 않았으니 저렇게 얘기할 수 있겠다 싶어 서운하고 밉기만 했어요. 남편과도 5~6개월 동안은 대화도 거의 안 하고 남편이 "괜찮아?" 물으면 답만 겨우 했던 것 같아요.

하지만 가장 화가 난 대상은 나였어요. 그때는 나 자신이 도저히 용서가 안 됐어요. 대학까지 나왔고, 이 사회를 뜯어고치겠다고 그렇게나 호기롭게 살았으면서 어떻게 이렇게까지 무지몽매할 수 있었을까? 도대체 나라는 사람은…… 사람들이 아이를 그렇게 보낸 건 제 잘못이 아니라고 하는데 저는 그게 내 잘못이라고밖에 생각이 안 되는 거예요. 그 갭을 좁히기가 힘들더라고요. 사람들은 나한테 정말 위로가 되고 싶어 하고, 힘이 되고 싶어 하는데, 그것도 너무 싫었어요. 일부러 찾아와서 "정말 힘들지? 기운 내" 하고 말해주는데, 그때 그렇게 해줬던 사람들에겐 정말 미안한데, 그런 말을 듣는 것도 너무 힘들고, 그냥 이 상황이 너무 싫은 거예요. 아이에 대한 감정을 추스르지도 못하겠고, 위로를 받는 상황도 제가 못받아들였던 것 같아요. 상태가 너무 나쁘니까 주위에서 정신과 상담을 좀 받으면 좋겠다고 했어요. 하지만 그것도 너무 죄스럽더라고요. 아이에게 내가 뭔 짓을 했는지 아는데 이제 와서 나만 좀 편하게 살아보겠다고 상담을 받는다니, 말이 안 되더라고요. 그러면서 뭐라고 해야 할까? 머리도, 가슴도 텅 빈 백지가 된 것 같은 상태? 아무 판단도 못하고, 아무 생각도 못하고…… 정신을 못 차렸어요.

그러면서 이 상황을 내가 감당하기 힘드니까 그때부터 약간 무의식적으로 기억을 지웠던 것 같아요. 저도 가끔씩 되게 신기하다 싶은 게 기억이 정말 하얗게 없어지더라고요. 사건 이후 1, 2년의 기억이 완벽하게 없어졌어요. 조금 지나서 얘기를 듣다 보면 기억이 돌아올 거라고 생각했는데 그렇지 않더라고요. 기억이 정확히 안 나는 게 많고, 이게 맞는 기억인가 싶기도 하고. 여전히 그즈음에 만났던 사람들은 제가 기억을 못 해요. 한동안 못 알아봐서 서운하다는 소리를 많이 들었는데, 그게 지금까지도 그런 걸 보면 아마 그때 일을 제대로 정리 못 하고 와서 그런 것 같아요.

다시 살아지는 일

오랜 시간을 암울하게 보냈는데 다시 임신해 아이를 낳고 키우면서 조금씩 나아진 것 같아요. 처음에는 아이를 볼 때마다 그전 기억 때문에 힘들기도 하고 죄책감에 어쩔 줄 몰랐는데, 아이랑 온전히 교감하고 육아에 정신을 쏟아부으면서 좀 달라졌죠.

다시 임신하는 데는 오래 안 걸렸어요. 한 10~11개월 정도? 나중에 제가 남편한테 그랬어요. "그때 그런 상황에서 아무 생각도 못하고 얘기도 안 꺼내는 게 상식적이지 않아? 그런데 우린 1년이 채 안 되기 전에 얘가 생긴 거잖아. 좀 이상하지 않아?" 모르겠어요. 아무 정신이 없는 상황에서 그랬던 게 아닌가 싶기도 하고. 어른들이 하는 말 있잖아요? 아이 보낸 건 얼른 아이를 가지고 낳아야 잊어진다. 나 스스로도 좀 더 빨리 뭔가 다른 상황으로 가고 싶었던 것 같아요. 그때까지만 해도 아무 데도 안 나가고, 아무도 안 보고, 부모님도 제 방에 못 들어오고 오직 남편 얼굴만 간신히 보던 때였거든요. 둘째 아이의 임신 소식을 듣는데 이상했어요. 남편이랑 나랑 둘 다 그냥 '그렇구나' 하고 조용히 듣기만 했던 것 같아요. 그 감정이 뭔지, 설명하긴 어려워요. 물론 기뻤지만, 이 아이는 지킬 수 있을까 싶은 걱정, 두려움도 컸어요. 친정 식구들이 저를 지극정성으로 돌봤어요.

아이 낳고도 1년 동안은 밖에 거의 나가지 않고, 찾아오는 몇 명 말고는 연락도 안 하고 살았어요. 사람들에 대한 거부라기보다는 내가 이전처럼 사는 것에 대해 거부감이 있었어요. 나는 괜찮지 않아야 한다고 생각했고, 그런 걸 남들에게 보여주고 싶지 않았어요. 나 스스로를 가두었고, 그래야 한다고 생각했어요. 그래서 더, 전혀, 안 보고 살았던 것 같아요.

그러다가 한참 지나서야 일을 시작하게 됐는데, 인권운동이었어요. 내 경험을 통해 조금이라도 사람에게 가까이 갈 수 있는 일, 그런 일을 하고 싶었던 것 같아요.

그때 지역에서는 인권운동이 사회운동의 전면이 아니라 외곽 같은 느낌이 있었어요. 그래서 제가 인권 일을 해보겠다고 하니, 주변에서 걱정도 하고 만류도 했어요. 큰일을 겪고 나니 한발 후퇴해 살려는 건가 해서 찾아오는 사람들도 있었어요.

하지만 저는 그런 차원이기보다는 그 일을 겪으면서 사람을 보게 됐다고 할까? 그전까지는 몸과 마음을 바쳐 선명한 이슈 파이팅을 하고 그런 것들을 통해 사회 전체를 바꿔야 한다는 생각이 강했다면, 그 일을 겪는 과정에서 그 속에 있는 사람들을 좀 더 깊게 생각하게 된 것 같아요. 운동 자체를 삶으로 받아들이는 사람들인데도, 음, 사람들의 위로가 그 사람의 마음에 와닿기 쉽지 않고, 주는 힘이 다른 사람들에게 동력으로 가닿기 힘들고, 같이하는 사람들과 제대로 잘 보고 잘 보듬어서 가는 걸 굉장히 중요하게 생각함에도 실은 같이 가는 방법을 잘 몰랐던 거예요. 그런 것들을 깨달으면서 마음속에서 새로운 방식의 운동을 고민하게 됐는데, 그게 바로 인권운동이었어요. 마침 기회도 되고 인연도 닿고 해서 인권운동을 시작하게 됐고, 지금까지 그 언저리에서 살고 있어요.

저는 인권운동이 좋았어요. 피해자들을 비롯해 두루 사람들을 직접 만나는 일이다 보니 여러 사람을 들여다보게 되고, 그런 것들이 개인적으로 나 스스로를 성숙하게 하는 과정이 아니었을까 싶어요. 그러면서 국가보안법과 관련한 일을 맡기도 했는데, 피해자 분들의 사례를 정리하고 발표하는 일이었어요. 그때 내부에서 제게 그 일을 맡겨도 괜찮을지 논의하기도 했는데, 그때 저는 마치 제가 피해자가 아닌 양 거리를 뒀던 것 같아요.

그럼에도 나는, 피해자이지만 또한 가해자입니다

살면서 그때 일을 어디서도 제 입으로 얘기한 적은 없어요. 물론 주변 사람들이 우연히, 나중에라도 그 일에 대해 알게 된 경우가 종종 있었죠. "몰랐어. 선생님 큰일 겪었다면서?" 그러면 "어. 거기까지만 해. 옛날 일이야" 그렇게 넘겼어요. 아이가 지금 군대에 가 있는데 아이도 몰라요. 엄마가 교도소에 다녀온 것도 모르고, 위로 형제가 있었다는 것도 몰라요. 특별히 숨긴 건 아닌데, 꺼내놓지도 않게 되더라고요.

나중에 우연히 친정 엄마가 죽은 아이를 어딘가에 맡기고 기도해달라고 했다는 얘기를 들었는데, 의식적으로 안 돌아보려는 마음 때문인지, 아니면 볼 용기가 없어서인지 모르겠지만, 거기에 안 가게 되더라고요. 현재를 잘살면 되지, 하고 그냥 마음을 돌린 거죠.

한편으로는 요즘 들어 보면 우리 세대에 굉장히 열심히 운동하고 싸웠지만 그 이후 삶의 모습이 굉장히 많이 바뀐 분들이 있잖아요? 그런 분들 중에서 "나, 옛날에 이러이러한 일들을 했어" 이렇게 얘기하는 분들이 있는데, 저는 그런 말이 너무 듣기 싫어요. 그래서? 20년, 30년 전에 그런 일을 했는데 어쩌라고? 지금 네 모습이 그 꼴인데 어쩌라고? 그런 생각까지 섞이면서, 제 얘기가 언급되고 꺼내지는 게 힘들었던 면도 있었어요. 그건 그때 내가 살아왔던 모습이고, 지금은 지금 내가 사는 모습이 내 모습이라고 구분 짓고 살고 싶은 마음이 컸죠.

그런데 내 의지와 상관없이 그때 일이 회자되는 경우가 종종 있었어요. 주변에서는 사실 제가 피해자이고 상처가 크기 때문에 조심스러워했어요. 그래서 안 했고, 못 했죠. 그런데 국가보안법 폐지운동의 국면에서는 운동의 시기라는 게 있어서 저를 기다려주기가 어렵잖아요? 나는 국가보안법으로 봐서는 피해자인 게 맞는데, 그런 내가 아이한테는 가해자인 거잖아요? 그걸 극복하기가 어려웠는데, 그런 상황에서 회자되는 게 편치 않았죠.

아직도 잊히지 않는 기억이 있는데, 2004년도였나? 그때 국가보안법 폐지운동이 대대적으로 펼쳐지면서 국회 앞에서 인권활동가들이 천막 농성을 시작했고, 지역에서도 올라와 하루씩 돌아가며 농성장을 지켰어요. 그 와중에 국회의원들과 관계자들이 모여 국가보안법 폐지를 촉구하고 성명서를 낭독하는 행사를 기획하는데, 국가보안법 피해자들이 직접 참석해 함께해주면 좋겠다는 제안을 받았어요. 좀 고민하다가 다들 너무 고생하는데 그 정도는 해야지 하는 생각에 올라왔는데, 다시 확인해보니 그 자리에 참석만 하는 게 아니고 사례 발표까지 하는 거였어요. 다른 사람들은 제가 참석하는 것으로 알고 있고, 짧게 얘기하면 된다고 해서 일단 알겠다고 했는데, 내내 마음이 너무 복잡했어요. 사람들이 얼마나 절실하면 기약 없는 노숙 농성까지 하고 그런 행사를 기획했을까 싶으면서도, 또 한편으로는 화가 나고, 감정 컨트롤이 안 되는 거예요. 그래서 행사에 참석하지 않겠다고 하곤 안 갔어요.

그런데 제가 참석하는 것으로 표기된 행사 순서지가 국회의원실에 갔나 봐요. 행사에 참석하는 국가보안법 피해자들 중에 여성 피해자가 없고 저 같은 경우는 매우 이례적이니까 직접 보고 격려를 하고 싶었는지, 행사에 참석한 국회의원이 저를 계속 찾았다는 얘기를 듣고는 또 엄청 화가 났어요. 내 의사조차 정확히 확인되지 않은 상태에서 왜 의원실에 안내지를 배포해 이런 상황을 만드는지 당혹스럽고 이해가 안 되는 거예요.

특히 인권활동가들의 일이라 그 일이 상당히 오랫동안 마음에 맺혀 있었어요. 그런데 또 찬찬히 내 마음을 돌아보면 그때 제가 용감하지를 못했어요. 사회적으로 용기가 필요할 때 제가 가능하지 않았고, 시간이 지나면서는 그걸 요구받지도 않았어요. 그러다 보니 더 잊었던 거고. 그러면서도 또 한 편으로는 나도 인권운동을 하는데 피해자와 일하는 건 정말 힘든 일이구나 싶으면서, 스스로도 그게 너무 무거워 겁이 나 더라고요. 피해자들을 만나면 뭘 어떻게 해야 할지 모르겠고, 만나면 마음과는 다르게 어떻게 말을 꺼내야 할지 몰라 주변 에서 맴돌게 되고, 정말 힘들었어요.

사회가 상흔을 치유할 때

지금이야 워낙 많은 시간이 흘렀고, 제 나름의 방식으로 극복하며 살아왔지만, 되돌아보면 개인에겐 굉장히 잔인한 상황들인 거잖아요? 사람의 신념과 양심, 이런 것들이 다 재 단될 수도 없고, 재단해서도 안 되는데 그걸 국가보안법을 통 해 제도적으로 하도록 만들어놓고 국가안보라는 명목으로 권력에 의해 정말 아무렇지도 않게 행해졌잖아요? 정권이, 기득권 세력이 특정 목적을 달성하기 위해 그 많은 사람들을 희생시키고, 그 목적을 달성하면 없었던 것처럼 지워버리고 부인하는 일들이 반복됐죠. 하지만 상처는 고스란히 그 개개 인들에게 남았거든요. 아물지 못한 채 지금까지 이어지고 있 고, 또 누군가는 죽을 때까지도 자유롭지 못했다는 걸 생각하 면 정말 원시적이고 잔인한 시대의 흔적들이죠.

저 역시 국가보안법 때문에 인생에서 상당히 많은 과정을 겪었지만, 제 주변에 죽는 날까지 그런 마음의 상처, 고통을 안고 가신 분들이 많아서 제 경험이 특별하게 얘기할 수 있는 정도는 못 되는 것 같아요. 일례로, 광주에 장기수 분들이 출소 후에 같이 지내셨는데 다수가 2000년 이후에 송환되어 북으로 가셨어요. 그래서 두 분만 남게 됐는데, 한 분은 몇 년 전에 돌아가시고 이제 한 분만 남았어요. 그런데 돌아가신 분은 전향서를 썼다는 이유로, 그 종이 한 장 때문에, 물론 종이 한 장으로 치부될 수 없는 무게인 걸 알지만, 감옥을 나와서도 계속 통일운동 하고 후배들 챙기며 평생을 사셨는데도, 수십 년 동안 어디에도 끼지 못하셨어요. 돌아가셨을 때조차 쓸쓸히 가셨는데 그걸 보니, 마음이 너무 아프더라고요.

많은 국가보안법 피해자들이 어떻게 대항할 힘조차 없는 상태에서 당하게 되거든요. 이후의 곤경을 어느 정도 예측하고 선택했던 게 아니라 당시 정권에 의해 무방비 상태로 당한 분들은 그걸 어떻게 풀 방법이 없을 것 같아요. 고령이 되도록 평생을 그렇게 사신 분들도 워낙 많다 보니, 국가보안법의 피해자로서 저보다는 그런 분들을 보는 게 더 중요한 것 같아요. 그분들을 잊지 않으면서 그 고통을 이제는 끝내야 하는 거죠. 그러면서 이 역사를 부끄러운 과거, 절대 되풀이되어선 안 되는 과오로 선명하게 기록해둘 수 있으면 좋겠어요.

에필로그

그가 경험한 일은 내게 너무 충격적이어서 생전 본 적 없는 그의 이름을 스무 해 넘게 기억했다. 국가보안법과 여성 서사 구술 인터뷰를 기획하는 단계에서부터 나는 그의 이름을 희망 구술자 명단 맨 위 칸에 적었다.

어렵게 성사된 인터뷰 내내 그는 말을 골랐다. 그는 "제가 너무 제 위주로 말하고 있는 것 같아요"라고 말했지만 내게 그의 말은 스스로를 방어하기보단 질책하는 듯 들렸다. 또한 그는 지난 운동이, 경험이 무용담 혹은 후일담이 되는 것을 경계했다. 한편 그는 그날 이후의 일상과 일, 가족들에 대해서 이야기를 들려주었다. 굴곡진 삶에도 목소리는 나지막했고, 담담했다.

인터뷰가 마무리될 때쯤, 구술자의 이름을 공개할 것인가를 물었을 때 그는 자신이 수배 기간 중 썼던 이름을 불러주었다. 나는 김희주라는 이름 앞에서 한동안 머뭇거렸다. 내게 그건 일종의 신호로 받아들여졌다. 생애사적인 관점에서 국가보안법이 일상과 관계, 삶과 세계관에 어떠한 영향을 미쳤는가를 듣고 정리해 기록하는 것은 매우 중요한 과업이다. 특히 그동안 들리지 않던 여성의 목소리는 더욱 소중하다. 하지만 그보다 더 중요한 것은 한 세계의 존엄과 지탱이다. 김희주라는 이름을 원고 맨 첫머리에 올리고 나는 그의 증언에서 사람들과 함께 나눌 이야기들을 조심스럽게 추려냈다. 최대한 사적인 부분을 덜어냈으며, 오로지 그때 그 사건에만 초점을 맞춰 그의 말들을 재구성했다. 묵묵히 살아낸 그의 일상이 이 기록으로 인해 혹시라도 흔들리지 않도록 용기 낸 증언에 예의를 다하고 싶었다. 그것이 우리 사회가 놓쳐버린 아이에 대한 애도라 믿었다.

교정과 조판이 거의 다 마무리되었을 무렵, 나는 최종적으로 책에 담길 그의 사진을 보냈다. 실루엣으로만 처리된 사진이었다. 그가 답을 보냈다. 가명과 실루엣은 "함께 증언해주신 분들에 대한 예의가 아닌 것 같다"고. 며칠 뒤 그는 인물 사진을 찍었고, 원고는 고애순, 제 이름 석 자로 활자화됐다. 용기를 내줘서 너무 고마웠다.

나는 일상적으로 국가폭력, 재난 참사 피해자들을 만나는데 늘 만남 끝에 확인하는 건 그들이 짊어진 삶의 무게다. 사회는 책임조차 모르는데 피해자들은 또 다른 피해자에 대한 죄책감을 떠안고 산다. 사회는 너무 쉽게 잊고 부인하는데, 가장 잊고 싶은 사람들은 가장 선명히 그 시간들을 기억한다. 사회가 과거라 치부할 때 날선 시선조차 감수하며 그것을 현재로 밀어 올린다. 이런 아이러니란. 무엇이 나이고 무엇이 상처인지조차 모를 삶들에 사회는 어떻게 다가설 수 있을까? 무엇으로 그 고통에 말을 건네고, 세상을 밀어 올리는 용기에 동행할 수 있을까?

중부지역당 사건

1992년, 대통령 선거를 불과 2개월 앞둔 10월 6일
국가안전기획부(안기부)는 1946년 남로당 사건 이후 최대 규모의
간첩 사건을 적발했다고 발표했다. 이른바 '남한 조선노동당
중부지역당 사건'으로 명명된 이 사건은 당시 북한이 조선노동당
서열 22위인 간첩 이선실을 남파, 남한에 조선노동당 하부조직인
중부지역당을 구축하고 전국에 각계각층으로 구성된 300명의
조직원을 확보한 것으로 발표되었다. 이 사건으로 62명이
국가보안법 혐의로 구속되고 300여 명이 수배되었다. 안기부는
간첩단에 당시 야당(민주당) 대통령 후보 김대중의 비서였던
이근희 씨가 연루됐다고 주장했고, 당시 민주당 부대변인 김부겸
의원이 간첩 이선실에게 500만 원을 받은 혐의로 구속되었다.
이 사건은 국민들의 레드 콤플렉스를 자극했고, 당시 여당 총재인
김영삼 후보가 색깔론을 등에 업고 김대중 후보를 꺾고 대통령에
당선되는 데 영향을 미쳤다. 그러나 법원은 추후 '남조선 노동당'의
실체가 불분명하다고 판결했다. 또한 이 사건으로 구속된 양홍관
씨가 재판정에서, 안기부에 연행되어 가혹행위와 성고문을
당했다고 밝혀 큰 파장이 일었다.

범민련 사건

범민련은 1990년 11월 20일 조국통일을 목적으로 결성된 민간
통일운동단체, 조국통일범민족연합의 약칭이다. 범민련은 1988년
8월 1일 남한의 각계 인사 1,014명이 〈한반도 평화와 통일을 위한
세계대회 및 범민족대회 추진본부 발기취지문〉을 발표하고,
북측에 제안하면서 결성 논의가 시작되었다. 이에 남한과 북한,

해외의 통일단체 대표들이 1990년 8월 15일 판문점에서 열린 제1회 범민족대회에서 창립을 결의한 뒤, 1990년 11월 20일 독일의 베를린에서 남한, 북한, 해외 대표가 통일의 주체로서 3자회담을 갖고 조국통일범민족연합을 결성했다. 그리고 해외(1990. 12. 16), 북측(1991. 1. 25), 남측(1995. 2. 25) 본부가 차례로 결성되었다. 그러나 정부가 1989년 범민련 남측본부 추진위원회를 반국가단체로 규정한 데 이어, 1997년에는 대법원이 범민련 남측본부에 대해 연방제 통일 지지, 미군 철수, 국가보안법 철폐 등의 활동을 했다는 혐의로 이적단체 판결을 내렸다. 또한 범민련이 발행하는 기관지《민족의 진로》는 이적 표현물로 분류되었다.

주

1. 5·18 광주민주화운동과 관련해 미군이 신군부의 진압군 동원 및 학살을 용인한 것을 비판하며 1980년대 학생운동 내에서 미국에 대한 저항 의식이 고양되었다. 이에 따라 미국문화원, 미국대사관에 대한 점거, 방화, 기물 파손 사건이 잇따랐다. 또한 전남대학교처럼 반미특별위원회를 만들어 미국의 실체를 알리는 반미 활동을 펼치기도 했다.

2. 조국통일위원회는 '조국의 평화와 자주적 통일을 위한 학생추진위원회'의 약칭이다. 1980~1990년대 학생운동은 한반도에 대한 미국의 지배와 간섭, 국가보안법의 존재 등 남한 체제가 갖는 많은 모순과 한계가 분단체제에서 기인한다고 보고 민족 자주를 실현하기 위한 방안으로 북측과의 평화통일을 주장했다. 조국통일위원회는 이러한 기조에 맞춰 반미 의식을 고양하고, 8·15 해방일을 전후로 남과 북, 해외가 모두 참여하는

범민족 통일 행사의 개최를 준비하는 활동을 주도했다.

3. 1991년 12월에 결성하여 2007년까지 활동한
   정치사회운동단체이다. 민주노총의 전신인
   전국노동조합협의회(전노협), 전국농민회총연맹, 한총련의
   전신인 전국대학생대표자협의회(전대협) 등 14개 운동단체와
   13개 지역운동단체 등 여러 재야 운동세력이 집결해 만든
   단체로, 2007년 대선을 앞두고 새로운 전선운동체인
   한국진보연대가 창립하면서 2008년에 공식 해산했다.

4. 적을 이롭게 하는 단체. 국가보안법상 국가의 존립, 안전이나
   자유민주적 기본 질서를 위태롭게 한다는 점을 알면서
   반국가단체나 그 구성원 또는 그 지령을 받은 자의 활동을 찬양,
   선전, 동조하거나 국가 변란을 선전, 선동하는 단체를 말한다.

5. 고애순 씨가 구속되기 전날(1995년 12월 3일) 쓴 태교
   일기로, 1996년 2월 8일 자《인권하루소식》에 게재되었다.
   《인권하루소식》은 1993년 9월부터 2006년 2월까지 민간
   인권운동단체인 인권운동사랑방이 발행한 신문으로, 인권
   담론이 흔치 않던 시기에 인권 문제를 의제화하고 공론화했다는
   평가를 받는다. 12년간 팩스 신문으로 발행돼왔으며
   2005년부터는 인터넷 신문으로 운영되다가 3000호를
   마지막으로 발행이 중단되었다.

6. 고애순 씨가 광주교도소에서 남편에게 쓴 태교 일기로, 1996년
   2월 13일 자《인권하루소식》에 게재되었다.

내 청춘은 역사도, 경력도
되지 못했다

구술

양은영

글

유해정

1990년대 초반은 1991년 남북 유엔 동시 가입, 1994년
남북정상회담을 앞두고 갑작스러운 김일성 주석의 사망
등으로 남북 관계가 매우 요동친 시기였다. 또한 이 시기 사회운동
내에서 민족 문제를 중요시했던 통일운동은 온건하고 대중적인
노선과 남과 북, 그리고 해외의 3자 연대를 강조하는 급진적인
노선으로 나뉘었는데 전대협을 이은 학생운동조직 한총련은
후자에 주력하면서 한편으로는 대중으로부터 서서히 고립되고
한편으로는 김영삼 정권의 집중적인 탄압의 대상이 된다.
한편 김영삼 정권은 집권 초기 전격적인 금융실명제 도입, 군대
내 사조직인 하나회 숙청 등으로 90퍼센트에 가까운 지지를
받았지만 1996년 대통령의 아들 김현철의 뇌물 수수가 드러난
한보 사태, 그해 연말 안기부법과 노동법 날치기 통과에 분노한
노동계를 비롯한 사회운동의 저항으로 심각한 레임덕에 내몰렸다.
이러한 상황에서 운동 노선과 북한과의 관계 등의 이유로 분열된
통일운동과 학생운동이 강행한 1996년 연세대 범민족대회와
1997년 한총련 출범식 과정에서 벌어진 이종권, 이석 치사 사건은
김영삼 정권으로서는 국면을 전환시킬 수 있는 호재였다.
그동안 양심의 자유에 반한다고 국내외에서 많은 비판을 받아왔던
사상전향제도, 준법서약서는 곧바로 한총련을 겨냥해 탈퇴서로
바뀌었고 정권은 한총련을 와해시키는 방편으로 각 대학교
총학생회장, 단과대학 학생회장에게 이를 강요했다. 당시 한총련
탈퇴서를 쓰면 구속되어 있던 이들은 집행유예나 불구속으로
석방되었고 구속되지 않은 이들은 수배가 해제되거나 불기소
처분을 받을 수 있었다.

"아니, 어디 가서 얘기를 하지 마. 총여학생회장을 했다는 사람이 어떻게 이렇게 살아?"

내가 내 딸에게서 '엄마처럼 안 살 거야'라는 소리를 듣게 될 줄은 몰랐어요. 이게 뭐지 싶으면서도 가부장제 안에서 순응하고 포기하며 살고 있는 나를 보게 된 거죠. 젊었을 땐 자유롭게 살았던 것 같아요. 나를 활활 불태우면서. 하지만 결혼하고 애 낳아 키우면서 꺾인 지점도 있고, 지금도 턱없이 부족한 채워지지 않는 어떤 것이 내 안에 있어요.

이것저것 자격증이 많아요. 가베지도사 자격증, 독서지도사 자격증, 그리고 바리스타 자격증도 있어요. 애를 어린이집에 보내고 하루에 네 시간씩 투자해 땄어요. 나중에 그게 경력이 되겠다 싶기도 했고, 안 되면 방과 후 수업 선생님이라도 할 수 있겠다 싶었죠. 그런데 막상 애 키우고 사회에 나오니까 나이가 너무 많대요. 과외, 학원, 심지어 빵집, 카페조차 사람 구한다고 해서 전화하면 "몇 살이세요?" 마흔 살 넘었다고 하면 "안 됩니다". 우울증이 왔어요. 남자들은 내 나이가 되면 경력이든, 명예든, 감투든, 자부심이든 뭔가가 남는 것 같은데, 나에겐 그 시간들이 어디로 갔지? 내 삶은 어디로 갔지? 딸의 말이 가슴을 후벼 파요. 애써 모른 척하고 있는 것들을 끄집어내게 하니까. 그러면서도 이런 딸이 있어 다행이다 싶기도 해요. 딸이 없었더라면 그런 문제 제기조차 하지 않고 40대를 흘려보냈을 테니까.

모든 날이 자연스럽던 그 시절

1993년 명지대학교에 입학했어요. 그때는 김영삼 문민정부가 출범한 때라 분위기가 바뀌면서 민주주의의 장이 열렸고 학생회 활동도 대중적이었어요. 제가 경영학과인데 강경대 열사가 경제학과였어요. 그래서 4월 26일이 강경대 열사 추모제인데, 과 분위기도 그렇고 마치 학교에 큰 축제가 있는 것처럼 전교생이 다 운동장에 나가더라고요. 제가 그때 1학년 부과대표였는데 선배들이 깃발 들고 나가는 거라고 해서 참석했고, 학내에서 추모제를 한 뒤 전두환, 노태우 집이 가까우니까 그 집 앞까지 행진하고 들어왔는데 그게 제 첫 집회 경험이었어요. 내가 뭘 알아서라기보다는 우리 과, 우리 학교는 이러나 보네 하면서 학생운동에 친숙해진 케이스예요.

4·3, 4·19, 5·18······ 대학 와서 처음 들어봤어요. 해방 전후의 일들에 대해서도 고등학교 때까지 외우기만 했지 처음 제대로 본 거잖아요? 1학년 때 5·18 비디오를 봤는데 정말 충격적이었어요. 1, 2학년 때 선배들한테 가장 많이 했던 말이, 당신들이 얘기하는 걸 어떻게 믿을 수 있나? 근거를 확인할 수 있나? 누구한테 물어보면 되나? 이게 사실이라면 초등학교, 중학교, 고등학교 다니는 동안 어떤 선생님도 나한테 이걸 가르쳐주지 않은 게 말이 안 된다 그러면서 정말 많이

싸웠어요. 그런데 알면 계속 알고 싶어지잖아요? 1학년 때 우리 과에만 사회과학 학회가 3~4개나 있었는데《반갑다 논리야》시리즈,《다시 쓰는 한국현대사》시리즈, 유시민 씨의 책들을 교양서 보듯이 읽고 토론하는 게 일상이었어요.

2학년이 되어서는 우루과이라운드[1] 반대 유인물을 나눠 줬고, 3학년 때는 제 친구들이 총여학생회장, 부회장 후보가 되면서 선거본부장을 맡고 이어 총여학생회 사무국장을 하다가 4학년 때는 제가 총여학생회장을 했어요. 뭔가 결정적인 계기나 결의가 필요한 건 아니었고, 모든 게 자연스러웠어요. 가랑비에 속옷 젖듯이, 우리 선배들이 그랬던 것처럼 말이죠.

당시 우리 총여학생회가 학내 문제 외에 가장 관심도 많고 활동도 많이 했던 게 위안부 문제, 기지촌 문제, 여성농민회 같은 사안이었어요. 여성 의제이지만 또한 사회적 의제들이었죠. 당시 경기대 총여학생회는 여성 성범죄에 관심이 많았고, 연세대와 서강대 총여학생회는 좀 더 진보적인 페미니즘에 귀를 기울일 때였어요. 서로 고민도 다르고 상황도 달랐지만, 서울 서부 지역의 각 대학 총여학생회장들이 모여 함께 논의하고 연대활동도 했어요. 하지만 학생운동에 대한 탄압이 계속되면서, 지금 우리가 그런 문제를 고민할 때가 아니지 않나? 어떻게든 학생운동이 가능한 조건을 만들고, 우리의 억울함을 증명해내는 게 시급한 문제지 않나? 이렇게 돼버

　　　　　　　　　　　내 청춘은 역사도, 경력도 되지 못했다

리니까 여성 의제를 더 발전시킬 수 있는 기반들이 없어졌죠. 요즘 다시 페미니즘이 부상하는 걸 보면, 그때 학생운동을 국가보안법으로 탄압하지 않았다면 저 고민이 10년은 앞당겨질 수 있지 않았을까 싶은 생각도 들어요.

빛나지 않을지라도 온몸 부딪쳐

4학년 때, 졸업을 못 하는 상황이 됐어요. 봄에 등록금 투쟁을 하면서 총장실도 점거하고 삭발도 했어요. 우리 과 학과장이던 연세 많은 교수님이 우리 과에 왜 이렇게 학생회 간부가 많냐, 은영이 너 지금 반항하냐, 어떻게 머리를 빡빡 깎고서는 모자도 안 쓰고 강의실에 들어왔냐? 하면서 화를 내셨어요. 넌 어차피 두 번 이상 결석했으니 내 수업에 들어오지 말라고 하시더군요. 젊은 혈기에 "네" 하고 나왔는데, 전공과목을 이수 못 하다 보니 졸업을 못 하게 된 거죠.

선택은 두 가지였어요. 5학년으로 학교에 남을 건가? 아니면 학생운동 상층 단위로 올라갈 건가? 어느 쪽이든 학생운동을 계속하는 거였어요. 1996년에 연세대 사태[2]를 겪었는데 운동을 정리할 순 없었던 거죠. 후자를 선택했어요. 학교에 남는 친구들이 많다 보니 저는 97년에 서부총련[3]에서 선전부장을 하기로 했어요.

1997년 6월, 정부가 한총련을 이적단체로 규정하면서 각 대학 총학생회장들과 한총련 간부들이 수배되는 상황이 됐어요. 사실 저는 잡힐 때까지도 '설마 나를 알겠어?' 하고 긴가민가했죠. 어느 학교도 안전하지 않았어요. 그나마 학기 중에는 학생들이 많으니까 괜찮은데 방학 때는 학교에 학생들이 없으니까 더 불안했죠. 그래서 어떨 때는 간부들 몇 명과 같이 비디오방에서 밤새우고 아침이면 서로 흩어져 다니길 반복했는데, 개인적으로는 그때가 가장 힘들었어요.

9월, 추석 연휴 시작 전날에 잡혔어요. 추석 연휴를 나야 하는데 돈도 없고, 갈 데도 없고, 아무것도 없었어요. 이모를 찾아갔죠. 이모 댁이 우리 학교에서 몇 정거장밖에 안 됐는데 대중교통을 몇 번이나 갈아타고 갔어요. 이모가 10만 원인가를 주면서 추석 때 집이 비니까 갈 곳이 없으면 여기 와 있으라고 보조 열쇠를 주셨어요. 이모 댁을 나와서 버스 타러 내려가는데 뒤에서 "양은영 씨!" 그러는 거예요. 올 게 왔구나 싶었지만 모른 척했어요. 택시를 잡으려고 차도로 막 뛰어가는데 앞에 까만 차 한 대가 오더니 사람들이 내렸어요. '아, 안 되나 보다.'

"양은영 씨죠?"

"아닌데요."

"양은영 씨 맞잖아요."

"아닌데요."

내 청춘은 역사도, 경력도 되지 못했다

'아, 어떻게 하지? 튈까?' 그런데 이모 댁 앞이고, 애기들이 있는 게 걸리더라고요. 제가 멈칫하니까 체포영장을 내밀면서 저를 까만 차에 태웠어요. 요즘 드라마를 보면 미란다 원칙을 고지하잖아요? 당시엔 그런 게 없었어요. 차에 타자마자 다리 사이에 고개를 처박혀서 가는데, 어디로 가는지도 모르겠고, 어딘가에 도착했는데 거기가 어딘지도 알 수 없었죠. 삐걱삐걱 철문 여는 소리가 들리고 차가 안으로 들어가는데 그때가 공포의 최고조였어요. 지금 생각해봐도 그때가 가장 무서웠던 것 같아요.

짧고 압축적인, 그러나 기나긴

3평 정도 되는 직사각형 방이었어요. 창문도 없이 다 꽉 막혀 있었는데, 가운데에 책상이 하나 있더라고요. 거기에 혼자 앉혀두고는 별다른 말이 없었어요. 여기가 어디라고 얘기라도 해주면 좋을 텐데, 아무 말이 없었어요. 너무 겁이 나죠. 근데 혹시 잘못돼서 죽는 것보다 다른 것에 대한 공포가 더 큰 거예요. 내가 여자니까 혹시 나한테, 내가 여기 잡혀왔는지 아무도 모르는데…… 가만히 정말 숨도 멈추고 앉아 있는데, 옆에 있던 형사가 전화 통화를 했어요. 술집 여자랑 통화를 하는 것 같았는데 언제쯤 간다고. 지금 생각해보면 다 저를 위축시키려고 했던 수법 같아요. 곧이어 어떤 사람이 들어오더니 소름 돋는 게, "너, 커피 좋아하지?" 이러는 거예요.

그때 제가 커피도 많이 마시고 담배도 많이 피우고 그랬거든요. 자판기 커피랑 제가 즐겨 피우는 담배를 한 갑 주더니 서류 뭉치를 던졌어요. 봤더니 제 앞에 잡혔던 의장부터 서부총련 간부들의 조서였어요. 제가 제일 마지막으로 잡힌 사람이어서 귀찮았는지 "진짜인지 아닌지 모르겠는데 조서에 네 얘기가 제일 많이 빠져 있더라. 거기서 겹치는 것만 써. 여기 이 부장님한테 얘기하면 담배나 커피 계속 줄 거야" 그러면서 "야, 담배 한 갑을 피우면 어떻게 하냐?" 이러더군요.

도대체 그걸 어떻게 알았을까? 내가 하루에 한 갑을 피우는지, 반 갑을 피우는지, 무슨 담배를 피우는지, 어떤 커피를 좋아하는지…… 그게 너무 소름 끼치는 거예요. 하루 종일 그냥 얼어 있었어요. 저는 경찰서도 안 가봤거든요. 그런데 그쪽에선 제가 버틴다고 생각했나 봐요. "누구 불러줄까?" 하고 묻더라고요. "부모님 불러주세요" 했더니 그건 안 된대요. 먼저 잡혀왔다가 풀려난 학교 선배를 불러주겠다고 했어요. 지들 딴엔 봐준다는 식으로. 급하니까 우선 그 선배라도 불러달라고 하니, 이틀째 되는 날인가 학교 선배가 왔어요. 여기가 어디냐고 물어보니, 장안동 보안수사대라고 하더군요.

선배한테 내가 한총련에서 나온 자료, 책을 갖고 있다가 잡혔으니 밖에 알려달라고, 그리고 부모님께 연락 좀 해달라고 부탁했어요. 그렇게 처음 이틀간은 장안동 보안수사대에 있었고, 구치소로 넘어가기 전까지는 중랑경찰서에 있으면서 장안동 보안수사대로 왔다 갔다 하며 취조를 받았어요.

국가보안법 5조, 7조…… 이적단체, 이적표현물 소지, 고무찬양, 다 걸렸죠. 1심에서 검찰이 7년을 구형했고, 판사가 3년형을 선고했어요. 항소를 앞두고 무서움, 억울함이 최고조였어요. 내가 징역형을 3년이나 받아야 할 만큼 죄를 지었나? 아무리 생각해도 아닌 것 같은데.

항소를 했는데 항소 담당 재판부가 담당했던 96년, 97년 한총련 관련 사건에서 집행유예가 한 명도 안 나왔다고, 다 실형을 받았다고 교도관들이 얘기해줬어요. 그러면서 이러더군요. "은영아, 어떻게 하지? 반성문 쓰자."

제가 갈등을 할 거라곤 생각조차 못했던 것 같은데, 갈등이 되더라고요. 쓰면 나갈 수는 있을 것 같은데 어떻게 하지? 그런데 반성문, 한총련 탈퇴서를 쓰기에는 내 마음이 허락하지 않더라고요. 억울함이 너무 크고, 방법이 너무 치사했어요.

제가 영등포구치소에 있을 때, 거기에 각 대학 학생회장들이 많이 잡혀와 있었어요. 교도관들이 "다른 사람들은 다 썼다. 볼래?" 그러면서 안 주는 커피까지 주고는 읽어보라고 10분, 20분씩 자리를 비켜주고 그랬어요.

그때 제 내면이 정말 막 흔들렸어요. 살면서 지금까지도 그때만큼 크게 갈등하고 결심을 해본 적이 없는 것 같아요. 정말 너무도 짧고 압축적인 시간에 '너를 지킬래? 버릴래?' 이런 선택을 강요당했으니까. 무엇을 잘못했는지조차 모르겠는데, 신념을 굽히고 반성을 해야 하나? 하지만 쓰면 나갈 수 있다고 하고, 진짜 그럴 것 같고, 감옥에 3년이나 있게 되면 어떡하나 두렵고…… 결국 버티고 안 쓰긴 했는데 그 과정이 너무 힘들었어요. 이듬해 2월 징역 3년에 집행유예 5년, 사회봉사 300시간을 받고 석방됐죠.

　나와서 사회봉사를 끝내자마자 학교로 돌아갔어요. 그때 밖이 무서워서 학교가 더 안전하다고 생각했던 것 같아요. 집행유예 기간이니 겁도 났고, 또 구치소 안에서 겪었던 나의 갈등이나 내면의 흔들림을 극복해야 한다는 강박도 있었어요. 그걸 극복하는 방법이 학교 안에서 학생운동을 계속하면서 심리적인 안정을 찾는 거라고 생각했던 것 같아요. 98년, 99년 학생회 선거에 저를 다 쏟아부었어요. 하지만 그 기간에 복학해서 졸업을 하진 못했어요. 복학하려고 하니까 학과장 교수님이 조교를 통해 이런 말을 전했어요. 졸업할 때까지 학생회 일은 일절 하지 않고 학점을 몇 점 이상 받겠다는 각서를 써서 제출하라는 거였죠. 자기 딴에는 권위의 표시이자 의례적인 행위였겠지만 저는 너무 끔찍했어요. 하기 싫었고, 그래서 졸업을 포기했죠.

흔들리는 삶의 뿌리

1999년을 마지막으로 학생운동을 정리했어요. 그리고 2000년에 바로 결혼했어요. 당시 학생운동 하다 만난 지금 남편이랑 연애 중이었는데, 학생운동 정리했다고 집에 다시 들어가는 게 여러 가지로 민망했어요. 또 사회운동을 하겠다는 생각도 있었고. 그래서 후루룩 결혼을 하고 대구로 바로 내려왔죠. 남편이 대구 사람이었거든요. 저는 그때 새로 시작하는 곳이 어디든 상관없다, 그런 마음이었어요. 하지만 대구 내려온 걸 후회하는 데는 6개월도 안 걸렸어요.

대구에서는 범민련에서 활동했어요. 마침 2000년 6·15 남북공동선언⁴이 발표되고 범민련 운동이 확장되면서 사람들이 많이 필요한 때였어요. 현장 투쟁을 한다고 공장에 들어가 있던 남편도 범민련으로 왔죠. 2년에서 2년 반 정도 일했는데, 저는 그 좋은 시기에 계속 온갖 잡무를 도맡아 했어요. 남편과 동료들이 금강산 가고 평양 갈 때도 행사를 진행하려면 선전 일 하는 사람은 한국에 있어야 한다고 해서 밤새워 선전물 쓰고 행사 준비하고 그랬죠. 결국 2003년에 범민련을 그만뒀어요. 부부가 같이 일할 게 못 되더라고요. 둘 중 한 명만 활동이 가능할 것 같다고 하니 조직에서 남편이 남길 더 바랐던 것 같아요. 남편은 집행위원장 하면서 평양도 두 번 가고 금강산도 네 번이나 갈 때, 저는 한 번도 못 가고 집에서 애를 봤어요.

애는 정말 안 낳을 생각이었어요. 활동도 하고 경력도 쌓고 싶었는데 아, 애가 생기고는 한 3, 4년 정말 꼼짝을 못했어요. 애가 일곱 살일 때 겨우 대구시민센터에서 활동을 재개했는데, 시작한 지 두 달 만에 집에 압수 수색이 들어왔어요. 정말 동네 떠들썩하게 들어왔는데 1개 중대가 왔다고 하더라고요. 아파트 정문과 후문에 경찰차를 대고, 1층 복도는 물론, 우리 집이 3층이었는데 1층부터 3층까지 계단에 전경들을 쭉 깔았어요. 남편이 지역 범민련, 남북공동선언 준비위, 민족공동선언 준비위 활동을 하고 이라크 파병 반대, 광우병 쇠고기 수입 반대 촛불집회에서 사회를 보고 그러니까 남편에게서 뭐라도 찾아 엮으려고 단단히 준비해온 거죠.

아침에 애를 유치원 보내려고 현관문을 여니, 경찰들이 문 앞에서 들어오려고 대기하고 있었어요. "아저씨들이 아빠한테 뭔가 물어볼 게 있나 봐." 놀란 애에게 그렇게 둘러대고 애를 다독여 유치원 버스에 태워 보냈어요. 덜덜덜 떨며 돌아오니, 남편은 경찰들을 쫓아다니고 있고, 경찰들은 그 작은 집을 다 뒤집어놓고 있었어요. 아침 9시경에 온 것 같은데, 오후 3시까지 고작 17평밖에 안 되는 집을 싹 헤집어놓고 갔어요. 《태백산맥》,《아리랑》 같은 소설까지 가져갔죠.

하지만 내내 어떤 처분도 없더니 3년 뒤에 기소유예. 어떻게든 공안 사건을 만들고 싶어 탈탈 털었는데도 그럴 거리가 없었던 거죠.

제가 거기서 7년 동안 이 집 저 집 할 것 없이 문 열어놓고 살았어요. 그래서 이웃들과 사이가 나쁘지 않았는데, 압수수색을 당하면서 이웃들한테 미안하기도 하고 애를 학교에 보내야 해서 이사를 갔어요. 대구시민센터 일도 지속하기가 어려워졌어요. 애가 초등학교 다닐 때, 대구의 학교들은 급식을 안 했거든요. 애가 학교 끝나고 오면 오전 11시 40분. 애를 낳았을 때와 비슷한 상황으로 돌아가버린 거죠. 애를 봐야 하니 뭔가를 더 할 수가 없었어요. 시댁은 울산이고, 친정은 서울이라 도와줄 손도 없었고요.

그래서 또 좌절하고, 공동육아를 많이 하는 동네를 찾아 들어갔어요. 애를 학교 보내고 저도 사회활동 하고 싶어서 숟가락 얹으러 갔는데, 어쩌다 보니 제가 아이들을 함께 키우는 교육협동조합을 만들고 이사장까지 하게 됐죠.

교육협동조합을 하면서 생활 진보가 진짜 어렵다는 걸 깨달았어요. 머리는 많이 앞서는데 생활에서는 안 되는 게 자꾸 드러났어요. 어른들이 옳다고 믿는 걸 아이들한테 주입하게 되고, 어른들도 생활에서 못 하는 걸 아이들한테 강요하고…… 또 아이들이 중학생이 되고 고등학생이 되면 경쟁이 치열해지는데 그게 우리의 사회구조라 공동육아 현장을 뛰어넘거든요. 우여곡절이 많았지만, 어쨌든 교육협동조합은 잘됐어요. 한창 마을 공동체, 마을 기업이 뜨던 때라 우리 교육협동조합이 모범 사례로 소개되기도 했고 제 인터뷰 기사가 나오기도 했죠.

가장 너른 내 편 하나

누구보다 좋아한 사람은 엄마였어요. 엄마는 제가 학생운동 할 때도 그랬고, 결혼할 때도, 대구에 가서 살겠다고 할 때도 막지 않으셨어요. 제가 하고 싶은 걸 막는다고 막아지지 않는다는 걸 아셨던 것 같아요. 가끔 하시는 말씀을 보면 엄마는 제가 공부를 계속하거나, 아니면 학생운동 경력을 밑천 삼아 언론 일이든 정치든 할 거라고 기대하셨던 것 같아요. 일찍 결혼하고 오랫동안 집에 들어앉아 있을 거라곤 상상도 못하셨던 것 같은데, 그 서운함을 말하기보단 오히려 순간순간에 최선을 다해라, 그 안에서 즐기고 행복하면 된다고 하셨죠. 하지만 제 삶에 작은 희망들, 협동조합 이사장이 되었을 때, 방통대에 들어갔을 때는 너무너무 좋아하셨어요.

대학 입학하고 집회 다니기 시작하면서부터 엄마랑 많은 얘기를 했어요. 1학년 때 부과대표가 됐다고 하니까 엄마가 "하려면 과대표를 하지!" 그러시더라고요. 아마 부반장 정도로 생각하셨나 봐요. 2학년 때는 과 학생회 임원을 하겠다고 하니까 "그게 뭐야? 간부 같은 거야?" 그런 식이었죠.

내 청춘은 역사도, 경력도 되지 못했다

1996년에 총여학생회장을 한다고 했을 때도 아빠는 많이 싫어하셨지만 엄마는 나쁜 일 하는 것도 아닌데 뭐가 어떠냐고 하셨어요.

제가 총여학생회장이던 해 3월 말에 우리 학교 학생회장단이 등록금 투쟁을 하면서 총장실도 점거하고 교육재정 5퍼센트 확보를 요구하며 삭발을 했어요. 학생회장단에 여자가 두 명이었는데, 저랑 인문대 학생회장이었어요. 집에 가서 얘기했죠. 등록금 문제로 삭발을 할 것 같다. 그런데 한 친구는 집에서 반대가 심해서 여자들은 단발로 자를 것 같다. 그랬더니 엄마가 그러시더군요. "남자들이 자르면 너도 잘라야지. 아예 안 하면 모를까, 웬 단발? 잘라놓고 티도 안 나게." 딸만 둘이라 맏딸인 저를 아들 대신으로 생각하셨던 것도 같고, 또 제가 좀 모범생이었거든요. 엄마는 스무 살 때까지 제게 세상의 모든 신뢰를 다 주셨죠.

우리 엄마가 정말 다르구나 싶었던 건 감옥에 가서였어요. 제가 영등포구치소에 있을 때 아빠는 한 번도 안 오셨어요. 죽어도 못 보겠다면서. 하지만 엄마는 매일같이 오셨어요. 오후 3시쯤 학교에 전화해서 은영이 면회 가는 사람 있냐 물어보고, 없다고 하면 장사하다 말고 달려오신 거예요. 울어도 모자랄 판에 모녀가 깔깔깔 웃으며 면회를 하니까 교도관들이 정말 특이하다고 그러더군요. 엄마는 어떤 마음이었는지 모르겠지만, 저는 그때 슬프고 겁이 난다기보다는 장안동

보안수사대에서 벗어나 공개적이고 합법적인 곳에 와 있다는 것만으로도 마음이 편했어요. 또 독기도 차 있었고.

출소하던 날, 나이 든 교도관 한 분이 그러시더군요. "내가 진짜 교도관 생활 오래 했는데 너도 너고, 너희 엄마도 너희 엄마다. 구치소 들어와서 나갈 때까지 눈물 한 방울 안 흘리고 나가는 가족은 처음 봤다. 엄마가 울든, 가족이 울든, 네가 울든 한 번은 울 텐데." 그러면서 엄마가 정말 보통 분이 아니라고, 나가서 효도 잘하라고 하셨죠.

몇 년 전에야 알았는데, 제가 수배돼서 집에 못 갔을 때 형사들이 그렇게 엄마를 찾아왔대요. IMF 구제금융 시기라 집이 폭삭 망해서 아빠는 집에 못 계시고 엄마가 동생 데리고 혼자 가게를 하고 계실 때였죠. 형사들이 매일 와서는 집이 이 꼴 났는데 은영이가 밖에서 뭐 하고 지내는지 아느냐? 어떤 남자랑 여관 들어가는 걸 봤다. 비디오방 가서 밤새우고 나오는 걸 봤다…… 이런 얘기를 엄마한테 했대요. 그 얘기를 엄마한테 전해 듣는데 소름이 끼치면서 '와, 진짜 나쁜 놈들이구나' 싶었죠. 그리고 또 한편으로는 이제라도 엄마를 풀어줘야겠다는 생각이 들더군요. 엄마 혼자 20년을 속으로 묵혀왔던 거니까.

"걱정했어?"

"뭘 걱정해. 이미 다 큰 자식인데."

그때 무슨 일이 있었는지 차근차근 설명해드렸죠.

내 청춘은 역사도, 경력도 되지 못했다

그 시간은 역사가 될 수 있을까

본래 제 어릴 적 꿈은 작가였어요. 성적에 맞춘다고 국문학과에 못 가고 경영학과를 간 거죠. 나이를 먹을수록 못 했던 것들이 계속 올라오길래 아이 키우면서 방통대 국문학과에 진학했어요. 양은영이라는 사람이 꼭 하고 싶었던 일, 행복했던 시간으로 놓고 보면, 방통대 다닌 4년이었던 것 같아요. 제 인생에서 가장 재밌게 공부를 했어요. 그때도 방통대에 입학했다고 하니까 엄마가 정말 좋아하셨어요. 등록금은 당신이 내주신다고 했는데 제가 공부 열심히 해서 성적 장학금 받고 다녔어요. 아이를 키우면서였지만 그렇게라도 틈을 내 배우니 즐겁고 행복해서 공부를 더 하고 싶었어요. 국어교육으로 대학원에 가거나 협동조합 하면서는 교육대학원도 좋겠다 싶었어요. 이렇게 애만 키울 수는 없으니까.

하지만 어디에도 돈이 없었어요. 남편이 활동하느라 제대로 돈을 벌어 올 수 없는 상황에서 애 키우고 생활을 꾸려야 했어요. 게다가 남편이 단체 활동을 그만둔 뒤에는 카페를 차리면서 낼 수 있는 빚은 다 내서 썼기 때문에, 나를 위해 낼 수 있는 빚은 없더라고요. 애가 초등학교에 들어갈 때까지 엄마가 경제적으로 많이 보태주셨던 터라 엄마한테 또 손 내밀기도 뭐했어요. 그래서 돈 좀 벌겠다고 사회생활을 시작했지만 아이를 초등학교에 보내면서 어려워졌고, 아이가 초등학

"만약 과거로 돌아갈 수 있다면, 정말 그럴 수 있다면, 대학생 때로 돌아가고 싶어요." 양은영 씨가 대학 시절을 보낸 명지대학교. 학생회가 있던 본관 건물 뒤. 코로나19로 봄날의 활기찬 캠퍼스는 찾아볼 수 없었지만 강경대 열사 추모사업회의 현수막이 한쪽에 걸려 있어 반가웠던 날.

내 청춘은 역사도, 경력도 되지 못했다

교를 마치고는 협동조합도 손에서 떠나보내고 다시 일할 곳을 찾아봤는데 정말 쉽지가 않았어요. 여기가 대구라는 것도 힘들고, 나이가 많다는 것도 힘들고. 또 중학교 가면 손을 덜 줄 알았는데 문제가 있을 때마다 아이를 돌봐야 하고. 결혼하고 아이 키우면서 지금까지 경제적으로 넉넉하지 않으니 정서적인 교감이든, 몸빵이든 제가 오롯이 애를 돌볼 수밖에 없었죠.

딸이 지금 저한테 경력단절녀라고 놀리는데, 저는 진심으로 내 딸이 자신을 위해 살았으면 좋겠어요. 딸은 다 알아요. 제가 학생운동 한 거, 국가보안법으로 전과가 있는 거. 그런 일들에 익숙하게 키우기도 했고, 과거에 운동 했던 사람, 지금도 운동 하는 사람이 우리 주위에 많으니까. 미국산 쇠고기 수입 반대 집회 때부터 아이를 업고 다녔어요. 운동에서 밀려나 자괴감도 느꼈지만 집회에 안 갈 수가 없었어요. 집회에 가면 남편은 행사를 준비하고 사회를 보고 있었어요. 그걸 본 아이가 "아빠다!" 하고 뛰쳐나간 적도 있었죠. 또 집회에서 만난 아저씨, 아줌마들은 아이의 친구 엄마, 아빠이기도 했어요. 제가 남자 선배들한테 "형" 하고 부르면 "엄마는 왜 아빠 친구를 형이라고 불러?" 하고 묻기도 했죠. 알고 보니, 유치원 다닐 때 경찰이 집에 압수 수색 들어왔던 것도 기억하고 있더라고요.

일상에서 자연스럽게 이런 경험들을 해왔지만, 박근혜

탄핵 집회에 같이 다니고 영화 〈1987〉을 같이 본 뒤부터 아이가 좀 더 선명하게 엄마, 아빠의 삶을 인식한 것 같아요. 영화 〈1987〉, 드라마 〈응답하라〉 시리즈를 보면서는 "엄마도 저런 수사기관에 잡혀갔어?" "정말 전경들이 저렇게 때려? 저렇게 맞았어?" "왜 학교를 그렇게 오래 다녔는데 졸업을 못했어?" "1996년에 연세대 안에서 뭘 했어?" 이런 질문들이 쏟아져 나오더라고요. 옛날이야기처럼 물어봐요. 그럼 저는 다 얘기해주죠. 나는 한 번도, 한순간도 나를 빨갱이라고 생각한 적 없다. 저기 나오는 강동원, 김태리처럼 그때는 운동을 하는 게 자연스러웠다. 지금 국회의원 하고 정치하고 TV에 나오는 사람들은 엄마와 아빠의 몇 학번 위 선배이고, 같이 운동을 했다. 저 선배는 엄마가 대학교 2학년 때 자기 아들을 데리고 와서 같이 광주 망월동 묘역에 갔었다. 그때 그 선배가 〈광주 출정가〉를 가르쳐줬다…… 아이랑 이런 얘기를 나누다 보면, 내 딸한테는 이게 우리 세대의 5·18 민주화운동, 박종철 고문치사 사건처럼 역사적 사건으로 다가오는 것 같다는 생각이 들어요.

그런데 또 아이가 문득 "엄마는 왜 저런 사람들처럼 되지 못했어?" 하고 물어요. 그러면, 할 얘기가 없어요. 이렇게 말하긴 그렇지만 운동을 하다 중간에 나가서 기회를 얻은 사람들은 잘도 사리사욕을 챙기는데, 무식하게 끝까지 버티고 있는 사람들은 지난 삶이 경력이 되지도 못하고 역사가 되지도 못하고 이렇게 사는 것 같아서. 우리 한총련 세대는 민주화에 기여했다고 인정받지도 못하고 오히려 사회적으로 낙인찍혀 살고 있으니……

한번은 시민사회단체에 면접을 보러 갔는데 제 이력을 보고, 1997년에 감옥은 왜 갔냐고 묻더군요. "아, 93년부터 97년까지는 김영삼 정부였어요" 하고 대답하니 '전두환, 노태우 정권이 끝나고 김영삼 정부가 들어섰는데 그때까지도 학생운동 뭐 이런 게 남아 있었나?' 이런 분위기였어요.

김영삼 정권이 지금 생각하는 것처럼 그렇게 민주화된 정부도 아니었고, 나는 학생으로서 정권이 잘못한 일들, 틀렸다고 생각하는 일들에 맞서다 감옥에 간 거라고 얘기하고 나오는데 눈물이 펑펑 나더군요. 너무 서러워서. 1997년에도 학생운동이 있었냐고, 감옥은 왜 갔냐고 하니까……

다시, 삶에게

만약 과거로 돌아갈 수 있다면, 정말 그럴 수 있다면, 대학생 때로 돌아가고 싶어요. 결혼과 출산도 후회되지만, 공부를 못 하고 학교를 계속 못 다닌 것에 대한 후회가 더 크거든요. 학생운동 한 것을 후회하지는 않아요. 다만 학생운동 하면서 '위안부' 할머니들의 수요집회, 주한미군 철수를 위한 금요집회에 다 다녔었는데 좀 더 공부를 제대로 하고 다녔으면 좋았겠다 싶은 거죠. 또 학과 공부든, 글쓰기 공부든 좀 더 했으면 어땠을까 싶은 거죠.

어찌 보면 결혼을 하고 대구로 이주해 아이를 낳고 키우면서 20대까지 나라는 사람이 쌓아온 시간과 정체성, 역사와 이야기가 다 사라진 느낌이에요. 그런데 이게 시간을 되돌려 과거로 간다고 해서 여성이 처한 상황에서 바뀔 수 있는 삶인가, 또 다른 삶이 선택 가능할까 싶은 생각에 사실 지금은 되돌리고 싶은 것보다는 아이가 빨리 스무 살이 넘었으면 좋겠어요. 빨리 성인이 되고 독립해서 엄마 손을 필요로 하지 않으면 좋겠어요. 애가 대학을 간다고 하면 서울로 가면 좋겠다. 그 김에 나도 겸사겸사 서울로 가서 공부를 다시 하든, 일을 하든, 아니면 또 다른 무엇을 하든, 나도 새로운 출발이 가능하지 않을까? 인생을 되돌릴 수는 없는 거니까.

에필로그

94학번으로 서울에서 대학을 다니던 나는 그와 별반 다르지 않은 열정과 신념으로 동시대를 살았다. 대학생이 특권이라면 우리는 스스로 낮아져 세상을 바꿔야 한다고 믿었다. 강의실보다는 거리에서, 철거민촌과 공장에서, 농촌에서 세상과 모순에 대해 배웠다. 서로의 존재는 몰랐지만 그가 참여했던 무수한 집회와 시위에 내가 있었다. 내가 돌리던 선전물과 외치던 구호에 그도 동참했을 것이다. 많은 시간 비틀거렸겠지만 우리는 빛나는 청춘을 살았다, 불나비처럼.

하지만 젊은 우리는 알지 못했다. 여성들은 머지않은 훗날 이름조차 상실하리라는 것을. 그 시절 나이만큼 더 살아 40대 중반의 나이로 만난 우리는 누군가의 엄마, 아내, 며느리가 더 익숙한 삶을 살고 있었다. 우리의 운동이 위대한 역사가 되길 바라진 않았지만 소멸될지도 몰랐다. 삶의 뿌리가 흔들렸다. 특히 그가 결혼 후 스무 해 동안 살아낸 대구는 한국에서 가장 보수적인 지역. 여전히 전통적인 가부장 질서가 강력하게 일상을 지배하고, 정치적으로 '보수의 텃밭', '보수의 심장'이란 수식어가 붙는다. 외지인이면서 여성인, 나아가 세상에 관심 많고 활동적인 그의 대구살이가 더 쉽지 않았을 이유다.

그의 이야기는 거침이 없었지만, 마음은 끝 모를 고개를 오르는 듯했다. 세상에 '똑똑한' 자녀 이야기에 한참을 웃었는데 바라보면 눈물이 고여 있었다. 자신의 이야기였으나 또한 분리되지 않는 삶이기에 같이 사는 이가 마음을 다치지 않을까 걱정했다. 이야기가 흐르다 멈춰진 곳을 곰곰이 복기할 때마다 서글픈 그의 웃음과 만났다. 오랫동안 그 표정이 뇌리에 남았다.

코로나19 사태에 안부 전화를 걸었다. 민주노총에 취직했다는 목소리에는 생기가 넘친다. 일터, 소득, 이름을 빼앗겨본 사람들은 안다. 다시 시작한다는 것의 설렘과 그 밑에 터 잡은 두려움을. 뿌리 뽑힘을 경험한 여성과 노동자들이 만나 깊이 교감하고 소통하기를 바란다. 또한 그가 오래, 단단히, 양은영이라는 이름으로 세상과 깊이 조우하기를 응원한다. 자매애와 오랜 벗이 된 마음으로.

내 청춘은 역사도, 경력도 되지 못했다

한총련은 '한국대학총학생회연합'의 약칭으로 1993년 창설됐다. 각
대학교 총학생회장단 협의체였던 전대협(전국대학생대표자협의회)이
1992년 발전적 해체를 선언한 후, 전국 모든 대학 단과대 학생회장까지
대의원으로 하는 조직으로 확대 개편해 구성됐다. 전국 200여 개 대학의
2,000여 명의 대표자들이 참여했으며, 1990년대 학생운동을 주도했다.
하지만 1996년 연세대 범민족대회 및 통일대축전, 1997년 한총련
출범식 전후로 발생한 이종권, 이석 치사 사건을 계기로 한총련에 대한
부정적 여론이 광범위하게 형성됐으며, 정부는 한총련을 이적단체로
규정했다.

이적단체 규정 후, 정부는 전국 모든 대학의 학생회장들에게 한총련
탈퇴서 제출을 강요했다. 한총련에 대한 지지 혹은 반대 여부와
상관없이 정권의 부당한 요구에 반대하며 신념과 양심의 이유로 이를
거부한 학생회장들이 줄줄이 구속됐다. 1997년 한 해에만 한총련 관련
구속자가 200명이 넘었다. 1998년 대법원은 한총련이 "반국가단체인
북한공산집단의 활동을 찬양, 고무, 선전하며 이에 동조하는 행위를
목적으로 하는 단체"로 "국가의 존립, 안전이나 자유민주적 기본 질서를
위태롭게 한다"는 이유로 한총련을 이적단체로 판결했다. 이후 한총련과
학생운동 세력은 급격히 약화되었다.

주

1. 1986년 우루과이에서 개최된 '관세 및 무역에 관한 일반협정(GATT)'
   각료회의를 시작으로 진행된 다자간 무역협상을 이르는 말이다.
   1994년 우루과이라운드 협상에서는 한국의 쌀 시장 전면 개방이

논의되면서 이를 반대하는 농민들과 학생들의 시위가 잇따랐다.

2. 1996년 연세대학교에서 열린 범민족대회/통일대축전을 둘러싸고 발생한 대규모 폭력사태를 일컫는 말로, 사건을 보는 관점에 따라 '연세대 사태', '연세대 항쟁' 등으로 구분해 호명된다. 전대협에 이어 한총련은 8월 15일 광복절을 전후로 남, 북, 해외가 모두 참여하는 범민족대회/통일대축전을 개최해왔다. 정부는 범민족대회를 불허했으나 그동안 대규모 충돌이 발생하지는 않았다. 하지만 1996년 연세대에서 열린 8·15 범민족대회에 대한 정권의 입장은 달랐다. 경찰은 8일간 연세대를 원천봉쇄하고 섬멸 작전을 벌였고, 학생들은 이에 격렬히 저항했다. 살벌한 대치 속에 대규모 폭력사태가 발생했다. 8월 20일 범민족대회에 참여했던 학생 5,848명이 연행됐으며 462명이 구속됐다. 또한 김종희 의경이 사망하고 경찰 900여 명이 다쳤다. 김영삼 정권이 "이 사건을 악용하고 탄압함으로써 학생운동을 고립시키는 데도 성공해, 한총련과 학생운동이 내리막길을 걷게 되는 결정적인 사건이 되고야 말았다"는 게 지배적인 평가다.

3. 서울지역서부지구총학생회연합의 약칭이다. 서울 지역에 있는 대학 총학생회들은 한강을 기준으로 서남과 서부, 북부와 동부로 나뉘어 연합을 형성하며 학교별 교류를 촉진했다. 서부총련은 서울 서부에 위치한 대학 총학생회들의 연합체로 연세대, 서강대, 이화여대, 명지대 등의 총학생회가 소속되어 있었다.

4. 남의 김대중 대통령과 북의 김정일 국방위원장이 합의하여 발표한 공동선언으로, 형식과 내용 모두 종전의 남북 합의보다 진일보했다는 평가를 받는다. 자주적 통일 원칙을 재천명하고, 남북의 통일 방안(연방제안 및 2체제 2정부의 남북연합제안)의 공통성을 적극 수용해, 남북 화해·교류·협력에 관한 기틀을 마련했다.

종이 한 장의 무게

구술

유해정

글

강곤

4년 전 세월호 참사 관련 행사에서 사회를 봤는데, 그때 객석 질문이 '당신에게 트라우마는 무엇인가?'였어요. 그때 생각했죠. 나에게 트라우마는 뭐지? 내 인생의 트라우마는 뭐지? 그러면서 처음으로 남영동 대공분실과 한총련 탈퇴서를 꺼내 올리게 됐어요.

제가 혼자 있으면 잠을 못 자요. 낮잠도, 밤잠도. 내가 좀 이상한가? 너무 겁이 많나? 너무 예민한가? 그런데 자려면, 누우면 계속 가위에 눌리니까 어느 순간부터 낮잠은 아예 잘 생각조차 못 하는 거죠. 밤에는 동터서야 녹다운이 돼 잠시 자고. 그러다 탈 없이 낮잠을 처음 잔 게 만삭 때였어요. 출산이 얼마 안 남았을 때 산책하고 돌아와 씻고 앉았는데 스르르 잠이 들었나 봐요. 깨어보니 아직 낮인데, 갑자기 가슴이 복받쳐 오르는 거예요. 뭔가 팽팽하게 당겨져 있던 줄이 드디어 끊어진 것 같기도 하고, 감격스럽기도 하고, 그 복잡 미묘함을 어떻게 설명하기가 좀 어려운데, 자고 일어나 한참을 울었어요.

저는 정말 겁 없는 아이였어요. 으슥한 밤길도 잘 다니고, 대책 없이 남의 대학 교정에서도 잘 자고, 수배 때는 갈 곳 없으면 지하철역사에서도 자곤 했어요. 사람들이 제발 겁 좀 챙기라고, 그러다 큰일 난다고 여러 번 얘기할 정도였는데 그랬던 제가 출소 후에 변한 거죠. 눈 감는 게 무섭고, 사람들 없이는 잠드는 게 두렵고. 그때를 곱씹으면서, 아 이게 나한테

트라우마와 같은 상처였나 보다 싶었어요. 내 상처랑 한번은 제대로 마주해야겠다는 생각이 들었고, 그래서 20년 만에 남영동 대공분실을 찾아갔죠.

"나, 저기에 있었어"

출소한 뒤 복학해 학교를 1년 더 다녔으니 남영역은 늘 가는 곳이었어요. 그 인근에 주점, 서점, 편의시설이 많다 보니 친구들과도 자주 갔죠. 그런데 그날은 남영역에서부터 발이 안 떨어지는 거예요. 남영역에서 내리면 바로 정면으로 남영동 대공분실이 보이거든요. 출소 후에도 일상적으로 그곳을 다니며 때로는 궁금해하는 사람들에게 "바로 저기야" 하고 손가락으로 가리키기도 했는데, 막상 가려고 하니 남영역에서부터 심장이 뛰었어요. 가야 하나, 말아야 하나. 역에서 대공분실이 있는 골목까진 번잡해요. 근데 딱 골목으로 들어서면 되게 조용하고 한적해요. 그 상황에서 대공분실 정문이 보이는데, 그 검은 철문을 보는 순간, 순간 정지. 꼼짝도 못하겠는 거예요. 한참을 걸음 못 떼고 서 있다가 겨우 정문 앞으로 갔는데 '경찰청 인권센터'[1]라는 명패가 보이더라고요. 왜 갑자기 울음이 났는지 모르겠어요. 제가 남영동 대공분실에서 무슨 험한 일을 겪은 것도 아닌데, 그저 체포돼 2주 남짓 조사받은 것에 불과한데, 나도 모르게 감정이 격해지더니 무슨 사연 있는 사람처럼 펑펑 울었어요. 그날은 무척 화창한 날이었어요. 가을로 접어드는 길목의 아침이었는데, 제가 아침부터 청승을 떨고 있으니까 수위 아저씨가 밖으로 나오시더라고요. 무슨 일 있냐고.

신분증을 맡기면서 처음으로 그곳을 제대로 바라봤어요. 건물 마당에 잘 가꿔진 큰 정원이 있었는데, 시끄러운 번화가 뒤에 이렇게 고요하고 평온한 정원이 있다는 게 이상할 정도였죠. 그런데 이상함을 넘어 기괴한 느낌이 든 건 예쁜 정원이 이 무시무시한 대공분실 마당에 있다는 사실이었어요. 저는 그 정원을 한 번도 본 기억이 없어요. 그때 제가 그럴 정신이 아니어서 그랬는지, 차로만 오가다 보니 통로가 달라서 못 봤는지, 정원의 존재를 그날 처음 알았죠.

인권센터 전시관 1층에 들어서니 맨 안쪽에 나선형 계단이 있었어요. '이용 금지'라고 쓰여 있는 선이 있었는데 그 계단을 보고 만지는 순간, 완전히 잊고 있었던 시간들이 내 몸의 기억으로 되살아나는 거예요. 그래서 선을 넘어 그 계단을 올랐죠. 눈이 가려진 채 낯선 사내들에게 에워싸여 위태롭게 그 계단을 올랐던 스물세 살의 내가 기억나면서 그날, 그때의 공포가 되살아났어요. 계단 끝에 다다른 곳은 조사실 복도였어요. 계단 끝에서 발걸음을 옮기지 못하고 망설이다 조심스레 조사실을 들여다보기 시작했어요. 나도 모르게 내가, 20

년 전 내가 있었던 곳을 찾고 있었어요. 그런데 공개된 조사실 모두 내 기억과 너무 달랐어요. 내 기억 속 공간은 족히 다섯 평은 넘는, 흰색 혹은 회색 페인트칠이 된 사각형 방에 왼편에 난 출입구를 제외하곤 사방이 꽉 막힌, 창문조차 없어 밖을 볼 수도, 시간을 가늠할 수도 없는 곳이었는데, 지금은 조사실마다 작지만 길쭉한 창문도 있고, 방도 너무 작고, 적색 벽돌로 되어 있었어요. 기억이랑 하나도 안 맞으니, 그때 시간들이 모두 허상 같은 거예요. 내가 뭔가 착각을 했나? 내 기억이 왜곡됐나? 싶으면서 내가 나를, 내 기억을 믿을 수가 없게 되더라고요. 나중에 들은 바로는, 제가 갔을 때는 민주인권기념관으로 리모델링을 할 때라 제가 조사받던 방이 공개되지 않았던 것 같다고 하더군요.

모범생 스타일 운동권

여중, 여고를 너무 재미있게 다녀서 여대 입학에 대한 아쉬움은 전혀 없었어요. 오히려 대학은 가서 뭐 하나 싶고, 빨리 취업해 돈이나 벌면 좋겠다 싶었는데, 부모님이 대학 진학을 원해서 특별히 기대한 것도, 특별히 싫은 것도 없이 숙명여대에 들어갔죠.

고등학교 2, 3학년 내내 학생회 임원을 했어요. 우리 학교 학생회가 나름대로 전통 있는, 또 직선제로 뽑는 학생회였는데, 매일 수업을 마치고 학생회실에 모여 놀거나 학교 앞에 해직된 전교조 선생님이 차린 서점에 가서 죽치는 게 일이었어요. 그러면서 수다도 떨고 책도 읽고 세미나도 하고, 또 풍물 치는 친구들이 많아서 그 친구들을 따라 이 대학, 저 대학의 언니들과 오빠들도 만났어요. 제 임기 동안 떠들썩한 학내 데모도 했어요. 학교에 쌓인 불만이 터져 나오면서 전교생이 합심해 당시 성추행 교사, 강제적인 야간자율학습 등의 문제를 통쾌하게 해결했죠. 그래서 그런지 딱히 대학에 흥미가 없었고, 대학에 가서 학생운동을 해야겠다는 생각도 없었어요. 뭔가 좀 시시해 보였다고 할까? 그렇다고 공부를 열심히 해야겠다는 것도 아니고, 그냥 재미있게 다니다 빨리 사회에 나가면 좋겠다 싶었죠.

제 전공이 사학인데, 우리 과에 운동권 사람들이 많았어요. 운동 노선은 제각각이었지만 어쨌든 인문대학 학생회장은 늘 사학과에서 할 만큼 활동력이 좋은 선배들이 많았죠. 우리 고등학교에서 숙대에 진학한 친구들이 여럿이다 보니 과에 저에 대한 소문이 나면서 선배들이 저를 운동권으로 만들려고 공을 많이 들였어요. 그런데 저는 이상하게 과 선배들이랑은 안 친해지고 총학생회 91학번 언니들이랑 친해졌어요. 학복위(학생복지위원회)에서 학보 돌리는 아르바이트를 오래 했는데, 학복위 사무실이 총학생회실, 단과대학 학생회실, 동아리연합회 바로 옆에 붙어 있다 보니 총학생회 91학번 언니들이랑 친해진 거죠. 새내기라고 예쁨 받고 밥도 얻어먹고 그러면서 언니들이 대자보 쓸 때, 플래카드 걸 때 손 하나씩 보태다 보니 어느 순간 제가 94년도 총학생회장 언니랑 같은 집에 살고 있더라고요. 자취는 하고 싶은데 돈이 없으니까 당시 총학생회장 언니가 자취하던 집에 또 세 들어 간 거죠.

집회에 참석하는 건 특별히 어려운 일이 아니었어요. 행사가 있으면 과 깃발을 들고 신입생들이 우르르 몰려 나가고, 5·18 때는 과별로 사진전을 하고 대자보 붙이고 학교 밖으로 행진했다 돌아오고 그러던 때였으니까요. 그러면서 학교 외부에서 열리는 집회도 큰 거리낌 없이 나가게 됐죠. 그때만 해도 경찰과의 대치가 격해지면 최루탄을 쏘고 쇠파이프가 날아들고 그랬는데 두려움이 없었던 건지, 아님 나름의 확신이 있었던 건지, 옆에서 곤봉에 맞아 머리에 피가 질질 흐르는 선배를 보고서도 괜찮다고 다독이며 집회에 다녔어요.

그러다가 2학년 때 제가 학복위 위원장이 됐어요. 91학번 선배의 임기가 끝났는데 딱히 물려줄 후배가 없었죠. 우리학교 학복위는 생긴 지도 얼마 안 됐고, 여대인 데다 학생 숫자도 많지 않다 보니 힘이 있거나 재정이 넉넉한 조직은 아니었어요. 당시 잘나가는 대학 학복위들은 교내 자판기나 서점, 외부에서 들어오는 토익 강좌 등을 관리하면서 큰돈을 만졌어요. 소위 학생회 돈줄이었고, 학교 안팎에서 힘이 셌고, 그렇다 보니 남녀공학의 학복위 위원장은 거의 최고참 학번이나 복학생이 도맡았는데, 가끔 제가 우리 학교 학복위 위원장 선배랑 회의에 가면 다른 대학 위원장 형들이 그렇게 잘해줬어요. 또 우리 학교 학복위가 학자추(학원자주화추진위원회) 산하였는데, 그때 학자추 위원장 언니를 제가 동경했어요. 말하고 행동하는 게 너무 멋져서 닮고 싶었죠. 그래서였던 것 같아요. 고작 2학년생이 뭘 해야 하는지도 모른 채 학복위 위원장 제안에 덥석 응한 건.

제가 '범생이' 기질이 좀 있어서 어디 꽂히면 되게 열심히 하는데 그때 학복위에 꽂혔죠. 소설가 조정래, 영화평론가 유지나 등 당시 정말 핫한 인사들을 초청해 강연회를 했는데 강좌마다 대박이 났어요. 지금이야 이런 강의가 흔하지만 그때는 정말 드물었거든요. 또 동국대나 숭실대 학복위의 도움을 받아서 귀향버스 사업을 했는데 그것도 평가가 좋았어요. 학복위 평판이 쑥 올라가면서 저에 대한 평판도 쑥 올랐죠. 똑같은 내용의 대자보가 3일 이상 붙어 있는 걸 못 봤어요. 3일이 멀다 하고 새 대자보를 쓰고 플래카드를 바꾸고, 학복위 위원장으로, 열혈 운동권으로 살았어요. 3학년 때 학자추 위원장을 했고, 4학년 때는 총학생회장이 됐는데, 생각해보면 이게 가능했던 건 다 2학년 때 열심히 살았기 때문이죠.

종이 한 장의 무게

96년 연세대의 기억

학자추 위원장을 하던 1996년, 8·15 통일대축전 행사에 참여했다가 잡혔어요. 매년 광복절을 기점으로 남과 북, 해외가 통일을 염원하는 8·15 통일대축전, 범민족대회 행사를 여는데 남한의 대학생 행사는 한총련을 중심으로 준비됐어요. 1학년 때만 해도 큰 문제가 없었던 것 같은데 2학년 때는 정부가 불허 방침을 세우면서 행사 당일 헬리콥터에서 최루탄을 살포했어요. 헬리콥터의 등장에 적잖이 놀라긴 했지만 집회에서 경찰들과의 몸싸움이 일상적인 때라 큰 문제라고 생각하지 못했고, 1996년 8·15 행사를 불허한다고 정부가 발표했을 때도 그 정도이겠거니 생각했던 것 같아요.

그런데 그해는 정말 달랐어요. 연세대를 완전히 봉쇄하면서 만여 명의 대학생들이 일주일 넘게 연세대 안에서 옴짝달싹을 할 수 없게 되었죠. 먹을 게 없었어요. 그때 우리 학교 학생이 스무 명 남짓 있었는데 간식으로 챙겨 온 초코파이 하나를 여럿이 나눠 먹으면서 버텼어요. 잠은 강의실과 복도 맨바닥에서 자고 화장실에서 겨우 얼굴만 닦고 생활했는데, 다 힘들었지만 가장 큰 문제는 생리였어요. 아마 세 명 중 한 명은 그 안에서 생리를 했을 거예요. 그런데 생리대가 없잖아요? 보통 8·15 행사를 2박 3일로 하니까 옷도 한두 벌 여벌로 챙기고 비상용 생리대도 챙기긴 했지만, 누구도 일주일치 생리대를 챙겨 오진 않았어요. 또 챙겨 온 사람보단 안 챙겨 온 사람이 많다 보니 난리였죠. 처음에는 화장지를 말아서 대용하다가 그도 떨어지니 속옷이나 얇은 티를 말아서 생리대로 쓰고, 세수하기도 힘든 화장실에서 세제 없이 빨고. 그걸 또 말릴 곳이 없잖아요? 빨갛게 얼룩이 남아 있는 걸 말린다고 생쇼를 했는데, 피난민이 따로 없었죠.

지금이야 핸드폰이 일상이지만 그때는 달리 바깥소식을 들을 방법이 없었어요. 매일 헬기가 건물 옥상을 돌고, 잠시라도 건물 밖으로 나갈 참이면 머리 위에서 최루가스를 뿌리고, 옆 건물 옥상조차 전경들이 점거해 대치하고 있으니 탈출해서 집에 간다? 상상조차 불가능했어요. 개학이 코앞이니 어떻게 되겠지. 안에 있는 학생들이 만 명이라는데 설마 우리를 다 잡아가겠어? 그냥 그러면서 버틴 거죠.

8월 20일 아침에 탈출한다는 한총련 지침이 내려왔어요. 길잡이를 따라 수천 명이 서로 다른 방향으로 튀어 나갔는데 우리는 연세대 정문을 등지고 뒤쪽으로 뛰었어요. 교정 끝에 다다르자 나지막한 담이 있었는데 담장 위에 올라서 보니 2층 높이였던 것 같아요. 겁이 나 뛰질 못하고 주춤했는데 뒤에서 수백 명이 계속 밀려오니 안 뛸 수가 없잖아요? 뛰어내리다 어딘가에 박아서 쌍코피가 터졌던 기억이 나요. 수습하고 그럴 여력도 없었어요. 어딘지도 모르는 주택가 골목을 달리고 또 달리다가 착한 동네 주민을 만나 그 집에 운 좋게 숨

종이 한 장의 무게

었는데 집 안에 난입한 전경들한테 발각됐죠. 두들겨 맞으면서 끌려갔는데 가보니 초등학교더라고요. 전경 버스가 셀 수도 없이 많은데, 수백 명, 아니 천 명은 족히 될 것 같은 학생들이 다 무릎이 꿇려서는 고개도 땅바닥에 박힌 상태로 학교 운동장에 있는 거예요. 맞아서 피 흘리는 사람도 천지고, 욕설이 난무하고. 제 기억 속에 그때 그 장면은 늘 5·18 광주민주화항쟁 사진과 오버랩이 돼 떠올라요. 우리도 5·18 광주민주화항쟁 당시 시민군처럼 당했다, 그런 게 아니라 곤봉을 들고 있는 전경들과 굴비처럼 엮여 굴욕적인 상태로 붙잡혀 있던 상황이 제가 봤던 한 장의 5·18 사진과 겹쳐지는 거죠.

양천경찰서로 넘겨져 이틀을 유치장에서 보낸 뒤에야 풀려났어요. 돌아오니 학교가 발칵 뒤집혔더라고요. 당시 정부는 시위 참여 학생들의 취업에 불이익을 주겠다고 엄포를 놓은 상태였고, 언론은 경찰과의 대치 상태에서 불탄 연세대 교정을 보여주며 학생들의 폭력성, 불순함을 대서특필했어요. 우리 학교에서도 스무 명 남짓한 학생들이 마지막까지 거기 있었고, 사법 처리 대상자가 됐으니 학교도 바짝 긴장한 거죠. 총학생회장은 바로 구속됐고, 나머지는 불구속 상태로 검찰에 넘겨졌어요. 당시 우리 과는 다른 과들보다 참여 학생이 많은 데다 과 교수님이 교무처장이어서 더 난리였죠. 또 저는 학생회 간부이다 보니 학교에서 부모님을 호출했어요. 부모님 두 분이 나란히 학교에 왔었던 것 같은데, 아직도 기억나는 게, 저를 질책하는 학교 관계자에게 아빠가 멋있게 한 마디 했죠. "내 딸이 뭘 잘못했습니까? 집에 가겠다고 한 애들 못 나가게 붙잡아두고, 나간다는 애들 잡아간 게 경찰 아닙니까?"

생각해보면 아빠는 늘 제 편이었어요. 아빠는 평생 가난하게 살다 가셨지만 늘 사람에겐 돈보다 명예, 이름이 중요하다고 생각하셨어요. 고등학교 때 제가 학생회 임원을 할 때도, 학내 데모 주동자로 지목돼 퇴학당할 위기에 놓였을 때도 아빠는 늘 제 편이었죠. 선생님들의 질책을 제게 옮기지도 않았고, 그것 때문에 저를 나무란 적도 없었어요. "난 너를 믿는다." 그게 아빠가 늘 제게 해주신 말씀이에요. 엄마는 명예보다는 실리, 재정적 안정이 중요했던 분이라 늘 제 삶에 아쉬움이 많았죠. "내가 너만치 배웠으면 너같이 안 산다"를 지금까지도 입버릇처럼 달고 사시는데, 그러면서도 "넌 내가 어디에 내놔도 걱정이 없다"며 제 결정과 진로에 딱히 간섭도, 관여도 안 하셨어요. 저에 대한 믿음 때문이었겠지만 또 한편으론 당신의 삶의 무게가 녹록지 않아 저까지 챙길 여력이 없기 때문이기도 했죠.

불구속 상태였지만 겁이 나진 않았어요. 연세대 사건 이후 오히려 학생운동을 그만두겠다는 동기들을 설득하고, 집에 붙들린 후배들을 설득하고 위로하며 지냈어요. 그때 8·15 행사를 주최하고 끝까지 강행한 한총련이 잘했는지, 잘못했는지 그런 것들을 따지기보단 상처받은 사람들을 챙기는 게 중요했어요. 제 안에 믿음이 있었어요. 연세대 안에서의 일주일은 너무 비참했고, 탈출과 체포, 사법 처리는 큰 공포이자 상처였지만, 일주일 동안 똘똘 뭉쳐 서로를 돌봤던 우리는 정말 용감했다는, 우리 중 누구도 그때 그 안에서 나눴던 마음들을 부인할 수 없다는 믿음 말이에요.

"이번에 내리실 역은 남영역입니다."

1996년 말 총학생회장 선거에 출마했고 당선이 됐어요. 연세대 사건으로 학내 학생회 일꾼들이 몸을 사리고 학생운동에 나쁜 꼬리표가 붙긴 했지만 불신보다는 여전히 믿음이 남아 있는 때였던 것 같아요.

당선되면서 수배를 받거나 잡혀갈 수 있다는 생각 자체를 아예 해보지 않았던 것 같아요. 그런데 당선되고 불과 한 달쯤 지났나? 1997년 새해 초였던 것 같은데, 북한의 대학생 연합 조직에서 한총련에 보내온 신년인사를 대자보로 써서 학내에 붙인 것이 문제가 됐어요. 매년 의례적으로 있던, 매번 해왔던 일인데 신년인사 대자보가 사라진 거예요. 겨울방학이라 학생들이 학교에 없을 때인데 누가 떼어 갔지? 경찰에서 떼어 간 것 같다, 경찰 짓이라면 총학생회장에게 수배를 내렸을 수도 있다, 이런 이야기가 서남총련(서울지역남부지구 총학생회연합)으로부터 들려왔죠. 수배 여부를 어디다 확인할 수도 없고 확실한 정보도 없으니 긴가민가했는데, 그래도 조심해야 한다고 해서 그때부터 집에 못 들어갔어요. 잠은 학교에서 자고, 학교 밖 은신처를 확보하고, 학교 밖으로 나갈 때는 보디가드 역할을 해줄 친구들이랑 붙어 다니고.

개강 이후로 분위기가 심상치 않았어요. 본래 3월에는 학생회 행사들이 많았어요. 해오름제도 하고, 등록금 투쟁도 하고, 대의원대회도 하고. 그렇다 보니 상시적으로 사복 경찰들이 학교 출입구 쪽에 깔렸는데, 그날은 4월 30일이었어요. 학교 안에서 회의를 마치고 5월 1일 노동절 집회에 앞서 열리는 4·30 노동절 전야 집회에 참석하려고 일찌감치 나와 학교 앞 횡단보도를 건너던 참이었어요. 후배랑 서남총련 간부랑 같이 있었는데, 신호가 바뀌어 횡단보도를 건널 때 제가 좀 앞서 걷고 둘이 좀 뒤처져 걷고 있었어요. 제가 횡단보도 반대편에 다다르고 그 둘이 횡단보도 중간에 있을 때쯤, 건장한 사내 세 명이 다가오더니 저를 낚아채더라고요.

"네가 유해정이지?"

"아닌데요."

"유해정 맞잖아?"

체포영장을 코앞에 들이밀고는 바로 수갑을 채워 차 뒷좌석에 태웠죠. 그때 주변 풍경이 아직도 기억나는데 대낮에,

학교 앞 횡단보도에서 제가 건장한 사내들에게 에워싸여 잡혀가는데 너무 순식간에 벌어진 일이라 사람들이 어찌할지 모르고 서 있었어요. 마치 정지된 드라마 화면처럼. 저를 가운데 앉히고 사내 두 명이 제 좌우로 앉았어요. 제 뒷머리를 눌러서 고개를 처박게 한 뒤 출발했어요. 눈가리개를 씌웠었나? 정확히 기억이 안 나는데, 조사실에 올라갈 때까지 아무것도 못 봤던 걸로 봐선 눈가리개를 했던 것 같아요. 차가 오랫동안 달렸어요. 어디로 가는 거지? 머릿속에 온갖 수사기관들이 떠올랐죠. 장안동 수사실? 아니면 홍제동? 그도 아니면 시경? 한참을 달리던 차가 갑자기 속력을 줄이며 멈췄는데, 굉장히 육중하고 둔탁한 철문 열리는 소리가 들렸어요.

그다음에 기억나는 건 조사실인데, 이번에 남영동 대공분실에 가서 나선형 계단을 오르면서 알았어요. 제가 그 계단을 올랐더라고요. 앞에서 누군가 눈을 가린 저를 이끌고 뒤에서 밀고. 그때 기억이 온몸의 신경에 되살아나더라고요. 조사실에 이르러서야 다시 빛을 봤어요. 흰색인가 회색인 큰 방 한가운데에 책상 하나와 마주 앉게 배치된 의자 두 개, 그리고 벽에 붙은 1인용 침대가 기억나요. 모두 철제였고, 바닥에 고정돼 있었어요. 벽 한쪽에 완전 개방된 수세식 변기와 욕조도 있었어요. 조사관 둘과 같이 있었는데, 문 밖에 서 있던 여경 뒷모습도 기억나요. 세월 좋아졌다고, 요즘에는 여자애들 조사할 때 여경도 세운다고 자기들끼리 낄낄거리며 웃었죠.

그는 지금은 고 김근태 선생의 전시실로 만들어진 남영동
옛 대공분실 515호 조사실을 오래도록 바라봤다. 그가 1997년
조사받던 장소라고 생각한 곳. 그러나 방을 보고 난 그는 가늠할
수가 없다. 맞은편 조사실을 살펴봐도 도무지 확신할 수 없다.
그의 낯선 기억은 그만의 것은 아니다. 지하층이 없는 이 건물의
지하에서 받은 고문을 증언한 고문 피해자들의 기억 역시 낯설지만
진실이다.

종이 한 장의 무게

숨 돌릴 틈도 없이 조사가 시작됐어요. 주된 조사 내용은 제 혐의와 서남총련에 소속된 다른 대학 총학생회장들, 그리고 서남총련 간부들에 대한 거였어요. 제 혐의는 상관없는데, 타 대학 총학생회장들과 간부들에 대한 이야기는 조사관들이 뭘 알고 뭘 모르는지 모르니 조사를 받으면서 애가 탔죠. 나로 인해 누군가 들키거나 혐의가 덧씌워지면 안 되니까. 수십 번 똑같은 질문을 받고 Ctrl+C, Ctrl+V 같은 답을 반복했는데, 조사받다 보니 이 사람들은 내가 언제 어디서 무엇을 했고 누구를 만났는지 아주 세세히 알고 있었어요. 아직도 선명히 기억나는 게, 수배 기간에 한번은 서울시립대에서 집회를 하고 나와서 지하철을 일부러 갈아탄 적이 있거든요. 지하철에 짭새가 있을지 모르니 기습적으로 한번 내려보자고 농담처럼 했던 일인데, "너, 그때 어디 갔냐?" 하고 묻더라고요. 소름이 돋았죠. 제 주된 은신처가 엄마가 안기부 직원인 후배 집이었는데, 불현듯 그 집은 괜찮을까 싶고, 나를 숨겨줬던 동기들이며 후배들의 집도 무슨 해를 입은 것은 아닐까 너무 걱정이 되는 거예요. 처음에 나선형 계단을 오르면서 소름이 한 번 쫙 올랐다면, 나에 대해 다 아는구나 싶어 또 소름이 돋고, 그러면서 '여기는 대체 어디지?' 싶고. 머리를 쥐어박기도 하고 서류철을 내리치면서 험악한 분위기를 연출하긴 했지만, 물리적 폭력이라고 할 건 없었어요.

하지만 공포는 여기가 어디인지 모른다는 것, 시공간을

확인할 수 없다는 것에서도 왔어요. 거기가 남영동 대공분실이란 것을 알게 된 건 열차 소리 때문이었어요. 잠시 한적해진 틈에 "이번에 내리실 역은 남영역, 남영역입니다" 하고 역에서 나오는 소리가 선명하게 들리는 거예요. 그래서 알았죠. '아, 여기가 남영동 대공분실이구나. 지금 시간이 새벽 5시 반쯤이겠구나.' 왜냐하면 그전에는 그 소리를 한 번도 못 들었거든요. 새벽이 되어 소음이 잠잠해졌을 무렵에야 전철역 안내 방송이 들리면서 비로소 내가 어디에 있는지, 지금이 몇 시인지 알게 된 거죠. 안도와 공포가 동시에 밀려왔어요. 내가 지금 어디에 있는지 알았다는 안도감 뒤에 여기가 그 유명한 남영동이구나 하는 공포. 그때 가장 두려웠던 건 '내가 여기 있는지 아무도 모르면 어떻게 하지?'였어요. 쥐도 새도 모르게 무슨 일이라도 당할까봐 겁이 났죠. 조사를 받은 2주일 남짓한 시간 동안 제가 할 수 있는 저항이라곤 단식밖에 없었어요. 뭔가 정신을 바짝 차려야 한다는 생각도 있었고, 소변 보는 것도 그렇고 그 안에서 배설한다는 것 자체가 너무 수치스러워 곡기를 끊고 버텼죠. 조사가 끝나 사건이 검찰로 송치되고 서울구치소로 신병이 옮겨진 이후에야 다시 밥을 먹기 시작했어요.

　　　　　　　　　　　　　종이 한 장의 무게

"도대체 내가 무슨 일을 한 거지?"

재판 과정에서 기억나는 건 판사에게 혼났던 거예요. 수의를 입고 포승줄에 묶인 채 피고인석에 앉아 검찰의 기소 내용을 듣는데, 그 상황이 제겐 영화의 한 장면같이 느껴졌어요. 이 상황이 도무지 실감이 안 나고, 기소 사실과 한총련에 대해 오가는 이야기가 너무 기가 막히니까 나도 모르게 피식, 피식 웃음만 나오더라고요.

제가 기소된 후에 6월 초 한총련 출범식 전후로 두 명의 프락치 오인 치사 사건이 발생했어요. 구치소 안에서 받아 보는 신문은 다 검열을 거쳐 난도질이 돼 들어오는데, 한총련 간부들이 사람을 두 명이나 폭행해 죽였다고 하는데 미치겠는 거예요. 도통 그 진위를 확인할 방법도 없고, 사실이라면 어떻게 그런 일이 있을 수 있지 싶으면서 마음이 안 잡히고. 요즘 말로 하면 소위 멘탈이 탈탈 털린 상태에서 재판정에 앉아 있다 보니 대체 지금이 현실인지 꿈인지 구분이 안 가면서 피식 웃음이 터진 거죠. 판사가 버럭 화를 냈어요. 대체 재판을 어떻게 받고 있는 거냐고.

5년을 구형받고 오니 교도관들도, 엄마도 하루가 멀다 하고 와서 재촉했어요. 풀려나고 싶으면 한총련 탈퇴서를 써야 한다. 수감된 다른 학교 학생회장들도 다 탈퇴서를 썼다. 탈퇴서가 뭐 대수냐? 네 마음만 안 그러면 되지…… 들려오는 학교 소식도 심상치 않았어요. 누구누구는 도망을 갔고 누구누구는 집에 붙잡혀 나오질 못한다. 또 누구누구는 한총련 탈퇴서를 썼다. 네가 빨리 나와야 한다…… 마음이 걷잡을 수 없이 혼란스러웠어요. 지금 지켜야 할 대의가 뭐지? 취해야 할 실리가 뭐지? 이런 갈등을 하면서 다시 밥을 굶었어요. 열흘 넘게 단식을 했던 것 같은데, 그러던 끝에 내린 결론은 '어떻게든 여기서 나가야 한다'였어요. 안에 고고하게 있기보다는 빨리 밖에 나가서 정리를 해야겠다는 생각이 든 거죠.

1심 마지막 재판을 앞두고 한총련 탈퇴서를 썼고, 징역 2년에 집행유예 5년, 보호관찰 3년을 선고받고 풀려났어요. 출소한 날 밤 동기들, 후배들이랑 술을 먹고 자취방으로 갔는데 집이 썰렁했어요. 제가 잡히고 바로 압수 수색이 들어와서 싹 털린 데다 같이 살던 문과대 학생회장은 아빠가 경찰이다 보니 바로 집에 잡혀가 발이 묶였고, 음대 학생회장은 스트레스로 자기 머리를 자기가 가위질해 까치집을 만든 상태였어요. 만감이 교차한 밤이었는데, 그래도 그때까지는 괜찮았어요. 내일부터 다시 시작하면 된다, 잘할 수 있다 싶었으니까.

인생이 송두리째 바뀐 건 그다음 날 아침 일어나서부터였어요. 불현듯 '내가 왜 여기 있지?' 싶은 생각이 들면서 뭔가 엄청난 잘못을 저질렀구나 하는 느낌이 저를 압도했어요. 탈퇴서 여부를 놓고 엄청 갈등하고 고민한 끝에 내린 결론은 빨리 나가서 어떻게든 학생회를 되돌려놔야 한다는 거

종이 한 장의 무게

였는데, 몸이 자유로워진 그 순간에 문득 이런 생각이 드는 거예요. 다 변명이고, 자기합리화야. 내가 내 신념을 저버린 거야……

종이 한 장의 무게

바보가 됐어요. 부끄러워서 사람들을 만날 수가 없는 거예요. 또 사람들을 만나도 입을 열 수가 없는 거예요. 자존감이 높고, 판단하고 결정하고 그것을 이야기하고 행하는 데 부끄러움이 없는 사람이었는데, 그런 내가 사라져버린 거예요. 그즈음 한총련 탈퇴와 관련해 인권운동가 서준식 선생님이 쓴 글을 보게 됐어요. 인권운동사랑방에서 발행하는《인권하루소식》에 실린 글이었는데, 탈퇴서와 관련해 그렇게 아프게 얘기한 사람은 처음이었어요. 그 글을 읽으며 탈퇴서 한 장이 그냥 종이 한 장이 아니라 국가폭력에 굴복한 거구나, 한총련을 떠나 양심과 신념을 지키기 위해 생을 걸고 싸웠던 사람들의 노고에 똥물을 끼얹는 행위라는 걸 새삼 깨닫게 됐죠. 내가 했던 생각들이 너무 구차하고, 안일하고, 다 변명이고, 오롯이 나만 생각했던 거구나 싶어 부끄러웠어요. 사람들도 안 만나고, 아무 일도 못하고, 매일 술을 마시고 취하면 울고…… 술 없인 하루도 버티질 못했어요. 생에 처음으로 죽어야겠다, 나는 살 가치가 없다고 생각했어요. 한번은 넋이 나간 상태로 울면서 충무로역에서 지하철 환승을 하다 계단에서 구르기도 했고, 빨간불인데 6차선 횡단보도에 뛰어들기도 했고…… 그 상태가 꼬박 1년을 갔는데, 제 인생에서 가장 암울한 시기였어요. 학생회는, 손도 못 댔어요. 당시 제가 선거관리위원장이다 보니 그래도 1998년도 학생회를 세울 수 있게 선거는 치러야겠다 싶어 바듯이 그 역할만 하며 겨우 숨만 쉬고 살았던 것 같아요.

선거를 끝내고 겨울 지나 이듬해 봄, 그러니까 1998년 5월에 서준식 선생님이 계신 인권운동사랑방에 찾아갔어요. 제가 선생님의 그 한 장짜리 글을 정말 마르고 닳도록 읽었거든요. 그러면서 다시 숨 쉬고 싶었던 것 같아요. 양심을 버리고, 신념을 버리고, 신의를 배반하며 산다는 게 이렇게 치욕적이구나. 제대로 숨조차 쉬어지지 않는 일이구나. 내 고통의 근원, 국가보안법이 어떻게 이리도 사람의 영혼을 빼앗고, 사회적 목숨을 빼앗고, 회복될 수 없는 상처를 남기는지 알고 싶었어요. 그걸 해명하고 바꿔야 다시 살아갈 수 있을 것 같았어요. 그래서 사상전향제에도, 사회안전법에도 맞섰던 서준식 선생님이 만든 인권운동사랑방을 찾아갔던 것이고, 바로 자원활동부터 시작해 상임활동가가 되고 지금까지 인권활동가로 살아오게 된 거죠.

'한총련 탈퇴'가 의미하는 것

대학가를 '마녀사냥'의 회오리가 강타하고 있다.

(중략) 한총련을 탈퇴하느냐 마느냐의 문제는 물론 대학생들 개개인의 결단의 문제이다. 그러나 나는 대학생 개개인이 '자유로운 개인'이라는 이유로 한총련을 마음대로 탈퇴할 자유를 가지고 있는 것은 아니라고 생각한다. 밥을 먹고 농담 따먹기를 하는 우리의 일상생활조차도 따지고 보면 이 세상의 구조와 따로 떨어진 완전한 개인사일 수가 없다. 하물며 '한총련 탈퇴'의 결단이 자기 개인의 문제로 끝날 단순한 문제가 아님은 너무도 분명하다. 우선 지적해야 할 것은 탈퇴 행위가 부도덕한 정치권력의 자기 합리화를 돕고 있다는 점이다. 독재정권이 민주주의를 말살하기 위하여 늘 취하는 중요한 행위 중 하나가 자기에게 가장 적대적인 세력을 고립시키고 말살하기 위하여 그 '적'을 집중적으로 음산하고 위험한 이미지로 재정의再定義하는 행위다. '한총련'이라는 말은 우리 사회에서 바야흐로 '폭도', '살인', '패륜' 등을 떠올리게 하는 일종의 혐오어嫌惡語로서 '재정의'되고 있다. 언어는 결코 단순한 언어가 아니라 정치적 도구이다. 이런 유의 혐오어는 언제나 지배세력의 부도덕성이나 비인도성을 정당화시

키기 위하여 만들어지고 쓰여지게 마련이다. 이런 사실을 대학생들이 자각하고 있다면 그들은 지배세력에 의하여 '재정의'된 언어를 다시 원래 뜻으로 '재재정의^{再再定義}'하는 데 전력을 기울여야 하는 것이다. 탈퇴 행위는 이 '재재정의'를 위한 노력의 포기를 의미한다. 객관적으로 그것은 지배권력이 만들어낸 한총련의 음산한 이미지를 받아들이는 결과가 되고 지배권력의 자기 정당화를 용인해주는 결과가 될 수밖에 없다. 그것은 스스로에 대한 지적 배신일 뿐 아니라 민주주의에 대한 배신을 의미한다.

(중략) 탈퇴 행위는 또한 무엇보다도 폭력의 용인이요 폭력에 대한 굴복을 의미한다. 탈퇴 대학생들은 흔히 한총련 지도부의 '비대중적 폭력노선'에 대한 환멸을 한총련 탈퇴 이유로 내세우곤 한다. 그러나 이런 주장은 분명 자기기만이다. 한총련 지도부가 심각하게 비판받아야 한다는 것쯤은 나도 알고 있다. 그리고 그런 이유 때문에 얼마든지 탈퇴도 할 수 있을 것이다. 그러나 왜 하필이면 지금인가? 도덕성의 실추로 인하여 궁지에 몰린 정권이 대통령 선거를 앞두고 궁지에서 벗어나기 위하여 한총련을 속죄양 삼고 공세를 가하는 지금인가? 공안세력과 언론들이 몽땅 들고일어나 탈퇴하지 않으면 모두 구속하겠다고 살벌하게 설치는 바로 지금

인가? 탈퇴가 폭력에 대한 굴복이라는 사실을 탈퇴한 본인들은 누구보다도 잘 알고 있을 터이다. 대량 탈퇴에 만족하는 공안세력은 폭력을 '역시 써볼 만한 수단'으로서 재인식할 것이다. 뿐만 아니라 대량 탈퇴는 국가권력의 폭력 앞에 인간이란 어차피 무력한 존재일 수밖에 없다는 패배주의와 냉소를 대학생 사회에 만연시킬 것이다. 나아가 몸을 내던진 정의의 주장을 희화戲畫로 만들어버릴 것이다. 정의와 진보에 대한 희망과 믿음을 간직하고 살아가는 사람들이라면 평생에 한 번쯤은 절망적인 상황 속으로 내던져질 때가 있을 것이다. 고립무원의 시간 속에서 사람들은 무의식적으로 희망과 믿음을 저버리기 위한 핑계를 찾게 마련이다. 정의와 진보에 대한 희망, 믿음을 저버리는 데 프래그머티즘만큼 편한 도피처는 없다. "한총련? 이름을 바꿔버리면 되지 않은가!" "감옥에 가느니 뭣이든 해야 하지 않겠는가?" 그러나 천만의 말씀이다. 그리고 더 겸허해야 한다. 감히 말하건대 지금 대학생들에게 할 수 있는 일 중에서 한총련 탈퇴를 거부하고 한총련을 '재재정의'해내는 일만큼 엄청난 의미를 지닌 투쟁은 없다. 권력의 폭력을 꿋꿋이 견디며 기꺼이 감옥에 감으로써 정신의 젊음을 지켜내는 일만큼 중요한 일은 없다.

—서준식, 《인권하루소식》, 1997.8.6.(940호)

사실 인권운동사랑방의 옛 동료들은 제가 탈퇴서를 썼다는 사실을 다 알고 있었을 텐데, 그래도 탈퇴서 이야기를 먼저 제 입으로 꺼낸 적은 없어요. 제가 혼자 잠을 잘 못 잔다는 사실은 많이들 알지만 그게 국가보안법으로 체포된 뒤부터였다는 사실도 입 밖에 낸 적이 없어요. 늘 가위에 눌리는 건 누군가 나를 지켜보고 있다는 공포, 탈퇴서를 통해 완전히 무너져버린 내 마음의 심연과 깊은 관련이 있을 텐데, 모두 제 인생의 치부이기에 할 수만 있다면 아무도 모르게 꽁꽁 묻어두고 싶었어요. 그러면서 늘 움찔거렸죠. 나는 부끄러운 사람이고, 자격이 없는 사람이고, 책임질 수 없는 사람이라는 생각 때문에. 공개적으로 발언하는 것의 무게가 얼마나 무거운지 알게 되니 두렵고, 그래서 결정을 못 내리고, 문제가 생기면 나를 방어하기에 바쁘고. 1997년 4월 30일을 기준으로 이전의 23년은 내 삶의 주어로 당당히 어깨 펴고 오늘을 살았다면, 이후의 15년은 인권활동가로 살았지만 과거에서 벗어나지 못하고 끌려 다니는 삶이었다고 할까요.

상처로부터의 회복이 상처 이전의 삶으로의 복귀가 아닌 그 이후를 살아갈 수 있는 힘을 다시 얻는 것이라면, 그게 가능해진 게 얼마 안 돼요. 아이를 낳고 키우면서 누군가를 온전히 책임져야 하는 사람이 되면서, 국가폭력과 재난 참사, 인권 침해를 당했으나 치열하게 싸우고 있는 사람들의 이야기를 오랫동안 깊이 듣고 기록하면서, 조금씩 삶에 볕이 들었다고 할까요. 힘들 때면 언제든지 기댈 수 있는 정말 좋은 동료들이 주변에 많은데 예전엔 내 안에 너무 힘이 들어가 말할 수 없었다면, 이제는 힘을 빼고 만날 수 있는 힘이 생겼다고 할까요. 나를 빨래 통에서 꺼내 햇볕에 걸어놓을 수 있게 된 것 같다고나 할까요.

누군가는 이제 말해야 할 때

이 인터뷰를 제안받고 마음이 정말 산란했어요. 내가 이 국가보안법 기록 사업의 주 제안자이자 채록자이기도 한데, 나만큼 이 인터뷰의 중요성을 잘 아는 사람이 없는데, 정작 채록 대상이 내가 될 거라고는 한 번도 생각 못 했어요. 동료들의 제안을 받고 며칠간 하루에도 수십 번 마음이 롤러코스터를 탔어요. 말하지 못하겠다, 하기 싫다기보다는 내 과거에 대해 혹시 말해야 한다면 누군가와 마주 앉아 내 목소리로 들려주고 싶었던 것 같아요. 활자화된 글이 아니라. 경험과 말, 말과 글의 온도 차이가 너무 크니까.

이 기록이 누구에게 먼저 전해져 닿을까 생각하니 함께 인권운동을 해온 동료들, 그러면서 인연을 맺게 된 사람들이겠구나 싶었어요. 그렇게 내가 아는 사람들이, 내 얼굴과 삶을 아는 사람들이 내 심연에, 나조차 부끄러워서 외면하고 부인하고 싶은 상처에 대해 글로 먼저 알게 되는 게 너무 싫었어요. 극복한 것도 아니고, 정리된 것도 아니고, 치유된 것도 아니고, 그걸 어떻게 극복하고 정리하고 치유할지 여전히 모르겠는데, 그게 가능한 일인지도 잘 모르겠는데, 부끄러워 묻어둔 과거이자 현재의 나인데, 치부인데…… 사람들이 내게 어떤 반응을 보일지 생각하기도 싫었어요. 고생 많았다는 토닥임도 싫고, 아무 일도 없었다는 듯한 반응도 왠지 부자연스럽고, 동정이나 연민 같은 눈빛도 싫고, '네가 그런 애였구나'도 싫고, 다 싫었어요.

그런데도 결국 오늘 이렇게 말하게 된 건, 그래도 누군가는 이야기해야 하지 않을까? 그 시절 제 주변에 탈퇴서를 안 쓴 사람보다 쓴 사람이 많았지만 한총련 탈퇴서를 쓰고 다시 운동하는 사람들을 못 봤어요. 저처럼 탈퇴서를 쓰고도 운동의 언저리에 남아 있는 사람들을 찾아보면 있긴 할 테지만, 저처럼 다 입을 닫아서 모를 수도 있고, 또 사회적 목숨이 사라진 거니까 운동의 길에 남는 게 개인적으로 너무 가혹했을 수도 있고, 주위의 비난이 거셌을 수도 있고…… 상황이 어찌 됐든 다 소리 소문 없이 사라진 꼴이 됐죠. 그 시절 같이 운동했던 수많은 친구들이 지금 어디서 뭘 하는지 소식조차 못 듣고 지내요. 애써 찾지도 않았고요. 사람마다 다르겠지만 다큰 상처이지 않았을까? 외면하고 부인하더라도, 합리화하고 극복했다 하더라도 여전히 상처이지 않을까? 그렇게 아무도 하지 못한 이야기를 나라도 해야 하지 않을까? 우선 지금 여기 있는 나부터라도 말해야 하지 않을까? 한때의 일, 과거의 일이라고 하기엔 여전히 내 안에 살아 있는 고통을, 대수롭지 않은 일로 치부하기엔 내 영혼에 너무 깊숙이 새겨진 상처를, 종이 각서 한 장이 사람의 인생에 어떤 폭력이자 야만이었는지를 누군가라도 말해야 하지 않을까? 한 줄 기록으로라도 국가보안법의 이 야만성에 대해, 고개 숙였던 자의 부끄러움에 대해 남겨둬야겠다고 생각했어요.

그러면서도 여전히 두려워요. 내 치부를 드러낸다는 게 마치 발가벗은 채로 광장에 서는 것 같아 무서워요. 내 이름으로, 내 얼굴로 나를 드러내는 건 더 이상 숨지 않겠다는 마음인데, 계속 흔들려요. 모르겠어요. 내일은 후회할지도…… 또 여전히 혼란스러워요. 국가보안법 폐지운동에서 나 같은 피해자도 말해도 되나? 신념과 양심을 지키다 삶과 가족이 모두 폐허가 된 분들이 얼마나 많은데, 삶을 걸고 평생에 걸쳐 국가보안법에 저항하고 있는 분들이 얼마나 많은데, 이런 고통도 고통이었다고 말해도 되나? 말할 자리가 있나? 말하는 게, 기록의 자리를 차지하는 게 과연 옳은 일일까?

에필로그

1996년 군대에서 제대한 복학생인 내게도 1997년은 혼돈의 시기였다. 한총련 탈퇴서라는 광풍을 지켜보며, 자신의 의사에 반하여 탈퇴서를 썼음에도 학생운동을 계속하지 못하고 떠나거나 잠적한 후배들과 동료들을 보며 나는 군대에서 들은 발목지뢰 이야기가 떠올랐다. 사람을 죽이지는 못하고 발목만 잘라버리는 어린아이 주먹만 한 지뢰. 전투에서 병사 한 명이 죽으면 한 명의 전투력 손실이지만, 한 명의 부상자가 생기면 동료들이 부축해야 하기 때문에 두 명 이상의 전투력이 손실된다는 늙은 상사의 이야기.

국가보안법과 마찬가지로 사상전향제도 또한 일본제국주의에 의해 발명되었고 해방 이후 독재정권은 일제보다 더욱 악랄하게 이 제도를 써먹었다. 이승만, 박정희 정권은 빨치산이나 북한에서 남파되었다 체포된 공작원을 비롯한 반체제 인사, 민주화운동가들에게 전향서를 강요하면서 갖은 고문을 했고 마침내 전향서를 쓰면 이를 남한이 북한보다 더 우월한 체제라는 증거라며 포장했다. 반면 전향서를 쓰지 않은 '좌익 사범'은 형기를 다 마쳐도 사회안전법에 의해 계속 수감되었고, 대표적 장기수인 김선명은 45년 동안 수감되어 세계 최장기 양심수로 기록되었다. 전향제도와 장기수 문제는 1990년대 초반 최초로 전향하지 않고 출소한 서준식과 민가협이 문제 제기를 하면서 널리 알려졌다. 그리고 서준식은 한총련 탈퇴서를 가리켜 이 또한 전향서라며, 다들 한총련에 대한 마녀사냥에 침묵하고 있을 때 비판의 목소리를 높였다.

부끄럽게도 1990년대 운동권 내에서도 전향과 비전향을 가르고 전향하지 않은 이들을 영웅시하는 분위기가 있었음을 고백하지 않을 수 없다. 물론 갖은 고문과 상상할 수조차 없는 오랜 기간의 구금에도 굴복하지 않고 양심을 지킨 것에 대한 존경심과 경외심은 너무나 당연하지만, 국가권력의 야만스러운 폭력 앞에 굴복할 수밖에 없었던 한 개인, 그들의 훼손당한 인간 존엄성을 어떻게 회복하고 치유할 것인가에 대해서는 성찰이 부족했고 여전히 남겨진 숙제다.

유해정은 '탈퇴서 이후' 인권단체를 찾아가 인권활동가, 기록활동가 그리고 연구자로 살고 있다. 그사이 한 아이의 엄마도 되었다. 스스로는 "주어가 되지 못한 15년 동안의 삶"이라 했지만, 그 15년 동안 그는 운동과 삶의 현장에서 결코 한 번도 '탈퇴'하지 않았음을 동료로서 증언하고 싶다. 주제넘게도 인터뷰를 마치고 돌아오면서 할 수만 있다면 1997년으로 돌아가 20대 초반의 수많은 '유해정'들의 어깨를 토닥여주고 싶다는 생각을 했다. 무엇보다 무수한 망설임과 두려움, 번민과 갈등 가운데서도 용기를 내어 담담하게 이야기해준 2020년의 유해정에게 고마움을 전한다.

이종권, 이석 폭행치사 사건

1997년 한총련 출범식을 앞두고 한총련 간부들에 의한 두 건의
폭행치사 사건이 발생했다. 우선 1997년 5월 26일, 한총련과
전남대 학생회 간부들이 신분을 숨기고 전남대 동아리에 가입한
이종권 씨를 프락치로 의심하고 실토를 받아내기 위한 과정에서
폭력을 행사하다 사망에 이르게 했다. 며칠 후인 6월 3일, 경찰에
의해 봉쇄된 한양대에서 배회하던 기계선반공 이석 씨 또한
프락치로 몰렸고 이를 조사하던 한총련 간부들의 구타와 폭력으로
사망하는 사건이 발생했다. 연이은 폭행치사 사건으로 학생운동의
도덕성과 정당성이 크게 훼손됐다. 사회적 우려와 지탄의
목소리가 높아지는 가운데 정권은 한총련을 이적단체로 규정,
학생회장들의 한총련 탈퇴를 요구했고, 이에 응하지 않을 경우 사법
처리에 나섰다. 한편 한총련 내부에서도 개혁과 성찰을 요구하는
목소리가 높아졌고, 그해 11월 전국에서 실시된 총학생회 선거에서
비운동권이 전체 대학교의 50퍼센트 이상을 차지하면서 학생운동
전체에 큰 타격이 되었다.

주

1. 2005년 7월 경찰이 자행한 인권 탄압을 반성한다는
   의미에서 남영동 대공분실 자리에 설립되었으며, 현재는
   민주화운동기념사업회가 관리하는 민주인권기념관으로
   바뀌었다.

오빠를 간첩이라 했던
제 괴로움을 저들은 모릅니다

구술

유가려

글

강곤

시대
배경 1990년대 중반 북한이 심각한 경제난을 겪자 북한을
탈출하는 주민들이 많아졌다. 이들이 국내로 들어오면서
2000년대 '탈북 간첩 사건'이 대거 발생하기 시작했다. 흔히
탈북자라고 불리는 북한이탈주민은 입국과 동시에 국가정보원이
중심이 된 중앙합동신문센터에서 최장 6개월 동안 조사받은 뒤
하나원으로 보내지고, 거기서 12주간 사회 정착 교육을 받게
된다. 중앙합동신문센터에서의 조사는 경찰이나 검찰 수사보다
훨씬 강도 높게 이루어진다. 이 과정에서 국정원을 비롯한 대공
수사기관은 언제나 손쉽게 간첩 사건을 만들어낼 수 있다.
2013년 서울시 공무원 간첩 조작 사건이 국가정보원에 의해
증거가 조작된 것으로 밝혀지면서 중앙합동신문센터는
북한이탈주민보호센터로 이름을 바꾸었고 조사 기간도 최장
6개월에서 3개월로 단축되었다. 그러나 그 외 여러 문제점들은
여전히 개선되지 않고 있다.
한편 북한이탈주민의 70퍼센트는 여성이다. 1990년대 중반 고난의
행군[1]이 시작되고 사회주의 배급 체계가 무너지면서 북한에서
여성은 가정경제를 책임지는 역할을 맡게 되었다. 월급이 나오지
않더라도 남성(가장)은 직장에 나가야 하고 각종 행사에 참여해야
하기에 장마당에서 물건을 팔거나 국경을 넘나들며 경제활동을
벌이는 것은 여성의 몫이 되었고, 북한을 벗어나는 여성의 비율이
높을 수밖에 없었다. 그리고 그 과정에서 그들은 가장 취약한
존재로서 많은 위험에 노출된다.
2000년대 이후 대거 늘어난 탈북 간첩 조작 사건 중 '한국판
마타하리'로 불리며 사회를 떠들썩하게 했던 원정화 사건을
비롯해 다수 사건들의 피해자 또한 여성이다. 공안기관에서는
'여성'과 '간첩'이라는 선정적 소재를 활용할 수 있고 약점을 잡아
조작이 용이한 까닭이다. 이 책에 기록된 유가려, 배지윤 씨를
제외하고라도 다수의 여성 간첩 조작 사건 피해자가 존재한다.

#1. (남한) 덫

어제 제대로 잠을 못 잤어요. 무슨 일이 있어서가 아니라 그냥 가끔씩 생각이 나면 인터넷을 검색해서 (사건과 관련된) 기사들을 쭉 보게 되는데 얼마 전에 있었던 국정원장 재판[2] 기사를 보고, 다시 그때 사건 뉴스를 보고, 그러면 마음이 너무 안 좋고, 그때 생각도 많이 나서 울고, 그래서 잠을 못 잤어요. 한 번 볼 때마다 가슴이 너무 아프니까……

오빠[3]가 국경을 넘어 중국에 간 것은 알고 있었지만 중국에서 한국으로 간 것은 몰랐어요. 제가 나이가 어리니까 (부모님이) 숨기셨나 봐요. 나중에 알았죠. 2006년에 어머니가 갑자기 돌아가시고, 2011년에 아버지랑 저랑 같이 중국으로 나와서 그다음 해 10월에 제가 먼저 연길에서 상하이로, 거기서 비행기를 타고 제주도로 들어왔어요.

한국에 오면 바로 합신센터(중앙합동신문센터)로 간다는 것은 알고 있었는데, 저는 독방에 들어갔어요. 원래 서너 명이 같이 쓴다고 하는데 그때는 아무것도 모르니까 다 독방을 쓰나 보다 했죠. 그런데 창밖을 보니까 다른 사람들은 가끔씩 나와 산보도 하고 서로 만나 얘기도 하는데 저는 계속 조사만 받았어요.

조사실로 가서 북한에서의 성장 과정, 학교생활, 가족 상황, 어떻게 왔는지, 그런 걸 쭉 썼어요. 써서 주면 또 쓰라 하

고, 몇 번씩 반복했어요. 처음에는 좋게, 좋게 조사를 받았는데 어느 날 조사관이 와서 갑자기 말했어요.

"너, 간첩이지?"

저는 간첩 아니라고, 남한테 피해 준 일 없이 착하게 살았는데 갑자기 간첩이 웬 말이냐고 따졌어요. 그러자 네 오빠가 간첩 행위를 했다고, 그것을 본 사람이 있다고 했어요. 본 사람이 있다면 데려오라고 했더니 증언한 문서가 있다고 하더군요. 그 문서를 보여달라고 하니 보여주지는 않았어요. "너, 오빠가 북한에 몇 번 들어왔다 나갔냐?"고 해서 어머니 장례식 때 딱 한 번 들어왔다고 했지만, 조사관은 아니라고 우겼어요. 그때부터 계속 저를 때렸고, 너무 무섭고 하니까 버티고 버티다 할 수 없이⋯⋯

너무 억울해서 조사실 책상에 있던 우유병을 들고 머리를 깨려고 했는데 아줌마 조사관이 제 손을 잡고 못 하게 했어요. 나중에는 새벽까지 조사하고, 앉았다 일어나기를 반복시키고, 귓쌈(뺨)도 때리고, 얼굴 봐라, 눈 마주쳐라 하고, 앉아 있는 걸상을 발로 차기도 했어요. 3일째 되니까 앞이 캄캄하고, 여기서 어떻게 살아 나갈 수 있을까 싶어 몇 번씩 죽고 싶은 생각도 들었어요. 내가 창밖에 날아다니는 저 새만도 못하구나.

나중에 한 번 더 자살 시도를 했어요. 그날은 아침에 일어나니 너무 힘들어서, 방에 시계가 있었는데 그걸 부숴서 목이나 어디에 그으려고 했어요. 하지만 방마다 시시티브이가 있어서, 바로 얼른 옷 입고 조사받으러 나오라고 했어요. 그 렇게 끌려 나가서 조사를 받는데 심장이 너무 아파서 그날 결 국 병원에 갔어요.

화교라는 게 밝혀진 뒤에는 A4 용지에 '회령 화교 유가 려'라고 써서 제 가슴과 등에 앞뒤로 붙여서 사람들이 다 보 게 했어요. 그때 밤 9시가 넘었는데, 조사받는 청사 말고 사람 들이 숙소로 쓰는 청사로 데려가서 거기 출입문 앞에 저를 세 워놓고는 사람들이 다 내려와 제 양옆을 지나가게 했어요. 그 리고 청사 앞에 운동장 같은 데가 있는데 거기로 데려가서 또 사람들이 제 주변을 빙 둘러서게 했어요. 거짓말쟁이를 구경 하라면서요. 저는 그때 서 있을 힘도 없었는데, 그렇게 망신 을 줬어요.

조사실에서는 무릎까지 꿇으면서 제발 봐달라고 사정했 어요. 제대로 걸을 수도 없었어요. 너무 맞아서 다리에 시퍼 렇게 멍이 들었고, 안 나가겠다고 사정하면 머리카락을 붙잡 고 잡아당겼어요. 지금도 그때 생각만 하면 치가 떨려요. 진 짜 나쁜 사람들이에요. 시키는 대로 안 하면 전기고문실에 데 려가겠다고 협박하기도 했어요. 자기들이 원하는 답이 나오 면 맛있는 걸 가져다주고, 원하는 답이 아니면 책걸상을 발로 걷어차고 때렸어요. 사탕을 줬다 매를 줬다 한 거죠. 어떨 때 는 오빠랑 한국에서 살 수 있게 도와줄 테니까 협조하라고 구슬리기도 했어요. 아줌마 조사관이랑 대머리 조사관, 큰아버지 조사관(이름을 모르니까 이렇게 제가 이름을 붙였어요)이 돌아가며 조사했는데, 자기들이 원하는 대답이 나와야만 다음 문장으로 넘어가요. 끝날 때까지 하루고 이틀이고 열흘이고, 원하는 답이 나와야만 다음으로 넘어가는 거죠. 그렇게 거기서 6개월을 보냈어요.

#2. (북한) 변경

오봉이라고, 함경북도 회령에서 자전거 타고 30분 정도 가면 되는 시골에서 태어나 어릴 때까지 거기서 살았어요. 화교라고 하지만 저도, 오빠도, 아빠랑 할아버지, 할머니도 다 북한에서 태어났어요. 엄마의 고조할아버지가 장백현[4] 19도구의 지주였는데 독립운동을 하던 유격대에 지원을 많이 했어요. 지하공작에도 참여하고. 김일성 원수님(북에서는 원수님이라고 해요. 원수님의 회고록에도 나와요. 학교에서도 배우고요)의 유격대에 쌀이며 소 몇 십 필, 돼지 몇 십 마리를 낮에는 못 하고 밤에 지하 굴을 통해 지원했는데, 그러다 고조할아버지가 일본 놈들에게 잡혀 고문을 당하고 집에 돌아와 돌아가셨대요. 그래서 해방이 되자 원수님이 우리 가족을 안아주셔서 회령으로 들어와 살게 되었고, 외삼촌은 나라의 배려로 평양의

학대학까지 갔어요. 저도, 오빠도 조선에서 태어나 학교도 거기서 다녔고, 중국 사람은 김치를 안 먹는데 저희는 매끼 김치를 먹어요. 중국 사람이라 생각해본 적은 한 번도 없었죠.

아버지는 곡산공장이라는 담배 제조 공장에 다니셨는데 원수님이 돌아가시면서 쌀 배급도 안 나오고 많이 힘들어졌어요. 그래서 어머니가 보리빵을 만들어 장마당에 팔면서 어렵게 끼니를 때웠죠. 나중에는 아버지가 중국을 왔다 갔다 하셨어요.

남한 드라마를 처음 본 건 중학교 때인가, 열여섯 살 때쯤이에요. 〈올인〉도 보고 〈겨울연가〉, 〈천국의 계단〉도 봤어요. 그때는 유에스비 같은 것은 없었고 알판(시디)으로 봤어요. 공개적으로 팔지는 않았지만 도강해서 중국 갔다 온 사람들, 친척들을 통해 알판을 사서 몰래 이불 뒤집어쓰고 봤죠.(웃음) 오빠가 어디서 빌려 오면 같이 보기도 했어요. 친구도 아주 친한 친구들끼리만 봤어요. 친구들끼리 드라마 얘기를 많이 했는데 다 같이 보면 말이 나오니까 한두 명씩만. 그런 것들을 보면서 그때부터 한국에 가고 싶었어요. 되게 좋게 나오잖아요. 그렇지만 사실 그때는 갈 생각을 못 했어요. 나중에 오빠가 한국에 있다니까, 오빠랑 아빠랑 가족이 같이 살아야 하니까 한국으로 오려고 한 거죠.

오빠는 2001년 경성(함경북도 경성군)에 있는 의학전문대학에 들어갔고, 저도 오빠가 졸업한 뒤 그 학교에 들어갔어

오빠를 간첩이라 했던 제 괴로움을 저들은 모릅니다

요. 경성은 회령에서 차로 세 시간 정도 걸리는데 차가 거의 없었어요. 하루 종일 기다려도 차를 못 탈 때도 있었죠. 그래서 기숙사에 살면서 학교를 다녔어요.

엄마는 제가 어렸을 때부터 많이 아팠어요. 복수가 차기도 하고 아파서 고생을 많이 하셨어요. 그래서 내가 의학을 배워서 엄마 아프면 봐줘야겠다고 자연스럽게 마음먹었죠.

#3. (남한) 자백

사실 안에서는 날짜 가는 걸 몰라요. 합신센터에는 아무 것도 없거든요. 달력도 없고 종이 한 장도 없어요. 그래서 조사를 받으러 가면 오늘이 며칠인지, 무슨 요일인지 꼭 물어봤어요. 달력이 없으니까 진술서 쓰는 종이 한 장을 몰래 찢어 그 뒤에 달력을 만들었는데, 나중에 조사받고 돌아와보니 그것도 가져갔더라고요. 왜 가져갔냐고 따지니까 "여기서는 우리가 다 알려주니 달력 같은 거 필요 없다"고 했어요. 오늘이 며칠인지 모르니 언제 이 조사가 끝날지 더 막막하기만 했죠. 또 오빠에 대한 얘기, 변호사님을 만나면 할 얘기를 적어서 옷장 안에 숨겨놓았는데 다음 날 재판을 받고 오니 그것도 없어졌더라고요.

오빠가 잡혀 있다는 것도 몰랐어요. 어느 날 조사관들이 오더니 오빠가 (잡혀 있다는 말도 안 해주고 간첩이라는 것을) 인정했는데 네가 왜 인정을 안 하냐고 했어요. 오빠가 중국에서 북한으로 들어갔다 나온 출입국 기록을 내놓고, 다른 사람들이 오빠에 대해 얘기한 진술서도 보여줬어요. 네가 자백을 안 하면 오빠를 중국으로 추방시킬 거다. 그러면 거기서는 무기징역이다. 시키는 대로만 하면 한국에서 같이 살 수 있게 해주겠다. 또 나중에 내가 한 말을 아니라고 하면 큰일 난다. 말 바꾼 것, 진술 번복죄가 지금 죄보다 더 큰 죄가 된다. 교화 몇 년을 받을 수 있다. 번복죄가 간첩죄보다 더 엄중한 죄다.

"네가, 조그만 네 가족이 나라를 상대로 버틸 수 있다고 생각해?"

"네 아빠도 중국에 있는 거 다 아는데 자꾸 그러면 네 아빠도 위험해져. 가족이 다 위험해져."

"법원에 가서 말 잘해야 해. 네가 잘못하면, 말 바꾸면 네 가족 전부가 다 위험해져."

어휴……

오빠 재판이 시작되고 변호사님들이 저를 두 번이나 만나러 왔는데 조사관이 만나지 못하게 했어요. 만나도 소용없다고, 나라에서 얼마나 많은 돈을 써서 수사했는데 지금 와서 아니라고 얘기하면 너희 가족이 그 돈을 다 물어내야 한다고, 변호사에게 얘기해도 다 지나간 일이기 때문에 아무 소용 없다고.

재판에 증언하러 가서, 오빠 목소리만 들리는 데 들어가서 오빠 얘기를 듣고 그제야 오빠가 자백하지 않았다는 것, 조사관들 말이 거짓말이라는 것을 알게 됐죠.

서울시 공무원 간첩 조작 사건 증거보전재판
(2013.3.4.) 녹취록

유우성 동생이 변호인을 선임할 자격은 없습니까? 가려야, 울지 마. 여기서 변호인을 선임하겠다고 말해. 네가 한국 법을 몰라서 그래. 변호인을 선임하겠다고 말해. 울지 말고. 검사가 아니라 대한민국에서는 법이 너를 지켜주는 거야. 어린 여자애를 독방에 가둬 놓고 하루도 아니고 몇 달을 조사하는 게, 이게 말이 됩니까? 가려야, 겁내지 말고 무서워하지 마. 오빠는 너를 원망도 안 하고 증오도 안 해. 재판에서 판사님도 있고 그러니까 무서워하지 마.

검사 변호인이 무서워서 (유가려가) 울 수도 있습니다. 이렇게 이야기하면……

유우성 그럼 제가 변호인을 무서워하는지, 안 무서워하는지 이야기할까요?

검사 ……

유우성 다시 돌아가면 어떨지 저도 아니까, (동생이) 얼마나 무서운지 저도 압니다.

(중략)

변호사 북한에서는 뭐라고 하는지는 모르겠지만 (오빠도 지금) 구치소에 갇혀 있습니다. 그런데 저희들하고 지금 이야기하면서 오빠가 있는 사실을 그대로 당당하게 말하잖아요. 가려 씨도 두려워할 필요 없습니다.

유가려 교도소에 갇혀 있다고요?

변호사 갇혀 있어요. 오빠도 지금.

유가려 며칠 동안 갇혀 있었습니까?

변호사 누구요?

유가려 오빠가 갇혀 있은 지 며칠 됐습니까?

변호사 1월 10일부터 국정원에 체포돼서 지금까지 구속돼 있어요. 몰랐어요? 오빠 갇혀 있는 거? 오빠도 1월 10일부터 지금까지 두 달 넘게 계속 갇혀 있습니다. 오빠가 지금 갇혀 있는 걸 모르고 계셨습니까?

유가려 잘 몰랐습니다.

변호사 몰랐어요?

유가려 네.

(중략)

판사 한국에서 살 수 있다는 겁니까? 아니면 중국에 가

오빠를 간첩이라 했던 제 괴로움을 저들은 모릅니다

서 살 수 있다는 겁니까?

유가려 한국에서 살 수 있다고……

변호사 한국에서 살 수 있다, 이렇게 말했다. 그거 거짓말인 거 아세요, 지금?

검사 그 부분은 이의를 제기할 수밖에 없습니다. 그런 부분을 거짓말이라고 하시면 안 됩니다. 검사는 공소 유지를 위해서라도, 뭐 인도적인 것도 아닙니다. 솔직하게 썼습니다. "유가려를 수용하고 있는 정부 합동신문센터와 협의하여 체류할 수 있는 지위의 취득 방안을 강구하고자 노력할 것이다"라고 썼습니다. 그 부분에 대해 우리가 실은 추방할 거면서 마치 안 그럴 것처럼 거짓말했다는 부분에 대해서는 심히 사실과 다르고 상당한 유감을 표시합니다.

(중략)

유가려 부탁 하나 있습니다.

판사 네, 말씀해보세요.

유가려 오빠를 단독으로 5분가량 만날 수 없습니까?

변호사 만나게 해줍시다. 인도적 차원에서, 판사님 계신 앞에서.

검사 저는 적절하지 않다고 판단됩니다. 증거 인멸 우려가 있어서.

유우성 판사님 옆에서 만나면 안 되겠습니까? 제발 좀 보게 해주세요.

변호사 적절하지 않은 이유가 뭐라고 생각하세요.

유우성 제발 좀 보게 해주세요. 아니, 여기서 다 보는 앞에서, 그냥 저 앞에서만 보겠습니다.

—뉴스타파, 〈자백〉에서 재인용

재판이 끝나고, 판사님 앞에서 잠깐 오빠를 만나고 헤어졌어요. 그리고 또 재판에 갔는데 거기서 판사님이 저보고 합신센터로 가든 다른 데로 가든 제 마음대로, 가고 싶은 데로 가도 된다고 말씀해주셨어요. 그런데 조사관들이 다시 (합신센터로) 들어가야 한다고 했어요. 제가 큰아버지 조사관이라고 불렀던 조사관이 전화해서 여기로 안 들어오면 큰일 난다고 했고, 제 심리 상담을 했던 여자 조사관도 회유를 했어요. 변호사들에 대해 안 좋은 얘기도 막 했어요. 저 변호사들 다 빨갱이라고. 그래서 안 보내줄까봐, 그냥은 절대 안 보내줄 거 같아서 딱 하루만 변호사님들과 갔다 다시 오겠다고 약속하고 겨우 나왔죠.

그날 지금 국회의원인 민변의 이재정 변호사님, 그 언니 집으로 갔어요. 거기 가서 장경욱 변호사님이랑 다른 변호사님들 얘기를 쭉 들어보니 내가 속았구나 싶더라고요. 변호사님들이 국정원이 시켜서 허위 자백을 했다는 기자회견을 하자고 했어요. 사실 기자회견이 그렇게 큰일인지 몰랐는데, 다음 날 민변 사무실에 가서 보니 되게 무서웠어요. 기자분들도 많고 카메라도 많고, 또 기자회견이 끝나면 국정원이 와서 저를 다시 잡아갈까봐, 그것도 무서웠어요. 이재정 언니 집에 있다가 장경욱 변호사님 집에 며칠, 어느 목사님 집에 며칠 있었어요. 장경욱 변호사님 집에 있을 때는 국정원에서 전화가 왔어요. 저를 데려가겠다고. 그러자 장경욱 변호사님이 문을 부수고 들어와도 저를 못 데려간다고 막 소리치셨어요. 진짜 고마운 분들이에요. 재판하면서 양승봉 변호사님은 집에도 못 가고 사무실 소파에서 주무셨죠.

기자회견을 마치고 얼마 있다가 저는 중국으로 추방되었어요. 합신센터에서 나와 추방되기 전까지 한 석 달 정도 한국에 있었어요. 오빠네 집에도 좀 있었죠. 오빠는 그때 감옥에 있을 때여서 친분이 있던 마트 다니는 언니가 같이 있어줬어요. 그때도 무서워서 커튼 치고 밖도 잘 안 내다보고, 밖에 나갔다 들어오면 누가 숨어 있지 않나, 혹시 감시 카메라 같은 것은 없나 싶어 옷장을 들춰보고 그랬어요. 그런데 그 언니가 일하는 마트에도 국정원 직원이 찾아와서 언니가 너무 당황했다고 하더라고요.

중앙합동신문센터에서 조사받던 어느 밤의 기억.

"화교라는 게 밝혀진 뒤에는 A4 용지에 '회령 화교 유가려'라고
써서 제 가슴과 등에 앞뒤로 붙여서 사람들이 다 보게 했어요. 그때
밤 9시가 넘었는데 조사받는 청사 말고 사람들이 숙소로 쓰는
청사로 데려가서 거기 출입문 앞에 저를 세워놓고는 사람들이 다
내려와 제 양옆을 지나가게 했어요. 그리고 청사 앞에 운동장 같은
데가 있는데 거기로 데려가서 또 사람들이 제 주변을 빙 둘러서게
했어요. 거짓말쟁이를 구경하라면서요. 저는 그때 서 있을 힘도
없었는데, 그렇게 망신을 줬어요."

오빠를 간첩이라 했던 제 괴로움을 저들은 모릅니다

#4. (북한) 어머니

2007년, 경성의전 3학년 때였어요. 방학이어서 집에 왔는데, 집에 온 지 일주일 정도 됐을까? 그때는 탐지자가 많이 다녔어요. 탐지기를 갖고 휴대폰 쓰는 사람들을 잡으러 다니는 거죠. 그런데 그날 어머니가 오빠하고 전화 통화를 했거든요. 가끔 오빠가 보고 싶을 때 전화를 했는데 그날은 통화가 길어졌나 봐요. 휴대폰을 안 쓸 때는 전원을 껐다가 통화를 할 때만 켜는데 휴대폰을 쓰고 있으면 탐지기에서 삑삑 소리가 난다고 하더라고요.

갑자기 우리 집 초인종 소리가 나더니 누가 대문을 막 두드렸어요. 그때 내가 집에서 뭐 하고 있었더라? 아버지는 밭에서 일하고 있었고, 저는 그냥 어머니가 전화를 하는 것만 알고 있었어요. 어머니가 휴대폰을 급히 어딘가 숨겼지만, 아버지는 밭에서 일하고 있어서 모르고 문을 열어줬죠.

그때는 어머니가 심장판막 수술을 한 지 얼마 안 되었을 때였어요. 어머니가 저를 낳고부터 심장이 안 좋아서 밤에도 반듯이 누워 못 자고, 누우면 복수가 차서 횡격막을 압박하니까 의자를 놓고 거기 기대어 자고 그랬거든요. 그렇게 고생하다 수술하고 나서 겨우 좋아지셨는데……

갑자기 깡패처럼 검은 옷을 입은 평양 국가보위부 남자 네 명이 들어와서 어머니한테 휴대폰을 내놓으라고 소리 질렀어요. 욕을 하며 쌍말로 휴대폰을 가져오라고, 온 가족을 25호(북한 청진에 있는 정치범 수용소)로 보내겠다고 했어요. 어머니가 전화를 한 것도 문제지만 오빠가 한국에 있다는 게 알려지면 정말 큰 문제가 될 수 있었죠.

그 사람들이 계속 고함치고 욕하니까 어머니와 저는 너무 무서웠어요. 어머니는 휴대폰이 없다고 잡아뗐지만, 그 사람들은 옷장이며 이불장이며 구석구석을 막 들춰보기 시작했어요. 그런데 그때 어머니가 갑자기 통나무 자빠지듯이 뒤로 쓰러지셨어요. 다행히 뒤에 있던 아버지가 가까스로 부축해서 방에 뉘었죠. 그전에도 어머니가 쇼크를 일으킨 적이 있었는데, 쇼크가 있으면 다리를 주무르고 3분 내에 인공호흡을 해야 해요. 그리고 스트로판틴이라고 하는 심장 순간 활성제를 주사해야 해요. 그런데 제가 너무 놀란 나머지 손이 말을 안 들었고, 간신히 주삿바늘을 꽂았지만 이미 피가 굳어서 바늘이 3분의 1도 안 들어갔어요. 불러도 의식이 없고, 인공호흡도 늦었고. 그 순간 아무 생각도 안 나고 머리가 하얘지면서 보위부 사람들이 너무 미워 칼로 찌르고 싶더라고요. 당신들 때문에 우리 어머니가 이렇게 되었으니 살려내라고 소리치고 싶었어요. 그 사람들도 당황해서 어머니 손발을 같이 주무르기 시작했고, 저는 울면서 "엄마, 일어나. 엄마, 일어나"만 반복했죠. 그때가 일요일 낮 12시쯤이었어요.

오빠는 갑자기 전화가 끊겼으니 무슨 일이 벌어졌는지

오빠를 간첩이라 했던 제 괴로움을 저들은 모릅니다

몰라도 뭔가 큰일이 났나 보다 싶었겠죠. 아버지는…… 차마 직접 오빠한테 얘기 못 하고, 친척들이 오빠한테 소식을 전했대요. 그러고 며칠 있다가 오빠가 들어왔어요. 오빠를 기다리느라고 4일장을 치렀어요. 그때는 연길 같은 곳은 통행증이 있으면 들어올 수 있었어요. 그래도 너무 위험하니 어머니 장례만 치르고 오빠는 바로 나갔죠.

북에서 어머니를 그렇게 잃었는데 남에서는 우리 가족한테 국정원에서 사건을 만들어 그런 일을 겪게 하고. 휴…… 우리 가족, 너무 곡절이 많은 거 같아요.

#5. (중국) 전화 통화

중국으로 가기 전[5]에 오빠 면회는 딱 두 번 갔어요. 면회를 가면 너무너무 가슴이 아프고 미안해서…… 중국으로 가는 비행기를 탈 때는 이제 국정원에 잡혀갈 일이 없으니 마음이 편했지만, 한편으로는 오빠가 나오지 못한 상황에서 가야 하는 게 너무 가슴 아팠어요. 솔직히 발걸음이 안 떨어졌어요. 오빠가 나오면 마음 편하게 갈 수 있을 텐데.

장춘 공항에 도착하니 아버지가 마중을 나오셨어요. 아버지를 보는 순간 더 마음이 아팠어요. 아버지 얼굴은 새까맣게 타서 반쪽이 되어 있었어요. 아버지도 울고 나도 울고. 국정원이 정말 미웠습니다. 그때는 어떻게 해서든 빨리 증거를 수집해서, 있는 힘을 다해 증거를 찾아서 오빠가 하루 빨리 나오게 해야 한다, 이 생각밖에 없었죠. 아버지한테는 제가 합신센터에서 어떤 일을 당했는지 차마 말할 수 없었고⋯⋯ 아버지도 굳이 묻지 않으셨어요. 지금도 과거 얘기는 되도록 하지 않으려고 해요. 마음이 너무너무 아파서.

중국에서도 계속 변호사님들과 통화하고, 네이버로 검색하고 그랬어요. 변호사님들이 몇 번씩 (중국을) 다녀가기도 했어요. 그때 오빠 사건을 다룬 책을 받아서 읽었고, 뉴스타파가 찍은 〈자백〉이라는 영화는 한 번에 다 못 보고 열 번 넘게 꺾어서 봤을 거예요. 책 읽다가 울고, 영화 보다가 울고. 사건 얘기만 하면 제가 너무 힘들어하니까, 오빠는 될 수 있으면 그 얘기를 안 꺼냈어요. 그래서 오빠가 겪은 일을 잘 몰랐는데, 그 책과 영화를 보고 모르는 사실을 많이 알게 되었죠.

오빠가 석방되던 날, 아버지랑 저랑 같이 있는데 아버지한테 전화가 왔어요. 변호사님 중 한 분이 전화한 거였는데, 그분으로부터 오빠가 오늘 석방된다는 소식을 들었고 조금 있다가 오빠가 그 전화기로 다시 전화를 했어요. 무죄가 나오는 게 당연한데⋯⋯ 너무 기뻐서 가슴에 맺혔던 돌 같은 게 싹 내려가는 것 같았어요. 아버지도 북에 있을 때는 술을 즐기셨지만 위 수술을 한 뒤로 끊었는데, 오빠가 나왔다고 하니까 너무 기뻐서 그날은 술을 드셨어요.

오빠를 간첩이라 했던 제 괴로움을 저들은 모릅니다

그리고 5년 뒤, 입국 금지가 풀려서 2018년 12월에 다시 한국으로 들어오게 되었어요. 그 뒤로는 계속 왔다 갔다 하며 살아요. 방문 비자라서 3개월에 한 번씩은 나갔다 들어와야 하거든요.

#6. (남한) 탄원

이번에 중국 갔다 돌아와서 북한에 있을 때 같은 학교를 다녔던 동창을 만났어요. 그 애 오빠하고 우리 오빠도 친구 사이인데 제가 한국에 오기 전에 서로 연락이 된 거예요. 저는 깜짝 놀랐어요. 반가워서 그날 바로 찾아가 새벽 늦게까지 옛날 얘기를 나눴죠. 10년 만에 만난 그 친구는 지금 평택에 살고 있는데 제가 파주에서 일하다 보니 자주 찾아가지는 못하고 전화 통화만 자주 해요.

2018년 한국에 와서 오빠 사건을 조작한 국정원 수사관들의 재판에 증인으로 나가게 되었어요. 지금도 그때 생각만 하면 너무 억울해서 가슴이 떨리고 찔린 듯이 아파요. 그걸 잘 아는 오빠가 물약을 사줬는데 그 약을 먹고 재판정에 들어갔는데도 심장이 너무 뛰어서 앉아 있지를 못하겠더라고요. 그 뒤로도 법원 건물만 봐도 가슴이 막 뛰고, 말을 하려고 하면 먼저 울음부터 터지고…… 법원이나 검찰청만 가면 제 몸이 제 맘대로 되지 않아요. 울고 싶지 않은데 눈물이 주르륵 흐르고, 몸이 떨리고. 조사받을 때도 양 무릎을 붙이고 있으면 춥지도 않은데 무릎이 덜덜덜 떨리고 그랬거든요. 지금은 변호사님이랑 오빠랑 같이 가서 조사를 받는데도 여전히 떨려요. 벌써 6년이 지났는데도.

재판부에 제출한 유가려 씨의 탄원서

존경하는 판사님.

저는 북한에서 살다가 오빠와 함께 살기 위해 한국으로 들어오게 되었습니다. 저는 꿈에 그리던 한국에서 오빠와 함께 살 수 있다고 기뻐했지만, 그 기쁨은 오래 가지 못했습니다. 국정원 합동신문센터에 도착한 이후부터 모든 것이 악몽으로 변해버렸습니다. 국정원 수사관들은 제게 '오빠가 간첩'이라고 허위 진술을 하라면서 저를 때리고 욕을 하며 괴롭혔습니다. 운동장과 복도 한가운데 세워놓고 '회령 화교 류가려'라는 글을 앞뒤로 붙여 사람들에게 구경시키고 망신 주기를 했습니다. 잠도 재우지 않고 끊임없이 저를 괴롭혔습니다. 저는 너무나 고통스러웠고 죽고 싶었습니다. 아니, 차라리 죽어버렸으면 좋겠다는 생각에 자살을 시도하기

오빠를 간첩이라 했던 제 괴로움을 저들은 모릅니다

도 했습니다. 지금도 심장이 떨리고 너무 힘듭니다. 끝이 보이지 않는 괴롭힘에 못 이겨 저는 수사관들이 원하는 허위 진술을 할 수밖에 없었습니다. 저는 매일 공포와 악몽 속에서 하루하루를 보내야 했고 독방에서 그 누구와도 만날 수 없었습니다. 국정원 수사관들은 어느 날 저에게 '민변 변호사들이 너를 만나겠다고 하는데, 변호사들은 돈만 밝히는 나쁜 사람들이니 절대 만나면 안 된다. 변호사를 만나면 너와 오빠가 위험해진다'고 겁을 주었습니다. 저는 2013년 3월 4일 증거보전 재판에서 변호사님들을 만나겠다고 말씀드렸고 국정원 합신센터에 찾아오면 꼭 만나겠다고 몇 번이나 대답했습니다. 하지만 그 이후에 변호사님들이 저를 만나러 왔다는 이야기를 듣지 못했고, 저는 아무도 저를 찾아오지 않는다는 사실에 배신감을 느꼈습니다. 나중에야 변호사님들이 여러 번 저를 찾아왔지만, 국정원이 못 만나게 했고 제게 이야기도 해주지 않았다는 사실을 알게 되었습니다. 저는 그렇게 합동신문센터에 6개월 동안 갇혀 있어야 했습니다. 존경하는 판사님, 그동안 당한 일들을 생각하면 가슴이 아프고 눈물이 나고 무섭고 너무나 괴롭습니다. 지금 이 재판을 받고 있는 피고인도 지금의 현실이 괴롭겠지만, 억울하게 구속되고 독방에서 6개월 동안 갇혀 있어야 했던 제 고통과 아픔이 얼마나 큰지 알지 못할 것입니다. 제가 하지도 않은 일을 했다고 해야 하고, 오빠를 간첩이라고 거짓 진술을 해야 했던 그 괴로움을 결코 모를 겁니다.

간첩 조작 사건의 진실이 밝혀졌지만 저와 저의 가족들은 그 누구로부터도 사과를 받지 못했습니다. 저는 판사님께서 저를 감옥과 같은 곳에 가두고 허위 자백을 시키고도 잘못을 인정하지 않는 사람들에게 정의로운 판결을 내려주시기를 부탁드립니다. 잘못을 하는 사람은 꼭 처벌을 받는다는 것을 보여주십시오. 부디 이번 사건을 계기로 우리 가족과 같은 피해자들이 생겨나지 않기를 바랍니다. 감사합니다.

—2018년 9월 21일 유가려 올림

하고 싶은 말은 진짜 많은데, 하자고 하면 끝이 없을 것 같아요. 우리 가족처럼 고난을 겪은 분들이 많겠지만, 우리 재판은 2011년에 시작돼서 아직도 안 끝나고 있잖아요. 이 세월이 너무 길고, 이 시간이 너무 힘들고, 우리 가족이 너무 힘들고…… 하루 빨리 재판이 끝났으면 좋겠어요. 하루 빨리 오빠도, 저도 제자리에서 정착된 생활을 했으면 좋겠어요.

그때는 너무 당황해서, 상상 밖의 일이 생겼으니까 잘못

될까봐 걱정만 하고 속만 타고 그랬는데. 아무 죄가 없는 우리 가족에게 왜 이런 일이 생겼는지. 한국에 들어오면서 이런 일이 생길 줄은 꿈에도 몰랐어요. 한국을 많이 좋아했고 정말 오고 싶었는데. 앞으로는 절대 이런 일이 누구에게든 생기지 않으면 좋겠어요. 한 번 받은 상처는 없어지거나 묻어지는 게 아니거든요. 오빠를 간첩으로 만든 사람들이 처벌을 받긴 했지만 그 사람들하고 저를 조사한 그 조사관들, 정말 나빠요. 괘씸하고 고약하고. 한번 마주치게 되면 캐묻고 싶어요. 왜 그랬냐고? 입장을 바꿔서 당신 자식, 당신 여동생이면 그럴 수 있겠냐고? 우리 가족에게 피해를 준 만큼 그 사람들이 처벌을 받으면 좋겠어요.

그래도 저는 한국이 싫거나 하진 않아요. 국정원 조사관들처럼 나쁜 사람들도 있지만 변호사님들처럼 우리 가족을 도와준 은인들도 있으니까요. 처음 한국에 올 때는 의학 공부를 계속하고 싶었어요. 지금도 재판이 다 끝나면 공부를 다시 시작하고 싶어요. 지금은 마트에서 일하고 있는데 힘들지만 재밌어요. 처음에는 상품 이름도 모르겠고 생산물도 너무 많고 외래어도 너무 많아서 고생했어요. 하지만 이제 6개월쯤 되니 그리 어렵지 않아요.

사건이 모두 끝난다고 해도 우리 가족한테는 일생 동안 수습이 안 되겠죠. 다시는 이런 일이 일어나지 않으면 좋겠어요. 그래도 우리 가족은 주변에서 너무 고마운 분들이 너무 많이 도와주셔서 누명을 벗었지만, 그렇지 못한 분들도 많거든요.

여동생이 오빠가 간첩이라고 했다. 이만큼 확실한 증거가 있을까. 그러나 이 진술이 고문, 가혹행위, 협박에 의한 것임이 드러나자 다급해진 국정원은 중국 당국의 출입국 관리 기록을 위조했고, 그 사실이 재판 과정에서 드러나 심각한 외교 문제를 야기했다. 왜 그렇게까지 무리하게 간첩을 만들려 했을까? 이 우문에 대한 현답은 지금까지 늘 그렇게 해왔고, 그래도 아무 문제가 없었으며, 그래서 하던 대로 했을 뿐인데 이번에는 운이 나빴다는 것이다.

유우성 씨가 간첩으로 몰렸던 까닭, 유가려 씨가 오빠가 간첩이라고 허위 자백을 할 수밖에 없었던 배경에는 그들이 화교, 그들의 조상이 중국인이라는 약점(?)이 작용했다. 이는 1970년대 일본에 머물던, 한국 국적도 북한 국적도 선택하지 않았던 이들을 '재일동포 간첩단'으로 몰아 국가보안법의 제물로 삼았던 역사를 떠올리게 한다. 심지어 이른바 '수사 기법'이라고 불리는 간첩을 만드는 방법, 방식과 절차도 그때와 전혀 변하지 않았다.

이렇듯 국가보안법은 한 국가 내에서 그 구성원을 규율하고 인권을 침해하며 민주주의를 억압하는 동시에 제국주의와 냉전이라는 국제 질서에 기반을 두고 탄생하여 지금도 국경을 넘나들며 작동하고 있다. 그리고 그 가운데 가장 취약한 존재, 경계인들이 있다.

서울시 공무원 간첩 조작 사건의 피해자 유우성 씨는 대법원에서 무죄 판결을 받았고, 이 사건의 조작에 가담한 국정원 수사관들은 꼬리 자르기라고 할 수밖에 없지만 처벌을 받았다. 유우성 씨는 재판 과정에서 간첩이라는 누명을 벗고 뒤늦게 명예를 회복할 수 있었다. 반면 유우성 씨를 간첩이라고 진술할 수밖에 없었던 여동생, 유가려 씨의 회한과 아픔은 치유되지 못하고 있다. 유가려 씨는 국가보안법 위반으로 기소조차 되지 않은 채 바로 추방되었다. 그 결과 중앙합신센터에서 6개월 동안이나 가두고 고문, 가혹행위를 했던 조사관들을 단죄하기 어려운 상황이며, 이에 대한 책임을 물을 길은 멀기만 하다.[6]

오빠를 간첩이라 했던 제 괴로움을 저들은 모릅니다

서울시 공무원 간첩 조작 사건

2004년 탈북한 뒤 2011년 서울시 공무원이 된 유우성 씨가
국가보안법 위반 혐의로 기소된 사건이다. 당시 검찰과 국정원은
유우성 씨의 여동생 유가려 씨의 자백을 토대로 그를 구속
기소했으나, 유가려 씨가 기자회견을 열고 국정원 직원들에게
폭행과 회유, 협박을 당해 오빠가 간첩이라는 허위 자백을 했다며
기존의 진술을 번복했다.

2013년 8월에 열린 1심에서는 유우성 씨의 국가보안법 위반
혐의에 대해 무죄 판결을 내렸다. 다만 북한이탈주민 보호 및
정착지원법과 여권법 위반 혐의는 유죄로 인정해 유우성 씨는 징역
1년, 집행유예 2년을 선고받았다. 검찰은 항소했으나 검찰이 항소심
재판에 증거로 제출한 중국 정부의 문서 또한 국정원 직원에 의해
위조된 것이라는 것이 재판 과정에서 밝혀졌다. 2014년 4월에 열린
2심에서 다시 국가보안법 위반 혐의에 대해 무죄를 선고받았고,
2015년 10월 대법원에서 국가보안법 위반은 무죄로 확정되었다.
한편 2심에서 중국의 출입국 관리 기록 등을 위조하여 증거로
제출한 국정원 대공수사국장, 과장을 비롯한 수사관들이 재판에
넘겨졌으나 국정원장과 담당 검사 등은 불기소 처분으로 처벌받지
않았다.

이 사건을 초창기부터 취재했던 '뉴스타파' 최승호 피디가 제작한
다큐멘터리 〈자백〉이 2013년 상영되어 관객 수 13만 명이 넘는
흥행을 기록하기도 했다.

1. 1990년대 중반부터 말까지 북한을 덮친 대기근의 시기.

2. 서울시 공무원 간첩 조작 사건 당시 국가정보원장이었던 남재준의
   재판. 간첩 조작 사건에 대해서는 검찰이 불기소 처분을 했으나,
   이후 국정원 특별활동비 수수와 관련해 2심에서 징역 5년을
   선고받았다.

3. 유가려의 오빠 유우성은 2004년 탈북하여 중국을 거쳐 남한으로
   들어왔고 이후 서울시 공무원이 되었다. 북한에 있던 어머니가
   갑자기 돌아가신 뒤 유우성은 장례를 치르러 북한에 다녀왔는데 이
   사실을 국정원이 알게 되어 조사를 받았으나 무혐의 처분을 받았다.
   이후 2011년 아버지와 여동생을 중국으로 탈북시켰고 2012년
   여동생 유가려를 입국시켰다. 국정원은 장례식 이후에도 유우성이
   북한을 여러 차례 다녀왔으며 탈북자의 정보를 북한에 넘겼다는
   거짓 혐의, 그리고 동생 유가려의 허위 진술을 토대로 유우성을
   국가보안법 위반으로 재판에 넘겼으나 이후 재판 과정에서 무죄가
   선고되었다.

4. 일제 강점기, 중국 연변 지역에 있던 조선족 자치구.

5. 유가려는 화교 출신으로 이른바 '진성 탈북자'가 아니라는 이유로
   한국 국적을 취득하지 못하고 중국으로 추방되었으며, 5년 뒤 입국
   금지 조치가 풀려 가족 방문 비자로 한국에 들어올 수 있었다.

6. 문재인 정부가 들어선 뒤 만들어진 검찰과거사위원회에서 이
   사건에 대한 재수사 권고가 내려진 뒤에도 한참 동안 아무런 진척이
   없었으나, 2020년 초 검찰이 유우성 씨의 고발에 대해 수사를
   시작했고 유가려 씨를 조사한 국정원 직원들도 국가정보원법의
   권한 남용 등으로 기소되어 곧 재판에 넘겨질 예정이다.

우리는 그렇게 몰아가도 되는
사람이었던 거예요

구술

배지윤

글

박희정

제 고향은 자강도(압록강 중류에 있는 도) 만포예요. 국경 지역이지요. 북한에는 '남한에 있는 포는 항상 자강도를 겨냥해 있다'라는 말이 있어요. 자강도는 다 산이거든요. 위장하는 데 유리하잖아요. 산 안에 갱을 뚫어가지고 군수품 공장들을 만들어놨어요.

우리 아버지는 경상북도 경주 서왕리에서 살았대요. 할아버지가 거기 역장을 하셨다더라고요. 그런데 할아버지가 해방 전에 가족들을 데리고 랑림(자강도 동쪽 지역. 랑림산맥은 태백산맥과 함께 한반도의 등줄기를 이룬다)으로 오신 거지요. 왜정 때 일본 놈들이 철길을 내면서 들어온 게 랑림이래요. 할아버지가 그 철길을 놓으며 들어왔대요. 아버지 나이 스무 살쯤에 들어오신 거 같아요. 아버지가 남한 출신이잖아요. 학교에 가면 아버지 태어난 곳을 써야 할 때가 있었어요. '경상북도'라고 쓰면 "야, 너는 아버지가 남한 사람이냐?" 하고 애들이 눈을 크게 뜨고 봤죠.

할아버지는 랑림에 들어왔다가 얼마 뒤에 가족을 두고 혼자 다시 남조선으로 가셨대요. 고향에 가서 자리 잡고 가족들 데리러 온다고 하고는 연락이 끊겼죠. 할아버지가 해방 전에 가셨는데, 전쟁 후에 38선을 넘어 나간 걸로 기록이 잘못돼서 우리는 '월남자가족'이 됐어요.[1] 북한에서는 출신성분이 제일 중요해요. 우리는 '남한 출신'에 '월남자가족'이라, 항상 뒤에 그 꼬리표가 있어요. 예를 들어 동네에서 무슨 사고가

나잖아요? 이런 사람부터 짚어보는 거예요. 항상 의심 속에 살아요. 남한에서 형사가 탈북자 뒤를 감시하는 것처럼요. 나중에 어떻게 해서 '월남자가족' 딱지는 뗐어요. 사실이 아니니까. 그래도 모든 걸음마다 남한 출신이라는 그림자가 있었어요.

북한은 당이 하나밖에 없잖아요. 정치적으로는 당에서 모든 걸 좌지우지하는데, 출신성분이 나쁘니까 아버지는 당원이 될 수 없었어요. 근데 아버지가 머리가 좀 괜찮거든요. 일본어도 잘하고 한문도 잘해요. 할아버지가 역장을 하셨으니 생활이 좀 괜찮았겠죠. 그래서 행정 쪽에서 아버지를 써줬어요. 행정 쪽에서는 출신성분을 심하게 안 따지거든요.

아버지가 뭘 했는가 하면, 노임부장 모르지요? 직장에서 노임을 주는 사람이에요. 노임부장이 직장별로 1호 직장은 얼마다, 2호 직장은 얼마다 계산해서 주는 거죠. 엄마는 배급소에 다녔어요. 그래서 먹는 데에서는 고생을 안 했어요. 근데 정신적으로는 고통을 받았어요. 자식들이 입당을 하고 싶어도 아버지가 남한 사람이라 안 된다 하고, 어디 대학을 가거나 군대를 가려고 해도 다 출신성분에서 걸리는 거예요.

우리 엄마는 마흔여섯 살에 돌아가셨어요. 제가 열세 살 때였죠. 인공유산을 했는데 잘못돼서 1년을 심하게 앓다가 1978년에 돌아가셨어요. 그때 북한에 인공유산 하는 게 첨 들어왔다 하더라고요. 의학이 영 불비^{不備}했겠죠. 엄마가 아프니까 사람들이 물 좀 옮겨봐라 그래서 다른 군으로 집을 옮겼어요. 아버지는 노임지도원 자리를 내놓고 배급소 책임자로 갔죠.

배급소 같은 데는 책임자가 식량을 떼먹고 교도소 가는 일이 많아요. 근데 아버지는 항상 조심하고 살았어요. 책대로만 산다고 해서 '꼬장영감'이라는 별명도 있었어요. 내가 콩알만큼 잘못해도 그게 주먹만 하게 불어난다. 내가 만약 뭔가 잘못하게 되면 정말 큰 바가지를 쓴다. 배급소에서는 뒷돈 안 만들어도 먹고사니까 조금이라도 문제될 일은 하면 안 된다. 어릴 때부터 아버지한테 그렇게 주입받고 살았어요. 철길 위에서만 기차가 구르잖아요. 북한에 있을 때 저는 기차처럼 궤도를 이탈하면 안 되는 사람이었어요.

어머니가 돌아가시고 계모가 들어왔어요. 계모 밑에 살면서도 그렇게 착하게 살았는데, 그런 성격이 시집가서 완전히 180도 달라졌어요. 중국 와서 또 달라졌고, 한국 와서 또 달라졌어요. 살면서 사람이 막 억세지더라고요.

고개를 넘고 또 넘어

저는 시집을 좀 빨리 갔어요. 스물두 살에. 고등중학교를 졸업하고 공장에 배치받아 일했는데 기숙사에 살면서 고

생을 많이 했어요. 시집가면 좀 편안할까 싶어서 애들 아빠를 소개받았어요. 애들 아빠는 강계에 있는 특수병정(특수부대)에서 군 복무를 하고 있었죠.

시집간 데는 함경북도 회령이에요. 회령이 잘산다는 말 한 마디에 갔어요. 제가 살던 자강도는 좀 못사는 데예요. 거기 사람들은 "개고개 넘자"가 구호예요. 개고개라는 높은 령(嶺)이 있거든요. 근데 그 고개를 넘으니 무산고개를 또 넘어서 들어가더라고요. 진짜 촌으로 들어갔죠. 제가 살던 데도 시골인데 그 시골하고 이 시골은 달랐어요. 우리 집은 앞으로 개울이 흘러요. 고기도 잡고 개구리도 잡아요. 산에 가면 털고비라든가 참나물, 야생 두릅 같은 산나물도 정말 많았어요. 과일도 많고요. 근데 이 시골은 그런 풍성한 시골이 아니고 그냥 벌판, 산에 가도 별것 없는 시골인 거예요. 기껏해야 참취나 곰취밖에 없어요. 시장에 가도 없더라고요. 그대신 기차가 있었죠. 중국도 보이고. 회령은 중국 사람들이 많이 들어오는 동네예요.

북한에서는 나라에서 배치해주는 곳에 가서 일해야 해요. 애들 아빠는 농민 자식이라 본래 농장으로 가야 했어요. 농민 자식이면 대대로 농민이니까요. 북한에서는 농민이 가장 낮아요. 하지만 특수병정에서 복무한 사람은 그래도 내가 가고 싶은 데로 갈 수가 있어요. 복무 기간이 길어서 혜택을 조금 주는 거죠. 그리고 사촌형이 중앙당에 있어서 그 빽으로 구두공장에 배치받았어요. 그래도 계속 압력이 왔어요. 빽으로 들어왔어도 특별한 재간이 없으면 버티기 힘들어요. 그래서 1년 만에 다시 농민이 됐죠. 남편이 농민이면 나도 농민이에요. 아무리 우리 아버지가 사무원이라 해도 소용없어요.

저는 부모가 한국말로 하면 공무원이니까 농장 일을 안 해봤어요. 1988년에 시집와서 큰애를 1989년에 낳고 작은애를 1992년에 낳았어요. 한동안은 일을 안 해도 식량이 나오지만, 애들이 어느 정도 크고 나면 일을 해야 해요. 농장 일을 1995년부터 했어요. 농장 일은 정말 힘들어요. 새벽부터 나가서 뼈 빠지게 일해도 먹고살기 힘들어요. 우리 네 식구가 식량을 겉곡(도정하지 않은 상태)으로 1년에 1톤 정도 탔을 거예요. 벼 600킬로, 옥수수 400킬로를 도정하면 다 해서 700킬로 정도 나와요. 그걸로 1년을 사는 거예요. 이 식량으로 먹고사는 데 필요한 걸 다 쓰는 거예요. 택도 없이 모자라죠. 신발은 또 왜 그렇게 잘 깨지는지요. 애들이 한 달 신으면 신발이 나가는 거예요. 신발 하나 사려면 쌀이 1킬로인데. 그러니까 애를 막 때리는 거예요. 신발 좀 아껴 신으라고. 근데 애들이 어떻게 아껴 신겠어요. 당원이라도 돼보려고 부지런히 일했지만 안 되더라고요. 그것도 빽이 있어야 하고, 돈이 있어야 해요. 여자는 간부한테 몸을 바칠 줄도 알아야 하고요. 그래서 포기했어요.

1996년이 되자 고난의 행군이 시작됐어요. 풍족하지도 않은 농민 식량을 정말 조금밖에 안 주더라고요. 1999년에는 대수술을 했어요. 난소낭종이라고 해서 열어보니 아무것도 없었어요. 오진이었죠. 눈을 뜨고 일어나서 밑을 보니 피가 한가득 있었어요. 저는 그대로 기절을 했죠. 수술하고 한동안 일을 못 하다 보니 남의 집에서 빌려서 먹고살았어요. 다 고리대라서 빚이 계속 늘었어요. 아, 내가 이렇게 살아선 안 되겠다 싶더라고요. 애들도 조금 있으면 장가갈 때가 되는데. 그래서 2001년도부터 장사를 시작했어요.

입어본 적 없는 옷

회령은 중국 사람들이 많아서 상품이 많았어요. 뭐든 닥치는 대로 가져다 팔았어요. 야채 장사도 하고 송이버섯 장사도 하고. 송이버섯은 본래 중국 사람들한테 팔면 안 돼요. 외화벌이 한다고 국가에 팔게 하는데, 거기다 팔면 돈이 안 돼요. 꼴랑 기름 한 병, 설탕 1킬로밖에 안 주거든요. 그건 생활에 도움이 안 되잖아요. 하지만 중국 사람한테 팔면 비싸게 쳐줘요. 돈으로 받으면 쌀을 살 수 있잖아요.

거기는 국경이라 단속이 되게 심했어요. 들키지 않게 다녀야 했어요. 송이를 이끼로 덮어서 종이에 싸요. 그걸 허리띠로 배에다 탄창 차듯이 하고 큼직한 옷을 입어요. 품이 큰

옷을 펄펄 날리며 자전거 타고 가서 중국 사람한테 파는 거예요. 자전거 타고 하루에 50킬로씩 다녔어요. 정말로 살려고 애를 많이 썼어요.

제가 장사를 시작하니까 간신히 먹고살게는 됐어요. 다음 해부터는 더 이상 꿔 먹지 않았어요. 이제 묵은 빚만 있는데 그걸 물어줄 형편은 안 됐고요. 그때 우리가 3층 건물에서 살았는데, 강 건너로 중국이 다 보였어요. 어느 날 옆집 아줌마가 저더러 그러더라고요.

"강 건너가면 저기는 교포 노인들만 산다. 자식들은 다 한국 가고 돌봐줄 사람이 없어서 보모를 쓰는데 먹여주고 재워주고 한 달에 400위안(한화 약 8만 원)씩 준대. 야, 너도 가서 장사 밑천 마련해."

귀가 솔깃해졌어요. 열 달만 일해도 4,000위안이잖아요. 그거면 장사를 좀 크게 할 수 있겠구나. 내가 가서 죽었다 하고 1년만 버티면 우리도 잘살 수 있겠구나. 그래서 중국으로 들어갔죠. 2003년 12월 29일에 떠났어요. 그때 제 나이가 서른일곱 살이었어요.

새벽에 얼어붙은 두만강을 딱 넘어서니까 교포들이 사는 동네더라고요. 바로 집이 하나 있는데 저 말고 여자가 또 하나 있었어요. 거기 들어가는 순간부터 울었어요. 애들 생각이 나서. 애들하고 작별 인사도 없이 떠났거든요. 큰애가 따라 나와서 문을 걸었어요. 저는 그냥 어디 마실 가는 것처럼

우리는 그렇게 몰아가도 되는 사람이었던 거예요

"빨리 오줌 누고 문 닫고 자라" 하고 나왔죠. 우리 막내는 열두 살이었는데 자는 거 보고 나왔어요.

　날이 밝으니까 개산툰(연변조선족자치주 룡정시에 속한 마을)에서 우리를 데리러 사람들이 왔어요. 입고 온 옷은 버리라고 하고 옷을 새로 사줬어요. 너무 좋은 옷을 사주는 거예요. 북한에서는 구경도 못하는 옷을. 애들도 못 입어본 옷을 제가 입으니까 속이 상하더라고요. 그 길로 버스를 타고 갔어요. 정처 없이 한참을 달리는데 일하러 왔으니까 그냥 어디로 가나 보다 했어요. 그때까진 몰랐어요. 장춘(중국 북동부 길림성의 성도)의 시골로 우리를 데려갔는데, 도착해서 깜짝 놀랐어요. 우리를 남자들한테 팔아먹으려는 거였어요. 옆집 아줌마가 저를 속인 거죠. 나중에 들은 건데, 그 여자는 브로커한테 저를 넘기고 200위안을 받았대요.

　저는 아무것도 모르고 진짜 착하게만 살았어요. 가족들 먹여 살리겠다고 중국에 돈 벌러 들어온 건데, 일하러 가는 줄 알고 따라왔는데, 저를 팔려고 남자들을 데리고 와서 선보일 때 제 심정이 어땠겠어요? 그 마음이 얼마나 억울했겠어요?

길 밖의 삶

　장춘에서는 남자한테 불합격 맞았어요. 제가 애기를 못

낳는다고 했거든요. 북에서 난소낭종 수술을 받을 때 의사가 열어보고 아무것도 없으니까 그냥 난관을 묶었대요.

　브로커가 이번에는 우리를 데리고 산둥성으로 갔어요. 가니까 북한 여자가 우리를 중국 남자들한테 소개하더라고요. 내가 안 팔리겠다고 버둥거린다고 통하는 게 아니잖아요. 도망가고 싶어도 꼼짝할 수가 없는 거예요. 그때는 중국 말을 하나도 몰랐어요. 브로커가 그랬어요. "야, 1년만 살고 달아나면 된다." 그 말대로 1년 열심히 돈 벌어 북한으로 돌아갈 생각을 했죠. 2003년 12월 27일에 집 떠나서 2004년 1월 5일 중국 남자한테 시집갔어요. 그 사람이 천진의 젖소 목장에서 일했는데, 저도 거기서 같이 일하면서 돈을 모았어요.

　2005년에 브로커를 통해 애들 아빠를 만났어요. 애들 아빠를 두만강 건너 연변 쪽으로 잠깐 나오게 했어요. 근데 세상에, 이 사람 꼴이 말이 아닌 거예요. 오십도 안 된 사람이 칠십 먹은 노인이 돼서 왔더라고요. 애들 둘 데리고 얼마나 고생을 했던지…… 병까지 와서 많이 앓았대요. 그때 손에 쥐고 있던 돈으로 애들하고 애들 아빠 옷이며 신발이며 잔뜩 사서 챙겨줬어요. 그다음부터는 제가 계속 돈을 보내줬어요.

　우리 북한 사람들은 숨어서 벌어야 하니까 임금을 정말 적게 줬어요. 새벽부터 나가서 뼈 빠지게 일해도 한국 돈으로 한 달에 8만 원(약 400위안)밖에 못 벌어요. 조선에 있을 때는 그 돈이 많아 보였는데, 여기 와서 살아보니까 안 많은 거예요. 그거 벌어서 북한에 보내면 저는 중국에서 어떻게 먹고살겠어요. 그래서 2005년 12월부터 (인신매매) 브로커를 시작했어요. 남들 보니까 그렇게 돈을 벌더라고요. 내 가족을 먹여 살려야 하는데 방법이 없잖아요. 환경에 따라서 내가 어떤 방법으로 돈 벌어야겠다는 걸 터득해야 사람이 살아가는 거잖아요.

여기 말로는 인신매매라고 하는데, 우리가 사람을 술집에 판 건 아니에요. 북한 여자가 중국에서 살려면 방법은 시집가는 길밖에 없어요. 친척이라도 있으면 모를까 발붙일 곳이 없어요.[2] 나이가 적든 많든 시집을 가야 하는데, 그걸 해주는 거예요. 그것도 저 혼자 한 게 아니에요. 앞에 한족漢族이 또 있어요. 소개자들. 그 소개자가 자기 아는 사람을 데리고 오면 그 사람에 대해 아무것도 모르고 시집을 보내는 거예요. 그건 할 수 없는 거잖아요. 우리 친척을 소개해주지 않은 이상 그 남자에 대해 모를 수밖에 없어요. 여자한테 좋은 남자를 소개시켜줬으면 저를 좋다 하겠고, 좋은 남자를 소개 못해줬으면 저를 나쁘다 하겠죠.

이 일은 4년 하다가 그만뒀어요. 위험 부담이 너무 컸어요. 젊은 애들 같은 경우는 브로커하고 짜고 와요. "돈을 받으면 달아나. 네가 절반 갖고 내가 절반 갖자." 그러니 저는 애를 데리고 있으면서 테스트를 많이 해야 했죠. 얘가 달아날건가? 답 안 나와요. 사람 속을 어떻게 알아요. 소개시켜준 여자가 달아나면 그 남자가 저를 고발할 수도 있어요. 그러면 저는 북송되는 거예요. 그래서 2009년에 그만두고 그때부터 사람들을 한국 보내는 일(속칭 '탈북 브로커')을 했어요.

한국으로 떠나다

중국에 와서 한동안은 돈을 벌어 돌아갈 생각을 했어요. 근데 5년째부터 생각이 바뀌었어요. 제가 비록 팔려갔지만 중국인 남편이 저를 잘 이해해줬어요. 그 사람이 아이를 낳고 싶어 했는데, 제가 안 갖겠다고 했거든요. 중국에서 아이를 낳으면 북에 있는 아이들하고는 멀어질 수밖에 없잖아요. 다시 임신할 수 있으려면 수술을 받아야 하는데 그것도 싫더라고요. 아이 안 낳겠다는 것에 동의해준 게 고마웠어요. 중국에서 살 때 제가 비록 신분은 없었지만 그 사람의 그늘에서 편안했다고 생각해요. 중국에서 계속 살 생각을 하고 2009년 1월 5일에 큰애를 북에서 데리고 왔어요. 작은애는 아빠가 데리고 살기로 했죠.

큰애가 나오고 싶어 해서 데려왔지만, 막상 중국에 오니까 말이 안 통하고 친구도 없고 외롭잖아요. 제가 중국 사람들이랑 이야기만 해도 자기를 욕하나 싶어 오해를 하는 거예요. 그러다가 큰애가 한국에 갈 마음을 먹었어요. 동네에 같이 살던 북한 여자가 아들을 한국에 보낸다고 북에서 데리고 나왔어요. 그 애하고 둘이 뭔가 이야기가 통했나 봐요. 큰애가 한국에 가고 싶어 해서 2011년에 보냈죠. 한국에 가더니 좋다고 하더라고요. 근데 집에 오면 외롭다며 동생을 데려오자고 해요. 작은애한테 물어보니 아빠랑 같이 오겠다는 거예요. 그래서 애들 아빠하고 작은애가 2014년 1월에 나왔고, 중국에서 제가 40일 데리고 있다가 3월 3일에 보냈어요. 저는 한 달 있다가 떠났고요.

중국인 남편한테는 이렇게 말했어요. 내가 한국에 가면 임대주택이라도 주니까 너는 결혼등기 해가지고 와라. 중국에서는 내가 신분이 없지만 한국에 가면 신분증이 생기니까 공식적으로 결혼할 수 있다. 집을 따로 얻어서 중국인 남편하고 살 생각이었어요. 우리 둘이 벌고 애들 아빠도 벌고 하면 작은애는 꼭 대학 공부를 시키리라고 생각했어요. 작은애하고 헤어진 지 9년인데, 애들이 엄마 없이 자라느라 고생했잖아요. 정말 제 나름대로 포부를 가지고 남부럽지 않게 공부를 시켜줄 생각이었어요.

지난(산둥성의 성도)까지 중국인 남편이 따라왔어요. 막상 이 사람을 두고 떠나는데 눈물이 그렇게 나더라고요. 가슴이 텅 빈 것 같고. 어떻게 표현을 못 하겠어요. 우리가 왜 이렇게 살아야 하는지…… 우리 삶을 누가 이해하겠어요?

배지윤

이 사람들이 나한테 왜 이러지?

중국에서 떠나면 미얀마, 라오스, 태국을 거쳐서 한국에 들어와요.[3] 저는 2014년 5월 31일 한국에 도착했어요. 6월 2일부터 합신센터에서 조사받기 시작했죠. 저는 자부심을 가지고 들어왔어요. (탈북 브로커 하면서) 한국에 사람을 많이 보냈으니 정부를 도운 거나 마찬가지라고 생각했어요. 태국에 있을 때도 남들은 40일 있는데 20일 만에 저를 뽑는 거예요. 그래서 '내가 뭔가 공이 있나? 날 왜 이렇게 빨리 뽑지?' 하고 정말 기분 좋게 들어왔어요. 그런데 면담하는 선생들이 저를 보자마자 딱 이러더라고요.

"좀 쫄렸지?"

제가 불안감을 가지고 들어왔다는 거예요. 나는 아무 생각 없었는데. 그때는 조사받을 때가 아니고 면담 때인데 이것저것 물어봤어요. '얼음'은 어떻게 했나, 뭐 그런 것들을. 그때 제가 딱 느낀 게 이거예요. '이 사람들이 나한테 왜 이러지?'

북한에서는 마약을 '얼음'이라고 해요. 제가 얼음을 팔았다는 건 〈마담 B〉(배지윤 씨가 출연한 다큐멘터리 영화)에도 나와요. 북한에서 가져다가 중국에 파는 거죠. 중국에 있을 때 딱 한 번 했어요. 돈이 있어야 살아가니까. 돈은 벌다 보면 욕심도 생기고 하잖아요. 2010년 10월에 457그램을 판 게 처음이자 마지막이에요. 한 번 팔고는 너무 놀랐거든요. 당장 누가 나를 잡으러 올 것만 같고 무섭더라고요. 그래도 한 번 더 해볼까 했는데 처음에 했던 루트로 돈도 안 들여보내고 물건도 안 보내더라고요. 다른 루트도 없고 그래서 끝냈죠.

합신센터에서 6월 2일에 면담하고, 3일에 독방으로 내려갔어요. 1인실에 빨리 내려가는 걸 합신센터에 있는 탈북자들은 제일 좋아해요. 너무 기쁜 거예요. 태국에서도 빨리 왔는데 여기서도 이렇게 빨리 내려가니까. 가족도 다 데려와서 나를 좋게 봤을 것이다, 이렇게 생각했죠. 처음에는 진실대로 말했어요. 딱 한 가지, 중국에서 제가 가지고 있던 돈 액수만 속였어요. 혹시 뺏을까봐. 사람이 그런 마음이 있잖아요. 나머지는 다 진실 그대로 말했어요.

그런데 조사를 시작하니까 이 사람들이 제가 하지도 않은 일을 만들더라고요. 제가 2010년에 얼음을 팔아 보위부(국가안전보위부. 북한의 최고 정보수사조직으로 2016년 '국가안전보위성'으로 개칭됨)에 '충성자금'을 냈다는 거예요. 게다가 2009년에도 얼음을 팔았다는 거예요. 보위지도원이 북에 있는 남편을 통해 보낸 얼음을 제가 팔았대요. 그때는 보위부에 충성자금을 낸 게 아니고 보위지도원 개인에게 바친 거래요. 저는 절대 그런 일이 없는데도요.

당신도 진술하라!

저는 6월 15일까지 아니라고 버텼어요. 조사 시작한 지 보름 지나서 거짓말탐지기를 하더니, 제가 걸렸대요. 그 말을 들으니 위축감이 막 생겼어요. 내가 왜 걸렸지? 거짓말한 게 딱 한 가지 있다고, 가지고 있던 돈 액수를 속였다고 말했어요. 뺏길까봐 그랬다고. 다 말했는데 제 말을 안 믿어주니까……(눈물)

그때 애들 아빠도 독방에서 조사받고 있었어요. 대면시켜달라고 했지만 안 해주더라고요. 하루는 애들 아빠가 저한테 편지 한 장을 보냈다면서 그걸 보여줬어요. 밑에는 다 가리고 제일 위에 '정옥이에게' 이렇게 쓴 한 줄만 보여줬어요. 보니까 분명 애들 아빠가 쓴 건 맞아요. 가린 내용을 어떻게 읽어줬는지 알아요?

"여보, 내가 다 진술했으니까 당신도 진술해."

애들 아빠도 북한에서 얼음 300그램 판 걸로 진술서를 썼다는 거예요. 깜짝 놀랐어요. 뭘 진술하란 거야, 도대체? 2009년에는 내가 한 게 없는데. 이 사람이 나하고 뭔 원수를 져서 그러나? 저는 그때 애들 아빠가 진짜 그렇게 쓴 줄로만 생각했거든요. 제가 중국에 있을 때 애들 아빠보고 그랬어요. 한국 가서 당신하고 안 살 거다. 애들 데리고 혼자 살아라.

"개새끼! 도대체 나한테 왜 이래! 내가 같이 안 살겠다고

우리는 그렇게 몰아가도 되는 사람이었던 거예요

하니까, 너 고생 좀 하라고 이러는 거야? 아무리 못살아도 애를 봐서라도 니가 이럴 수 있어!"

　까무러칠 만큼 울었어요. 의무실에서 달려올 만큼요. 제가 '휘발유'라고 부른 조사관이 있거든요. 성격이 불같아서 그렇게 불렀는데, 그 사람이 저보고 생쇼를 한다고 하더라고요. 쇼라는 말을 그때 처음 알았어요. 제가 통곡하고 아무리 아니라고 해도 소용없었어요. 그래서 결국 2009년에 제가 보위지도원의 얼음을 팔아줬다는 허위 진술을 했죠.

　처음에 제가 있던 4층 1인실은 방이 되게 작았어요. 5평도 되나 마나 할 거예요. 작은 테이블이 하나 있고, 침대가 하나 저 구석에 있고, 화장실이 하나 있었어요. 화장실 변기에 앉으면 칸막이가 다 유리인데 아래부터 딱 요만큼 높이까지 안 보이게 뭘 붙여놨더라고요. 거기 앉아서 생각했어요. 변기 물통에 뚜껑 있잖아요. 사기로 된 거. 어느 날 기회가 되면 이 뚜껑을 깨가지고 내가 죽어야겠다. 너무 억울하니까.

　죽을 마음을 품고 아들한테 편지를 한 장 남겼어요. 내가 북한을 안 떠났으면 이런 일도 없었을 거다. 내가 가정을 못 지켜서 우리 집안에 이런 일이 생겼으니 아버지를 용서해줘라. 너희 형제들은 여기 잘살자고 왔으니까 그냥 우애 좋게 잘살면 좋겠다. 그 편지를 안 들키게 탈의함에다 넣어놓고, 조사받고 올라올 때마다 그걸 읽으면서 나를 안정시켰어요.

　'그래, 아무 때라도 난 죽을 것이다.'

어느 날 내려갔다 오니까 그 편지가 없어졌더라고요. 편지 밑에 "저는 2009년에 얼음은 안 했습니다. 다시 조사해주세요" 하고 썼거든요.

당할 수밖에 없는 사람들

나중에 하나원에서 만난 어떤 언니는 제 이야기를 듣더니 그러더라고요. "야, 아니라고 말하면 끝이지. 책상이라도 들어서 까버리지 그랬냐." 제가 그런 생각을 안 했겠어요? 말이야 쉽죠. 그렇게 할 때까지 제 심정은 오죽했겠어요. 난 아버지가 경주 사람이라고, 북한에 있을 때도 남한이 고향이라는 그 한 가지로 핍박을 받았는데 내가 왜 간첩을 하겠냐고, 자꾸 이럴 거면 다시 보내달라고까지 했어요. 북이든 중국이든 어디든 가고 싶었어요. 간첩으로 살 바에는 왜 여기 있어요? 안 된다고 하더라고요. 조사관이 책상을 쾅쾅 두드리면서 고함을 질렀어요. "야! 배정옥이! 배정옥이!"

거기서 배정옥이란 이름을 하도 들어가지고 그 이름을 들을 때마다 그때 생각이 났어요. 그래서 하나원에서 나오자마자 이름을 고쳤어요. 제가 오죽하면 이름을 고쳤겠어요. 부모가 지어준 이름을.

한번 상상해보세요. 조사실에 들어가면 테이블이 하나

우리는 그렇게 몰아가도 되는 사람이었던 거예요

있어요. 제가 앉아요. 그러면 조사관 다섯 명이 저를 둘러싸고 사방에 서서 노려봐요. 저 혼자서 얼마나 가슴 졸이며 앉아 있겠어요. 저기서 째려보고, 여기서 째려보고, 땀이 막 줄줄 흘러요. 무슨 말을 하기가 무서워요. "나, 변호사 좀 대주세요" 하면 "변호사 안 된다" 그래서 "묵비권 할 겁니다" 하면 "보위부에서 알려주디?" 할 말이 없어요.

외부하고는 딱 끊긴 상태잖아요. 그 안에 나를 언제까지 가둘 수 있는지를 몰라요. 우린 한국 법을 모르니까요. 우리한테 알려준 게 하나도 없어요. 그러니 항상 조바심에 사는 거예요. 이러다가 1년이 지나가면 어쩌지? 2년이 가면 어쩌지? 애들은 언제 만나지? 난 어떻게 되지? 하나도 모르는 사람이니까 우리를 가지고 노는 거예요. 당할 수밖에 없는 게 우리 북한 사람들이에요.

과장이라는 조사관도 애가 둘이 있더라고요. 아들과 딸. 진짠지 가짠지 모르겠지만 저한테 그렇게 말했어요. 자기도 애를 키우는 사람으로서 저한테 간첩이라는 딱지를 붙일 때 마음이 편했을까요? 그게 애들한테 어떤 불행인가를 생각해보고 저한테 그렇게 했는지 물어보고 싶어요. 조사받을 때 선생들한테 제가 물어봤어요. 간첩을 잡아야 하는 거 아니냐고, 왜 만드냐고. 자기들은 안 만든다고 하더라고요.

난 간첩 아니라고 아무리 말해도 소용없었어요. 차라리 허위 진술이라도 해서 교도소에 들어가야겠다는 생각이 들었어요. 거기서는 밖이랑 연락이라도 할 수 있잖아요. 애들하고 연결해서 매스컴을 타면 나는 꼭 이길 수 있다, 이런 자신 감을 가진 거예요. 어리석었죠. 근데 다른 방법이 없으니까 그 길만이 내가 살 길이라고 생각한 거죠.

간첩이 되는 법

2009년에 보위지도원이 준 얼음을 팔았다고 허위 진술을 한 게, 저는 그냥 내가 한발 양보하는 거라고 생각했어요. 애들 아빠가 왜 이렇게 썼는지 모르겠지만, 까짓 거 내가 더 양보할 것도 없으니까 괜찮겠지 생각했어요. 그런데 그러고 나니까 그다음부터는 보위부와 어떻게 연락했는지, 암호는 뭔지, 그 이야기를 만들어야 하더라고요.

2009년에 판 얼음의 판로를 말하자니 할 말이 없는 거예요. 내가 팔지 않았으니까. 그래서 텐진에 없는 애인을 하나 만들었어요. 이름을 뭐라 했는지 생각도 안 나요. 그다음에 애들 아빠가 쓴 진술서하고 제가 쓴 진술서를 맞춰야 했는데, 조사관이 슬쩍 귀띔을 해주더라고요. "야, 그날이잖아. 그날 아니야?" 이런 식으로. 거기에 맞춰 제가 써놓으면 그걸 가지고 애들 아빠한테 가서 또 힌트를 주는 거예요. 어느 날이라고. 이렇게 진술서를 맞추는 거죠. 조사받을 때 시시티브이가 있는 데서는 강요하거나 유도하거나 하지 않았어요. 거기 과장이라는 여자가 저를 데리고 나가요. 운동장을 돌자고 해요. 야산에도 데려가고.

"아니, 정옥 씨. 북한(보위부)에서 전화받았다고 하면 어때? 그거, 나쁜 거 아니야."

이야기를 자꾸 듣다 보니 전화받았다고 하면 어떠랴 싶은 거예요. 얘들이 요구하는 게 이거네? 그래, 뭐 까짓 거 내가 아니면 되니까. 설마 교도소에 갈 거라는 건 생각 안 하고 그렇게 한 거예요. 그렇게 한발 한발 양보하다 보니 마지막에 간첩까지 되더라고요.

전화를 받았다고 하니까 이제 전화번호를 물어봐요. 제 전화기에 연락처가 있잖아요. 내가 누구를 통해 알게 됐는데 이름은 모르는 사람들이 있어요. 이름에 나만 아는 표식을 넣어서 입력한 게 있어요. 그걸 보고 조사관이 왜 이렇게 했냐고 물어요. "이거 암호 아니야?" 아니, 암호가 있어야 제가 말하죠.(헛웃음) 그냥 누구 엄마라고, 그냥 언니라고 하기로 했다고, 말도 안 되는 말을 한 거예요.

얼음을 다달이 얼마 팔았냐, 보위지도원하고 얼마나 통화했냐, 그런 것도 대략 맞춰요. 일주일에 몇 번 통화했다고 답하면, 전화를 먼저 했냐고 물어요. 전 전화번호 몰라요. 세상에, 제가 간첩 임무를 받았으면 보위부 전화번호를 모를까요? 그건 말도 안 되잖아요. 저한테 보위지도원 이름도 알려줘요. 저는 누군지 알지도 못하는 이름이에요. 애들 아빠도 모르더라고요. 그렇게 맞췄어도 제가 팔았다는 양이 아주 적은 양이잖아요. 그걸 충성자금으로 받는다는 건 말도 안 되죠.

항상 조사받을 때마다 참을 '인' 자를 썼어요. 참자, 참자, 참자. 제가 화를 내면 애들이 또 걸고 넘어지거든요. 그냥 나를 다 죽이는 거야. 참을 인, 참을 인, 참을 인…… 계속 썼어요. 한글로 쓰면 보고 알까봐, 중국 글씨로 계속 썼어요. 참을 인, 참을 인…… 거슬리는 말이어도 참자. 그렇게 나를 버린 게 10월 25일까지예요.

154일 만에 바깥으로

10월 25일에 낯선 사람 둘이 왔어요. 국정원 본원에서 온 사람들인데, 그때 저는 그 사람들이 민변인 줄 알았어요. 조사관이 그 사람들한테 데려가는 길에 계속 저한테 이런 말을 주입했거든요. 아무 말 하지 말고 선처만 요구해라. 민변한테 말 잘못하면 안 된다. 진술 번복하면 나가서 사회생활 못 하게 만든다. 너희 가족은 완전히 파멸된다…… 제가 겁먹고 진술을 번복 못 하게 만들려고 한 거지요.

내려가보니, 시시티브이가 없었어요. 저를 조사한 선생들이 우리가 이야기하는 걸 볼 수 없는 거잖아요. 온 사람들

우리는 그렇게 몰아가도 되는 사람이었던 거예요

도 젊고 괜찮아 보이더라고요. 조사관들하고는 달랐어요. 이야기하는 것도 다정하다고 할까. 물어보는 내용도 다 조사관들에 대한 거였어요. 그래서 이 사람들이 진짜 민변이라고 생각했죠. 지금 가슴에 쌓인 억울한 것들을 다 하소연했어요. 이때까지 조사받으며 한 진술은 다 거짓말이라고. 그러면서 세 시간 반을 울었어요. 그 사람들은 제가 말한 걸 쭉 써가지고 나갔고, 저는 일주일 있다가 합신센터에서 나가게 됐죠.

나오는 날, 로비에서 그 과장이라는 여자를 다시 만났어요. 조사받으면서 제 말을 하도 믿지 않으니까 제 일기장을 증거로 제출했었는데, 그 일기장을 달라고 했죠. 안 주더라고요. 일기장에 좋지 않은 글이 있다는 거예요. 제가 2011년 9월 15일에 쓴 일기가 문제라는 거예요. 우리 큰아들이 중국에서 떠나 국정원(합신센터)에 들어온 그날, 저는 일기장에 '애가 국정원에 들어가는데, 괜찮겠지?'라고 썼어요. 북에 있을 때 '웃으며 들어갔다 울며 나오는 데가 안기부'라는 말을 들어서 그렇게 쓴 것뿐이에요. 다른 뜻이 하나도 없었어요. 국정원에 들어가도 괜찮겠지. 왜? 나쁜 짓을 한 게 없으니까. 근데 그게 문제가 된다는 거예요.

그 과장한테 제가 간첩 혐의를 벗었는지 물어봤어요.

"아니. 나가서 간첩 하나 잡아야 벗어. 그러니까 1년 안에 잡아."

안 벗었다는 거잖아요. 그런데 국정원이 지금은 그때 우리한테 간첩 조사를 한 일이 없다고 발뺌을 해요. 그럼 그때 저한테는 왜 그렇게 말한 거죠? 그 사람은 계속 저더러 간첩 혐의자라고 했어요. 북한에서 전화가 오면 자기한테 전화하라고 했어요. 저한테 전화할 사람이 누가 있어요? 보위부하고 연관도 없는데. 그냥 "네에, 알았습니다" 하고는 나왔어요. 그 여자하고 마주 서 있는 자체가 싫고, 한순간이라도 빨리 빠져나오고 싶어서. 나오는데 이게 꿈인가 생시인가 싶더라고요.

또 하나의 꼬리표

하나원에서는 60일 만에 나왔어요. '비보호'가 나와서 나머지 한 달을 못 채우고 나온 거예요.[4] 저희를 간첩으로 만들려다 마지막에 자기들이 원하는 대로 안 됐잖아요? 그냥 보복으로 저희한테 '비보호'를 준 게 아닌가 싶어요. 어쨌든 하나원을 빨리 나와서 다행이다 싶어요. 더 있다가는 병들 것 같더라고요. 중국에 있을 때 애들이 보고 싶어서 많이 울었는데, 그때보다 조사받을 때 더 많이 울었던 것 같아요. 하나원에서도 많이 울었어요. 간첩 조사를 받았다는 이유로 얼마나 왕따 당했는지 몰라요. 2014년 한 해는 저한테 고난의 해였어요. 중국에서 아무리 힘들어도 다 견뎌냈는데, 그때는 못 견디겠더라고요. 그 이후로 사람을 멀리하게 됐죠.

　　하나원을 나온 지 한 보름쯤 됐을 때, 아는 언니 소개로 부산에 갔어요. 억울한 마음을 치유하려면 뭐라도 해야겠다 싶어서 일하러 간 거죠. 가서 보니, 작업소장이라는 사람 밑에서 아파트 건설 공사장을 청소하는 일이더라고요. 하루는 밥 먹는데 그 소장이 저를 안 쓰겠다고 해요. "왜요?" 하니까 "국정원에서 조사받았다면서?" 하는 거예요. 깜짝 놀랐죠. "조사받은 건 사실이지만, 우리 북한 사람은 여기 들어오면 무조건 조사받아요. 나쁜 거 아니잖아요?" 하니까 그게 아니래요. 다른 의미로 조사받았다고 하는 거예요. 이 사회도 북한하고 똑같나? 북한에서는 출신성분 때문에 핍박을 받았는데, 여기서는 북한 사람이라고 또 이렇게 핍박을 받아야 하나……

　　어떤 사람은 제가 탈북자라고 하니까 "야, 탈북자는 다 간첩이라던데?" 하더라고요. 그런 소릴 들으면 얼마나 섬찟한지 몰라요. 그 사람은 대수롭지 않게 이야기하지만, 저는 그렇게 당한 사람이잖아요. 다른 제도에서 살다가 온 게 죄는 아니잖아요. 그런 나라에 태어나고 싶어서 태어난 것도 아니고. 너무나 억울해서 그 사람한테 이렇게 이야기했어요.

　　"어떤 사람이 간첩인지 모르겠지만 우리 같은 서민이 무슨 간첩이겠어요. 우린 정말 먹고살려고 나왔고, 하다 하다 이제 한국까지 왔는데 뭐하러 간첩 일을 하겠어요. 지금은 인

배지윤 씨의 남편 지영강 씨가 묻힌 양평군 양동면
국립하늘숲추모원의 나무. 그는 눈물부터 훔쳤다. 건강했던
사람이고 위암에 걸릴 이유가 없었다고 생각한다. 괜히 자기가
남한으로 데리고 와서 중앙합동신문센터에서 받은 스트레스로
위암에 걸렸다며 자책한다. 조사 과정의 이간질로 생긴 오해의
마음을 좁히지도 못한 채 이별한 그들을 누가 책임질 수 있을까.

우리는 그렇게 몰아가도 되는 사람이었던 거예요

터넷으로 내가 하고 싶은 거 다 하는 세상인데, 굳이 여기까지 와서 우리 같은 서민이 왜 간첩질을 하겠어요."

"글쎄, 그건 모르겠고. 우린 그렇게 배웠거든."

그 소리에 너무 가슴이 아픈 거예요. 분단의 아픔이라 해야 할까. 뉴스에서 간첩을 잡았다고 해도 믿음이 안 가요. 저거, 거짓말이겠지. 나처럼 또 만들었겠지. 저 사람은 혼잔가 보다. 누구 도와줄 사람이 없었나 보다. 나는 밖에 우리 애들이 있으니까 후에라도 시끄러울까봐 내보냈나? 아닌 게 아니라, 혼자인 사람은 다 간첩으로 몰렸잖아요.

이제 영영 못 볼 사람

애들 아빠가 2016년 12월에 위암 2기 판정을 받았어요. 그리고 지난해(2019년) 11월 13일에 세상을 떴어요. 제가 괜히 데려와가지고 애들 아빠가 그런 병에 걸린 것 같아 너무 미안해요. 사람들은 그래도 여기 왔으니까 수술도 받고 한동안 살 수 있었던 거라고 말해요. 아니에요…… 그 사람은 위암이 올 사람이 아니에요. 과학적 증거가 없어서 그렇지, 위암은 거기(합신센터)서 스트레스 받아서 안고 나온 병이에요. 저는 그렇게 생각해요.

남편은 진짜 얼음 같은 건 한 번도 만져보지 않은 사람이에요. 어떻게 생겼는지도 몰라요. 북한에 있을 때 제가 돈을 계속 보내줬기 때문에 남편은 그런 일 안 해도 충분히 먹고살았어요. 우리가 아무 힘도 없으니까 우리를 간첩으로 몰아간 거죠. 그렇게 해도 된다고 생각한 거죠. 그 사람 딴에는 얼마나 억울했겠어요. 누구도 안 알아줬잖아요, 그 마음을. 저부터도 애들 아빠를 원망했고……

하나원을 나온 뒤, 남편하고 서로 네 탓이라며 막 치고받고 싸웠어요. 1월 4일에 나와서 1월 10일에 싸웠어요. 조사관들이 우리 둘을 이간질했잖아요. 전남편이 간첩 임무를 받고 왔다. 네가 모를 리 없다…… 저는 10년을 헤어져 살았으니 남편을 의심할 수밖에 없었어요. 하나원에 가자마자 애들 아빠한테 전화해서 물어봤어요.

"아니, 당신이 무슨 임무를 받았다는데 진짜 임무 받았어요?"

조사관들이 얼마나 실감나게 말했으면 제가 그랬겠어요.

"뭔 소리 하는가?"

안 했다는 거예요. 전화로 길게 말하지 못하니까 알았다고 하고는, 만나서 다시 물어봤죠.

"도대체 알기나 합시다. 뭔 임무를 받고 왔으면 받았다고 해요. 이제라도 자수합시다!"

"아니 참, 내가 왜 그런 일이 있겠는가!"

오해를 푼 게 아니라 오해가 폭발이 되어가지고 싸운 거

우리는 그렇게 몰아가도 되는 사람이었던 거예요

예요. 애들 아빠가 밥그릇을 던졌는데 그게 제 왼쪽 뺨에 맞았어요. 얼굴이 단번에 부풀어 오르더라고요. 아들이 오죽하면 신고했겠어요. 경찰서에서 와서 보니까 집 안이 쑥대밭이 되어 있고…… 결국 법원까지 갔댔어요. 지금도 제 얼굴에 상처가 있어요. 저는 형제한테도 안 맞아봤고 아버지한테도 안 맞아봤어요. 제가 지금 오십이 다 됐는데, 용서가 안 되더라고요. 마음에 딱 벽이 생기더라고요. 계속 싸우게 되니까 제가 그 집에서 나왔죠.

이혼은 했지만 애들 아빠니까 안 볼 수 없는 노릇이고, 그 사람이 아프고 나서는 근처 요양원에 데려다놨어요. 그렇다고 항상 같이 있진 못하잖아요. 저도 가게를 하고 있으니까. 그런 데 대해서도 미안하더라고요. 애들 아빠랑 북한에서 15년을 같이 살았어요. 애들 아빠가 저보다 여덟 살 위예요. 같이 살 때는 저를 많이 생각해줬었어요. 제가 젊어서 한때는 그 사람의 사랑을 많이 받고 살았잖아요. 내가 조금만 더 따뜻하게 해주고 조금만 더 관심을 줬으면 더 살지 않았겠나. 그 사람 갈 때 보니까 그런 생각이 들어서……(눈물)

애들 아빠는 수목장을 했어요. 제가 사는 데서 멀지 않은 포천에 국립수목원이 있더라고요. 여기는 고향이 아니라 선산에 묻힐 형편이 못 되기도 하고, 죽어서 나무 한 그루에라도 보탬이 되면 좋은 거잖아요. 또 애들이 강원도 놀러 가는 길에 들러서 아빠를 볼 수도 있고.

에필로그

배지윤 씨의 삶을 처음 접한 것은 2018년 11월에 개봉한 다큐멘터리 영화 〈마담 B〉를 통해서였다. 영화는 두만강을 건넌 이후 배지윤 씨의 삶을 압축적으로 담았다. 전반부에는 카리스마 있는 수완가로 예민한 탈북 과정을 빈틈없이 지휘하는 '탈북 브로커' 배지윤의 모습이 등장한다. 가족을 위해 불법을 무릅쓰면서 배지윤은 마치 생존력의 화신과 같은 사람이 되어간다. 강인한 이 여성에게 압도되는 느낌이 들었다. 그의 얼굴은 마치 부드러운 살갗 대신 무엇에도 뚫리지 않을 빛나는 금속으로 덮인 것만 같았다. 영화 후반부, 그가 선 풍경이 우리에게 익숙한 도시 서울로 바뀌기 전까지는 말이다. 말끔한 유니폼을 차려입은 그의 얼굴은 꼭 마른 사막 같았다. 생기라곤 없어 보였다. 그 아득한 낙차가 내 심장을 서늘하게 했다. 그가 부딪힌 벽의 단단함이 내 손끝에 슬쩍 닿는 것만 같았다.

'공식 신분'을 가진 남과 북에서보다 비공식적으로 존재한 중국에서 그가 훨씬 거침없는 삶을 시도할 수 있었다는 점은 의미심장하다. 중국에서 배지윤은 사회적 성원권을 갖지 못했고 들키면 북송되는 불안한 처지였다. 그런데 당시 중국에는 1980년부터 30여 년간 이어온 산아제한 정책으로 약 1,300만 명의 무호적자가 존재했다. 공민(국민)의 지위를 갖지 못한 이들이지만 정부가 마냥 부정할 수도 없는 사람들이었다. 도시에서는 성별 상관없이 무조건 첫째만, 노동력이 필요한 농촌에서는 첫째가 여아일 경우 둘째까지 허용됐다. 자식을 몰래 여럿 낳으면 그중 호적에 오르는 사람은 아들일 경우가 대부분이었다. 그러니 무호적자 중엔 여성이 많다. 사회적 권리를 보장받지 못하는 이 여성들은 인신매매 등 각종 범죄의 표적이 되었다. 중국의 산아제한 정책은 성비 불균등을 심화시켰고, 특히 농촌 남성의 결혼을 위한 인신매매 시장이 커졌다. 이러한 상황은 배지윤과 같이 신분을 가질 수 없는 북한 여성들이 인신매매의 피해자가 되게 했다. 동시에 아이러니하게도, 중국에서 몰래 거주하는 것도 가능하게 만들었다. 무호적자의 존재가 일종의 가림막이 된 것이다.

배지윤은 운 좋게 '착한' 가부장의 그늘에서 자기 삶을 주도할 수 있었다. 북한에서부터 익혀온 지하경제의 룰과 감각을 적극 활용하는 일도 가능했다. 그러나 '국가' 앞에서 그는 자신의 운을 시험해볼 기회조차 얻지 못했다. 배지윤은 합신센터 조사관에게 "북에서 남한 출신이라는 이유로 핍박받았는데 왜 내가 간첩을 하겠는가?"라고 되물었다. 국가에 충성할 이유가 없다는 항변이었다. 국가가 지켜주지 않는 사람. 실은 그것이 그 자리에 그가 앉은 이유였다. 국경을 몰래 넘어야 하는 사람. 타국에서 이름 없이 살아야 하는 사람. 이 사회에서 살기 위해 허락을 구해야 하는 사람. 북에서도 남에서도 '온전'하지 않은 사람. 배지윤 씨의 말을 빌리자면, 그들이 그렇게 몰아가도 되는 사람. 그의 고난은 휴전선을 사이에 둔 이 세계와 저 세계가 그리 다르지 않은 원리로 움직인다는 걸 보여준다.

국정원의 간첩 조작 미수와 비보호 결정은 그를 이곳에 조차 뿌리내리기 힘들게 만들었다. 배지윤 씨는 생활고를 겪었고, 지영강 씨와 갈등했으며, 사회관계에서 배제되었다. 여권을 받지 못해 중국인 남편과 만날 날이 기약 없이 늦춰진 사이 그 사람은 다른 여자에게로 가버렸다. 너무나 많은 것이 변해버렸다. 무엇을 주어도 회복할 수 없는 것들이 쌓여간다.

부부 간첩 조작 미수 사건

배지윤(사건 당시 배정옥) 씨와 지영강 씨는 2014년
중앙합동신문센터에서 150일 넘게 독방에 감금된 상태로 조사를
받았다. '얼음'이라 불리는 마약을 판매해 수익금을 북한 보위부에
상납한 혐의였다. 두 사람이 합신센터에서 조사받을 당시는
'서울시 공무원 간첩 조작 사건'이 드러나 국정원이 곤란해진
때였다. 국정원은 조사 중인 간첩 사건들을 본원 차원에서 직접
검증했다. 배지윤 씨가 민변으로 착각한 사람들이 바로 국정원 본원
직원들이다. 배지윤 씨가 진술을 번복하면서 배지윤 씨와 지영강
씨는 간첩 혐의에서 벗어나 합신센터를 나올 수 있었다. 다시 말해
'서울시 공무원 간첩 조작 사건'이 드러난 때와 맞물리지 않았다면,
배지윤 씨와 지영강 씨는 꼼짝없이 간첩으로 몰렸을 것이다.
간첩 혐의는 벗었지만, 두 사람은 통일부로부터 '비보호' 처분을
받았다. 뉴스타파의 취재에서 통일부가 밝힌 비보호 결정의
이유는 마약 거래와 보위부 상납이다. 합신센터에서 두 사람이
허위 자백을 강요당해 만들어진 진술서에 근거한 것이다. 이미
진술의 효력을 잃었기에 두 사람이 국가보안법으로 기소되지
않았는데도 통일부는 비보호 결정의 근거로 이 진술서의 내용을
그대로 받아들였다. 배지윤 씨와 지영강 씨는 국가배상 청구소송과
비보호 결정 취소 행정소송을 제기했다. 소송을 대리해온
'민들레'(국가폭력 피해자와 함께하는 사람들) 장경욱 변호사는
비보호 처분이 간첩 조작에 실패한 국정원의 보복 조치의 성격이
있다고 보고 있다. 국정원이 허위 자백 종용의 증거가 될 자료
공개를 거부하고 있어 재판이 난항을 겪는 와중에, 2019년 11월
13일 지영강 씨가 생을 마감했다.

"존경하는 판사님, 제가 죽기 전에 부탁합니다. 우리 가족의 간첩 누명을 꼭 벗겨주십시오. 죽어서도 간첩 누명을 벗고서야 눈을 감을 수 있을 것 같습니다."(사망 열흘 전에 지영강 씨가 남긴 말)

주

1. 북한에는 '출신성분'과 '사회성분' 등을 평가해 '계층'을 나누는 신분제도가 있다. '월남자가족'이 속한 '복잡한 군중' 계층은 계급적 토대와 사회정치생활, 가정환경에서 정치적으로 복잡한 문제가 있는 사람이다.
2. 북한 정부는 타국으로 이민을 허락하지 않는다. 단기 여행만이 가능하다.
3. 중국과 라오스는 탈북자를 발견하면 북송하는 것이 원칙이다. 태국은 탈북자를 난민으로 인정한다. 태국까지 무사히 온 탈북자들은 한국대사관에서 대기하다가 한국에 들어와 국정원 조사를 받은 뒤 북한이탈주민정착지원사무소인 '하나원'에 입소한다.
4. 비보호는 북한이탈주민을 위한 정착 지원 제도에서 제외되는 대상이며, 통일부가 결정을 주관한다. 범죄자나 위장탈북자, 제3국에서 10년 이상 체류한 자, 한국 입국 후 1년 이상 경과 후 신고한 자 등이 비보호 조치 대상이 된다.

우리는 그렇게 몰아가도 되는 사람이었던 거예요

이렇게 하면서까지
국가가 원했던 게 뭔가요?

구술

안소희

글

박희정

2012년 대선 후보 토론회에서 "박근혜 후보를
떨어뜨리려고 나왔다"는 통합진보당 이정희 후보의 발언
뒤 박근혜 대통령이 당선되면서 통합진보당의 앞날이 어두울
것이라는 예상은 충분히 가능했다. 그럼에도 헌법재판소의
통합진보당 해산 결정과 이석기 내란음모 사건은 상상을 초월한
것이었다.

국가보안법이 존재하는 한국 사회에서는 북한에 대한 어떠한
합리적 토론도 가능하지 않다. 북한 체제를 조금이라도 옹호하거나
긍정적으로만 평가해도 위법에 해당하고 반공 이데올로기 속에서
'종북', '주사파'로 몰리기 때문이다. 그런 까닭에 '북핵', '수령',
'주체사상' 등은 사회운동 내에서 늘 뜨거운 감자이자 난제였으며
여러 운동 노선이 결합하여 2004년 진보 정당으로는 최초로 원내에
진출했던 민주노동당, 그리고 2012년 재결합한 통합진보당에서는
더더욱 그러했다.

2012년 대선 당시 국가정보원이 댓글 공작 등 대통령 선거에
개입한 정황이 드러나자 수세에 몰린 국정원은 2013년 8월
통합진보당 이석기 의원실 등 18곳을 압수 수색하고 대대적으로
사건을 공표했다. 이후 재판 과정에서 '통합진보당 경기도당이
내란을 음모했다'는 모임 녹취록 등의 증거들이 대부분 조작된
것으로 드러났으며, 최종적으로 내란음모에 대해서는 무죄 판결이
내려지고, 내란선동과 국가보안법 위반만이 유죄가 되었다. 그러나
국정원이나 검찰도 주장한 바 없는 북한 공작원과의 접촉, 북한
잠수정 지원 방안 등이 각종 종편 채널에 반복 등장하면서 대대적인
마녀사냥이 벌어졌다.

국가보안법은 저랑 먼 얘기처럼 생각하고 살았어요. 저는 98학번이거든요. 한총련 마지막 세대예요. 1996년에 연대 항쟁을 거치면서 국가보안법을 많이 남용했잖아요. 한총련 소속 학생들을 대거 잡아가고 색깔을 덧씌우고 사회에서 고립시켰어요. 제가 대학에 들어갔을 때는 학생들 사이에 "서클 활동을 하면 종북 주사파야"라는 부담감이 있었어요. 학생운동이 다 침체했죠. 그걸 보면서 국가보안법은 이제 존재하더라도 적용될 일이 많지는 않겠다고 생각했어요. 남용한 만큼 운동조직들이 사라지고 약해졌으니까요.

시의원, 안소희

정치 활동은 대학에 들어가면서 시작했어요. 고등학교 때는 배우지 못했던 한국의 민주화 과정을 알게 됐거든요. 제가 대학 다니던 당시에도 부당한 일이 많았어요. 학교 주변에 사격장도 있고 그랬거든요. 필요성을 느끼면서 학생운동에 참여하게 됐어요. 저는 제 문제의식을 문화예술로 표현해내는 쪽으로 관심이 많았어요. 글을 썼거든요. 문예창작과에 다녔어요. 전태일과 관련된 소설을 써보기도 했고, 피해받는 분들의 문제를 연극으로 만들기도 했어요. 파업 현장이나 마을을 다니면서 연극을 올리고 그랬죠. 저희 연극을 보면서 고통

받는 분들이 즐거워하고 내 마음 알아줬다며 기뻐하고, 그런 모습을 보면서 보람을 느꼈어요.

학생운동을 하다가 4학년 때 제적됐는데, 야학에서 활동했어요. 먹고살기 위해 직장을 다니더라도 계속 의미 있는 일을 하고 싶다고 생각했거든요. 그때 마침 제가 살던 파주에 미군 기지 문제가 불거졌어요. 무건리라는 곳에 있는 미군 사격장이 확장되면서 인근 마을 주민들이 다 쫓겨나게 됐어요. 주민들은 마을 폐교에 천막을 치고 매일 밤 촛불을 들기 시작했죠. 폐교에 예술가들이 많이 왔고 저도 같이 가서 주민분들을 도왔어요. 그때 지역구 국회의원이 미군 기지 확장에 찬성하는 인사였어요. 장성 출신에 국방부 경험도 있는. 마침 국회의원 선거가 돌아왔는데 저 사람이 또 되는 걸 막아야겠는 거예요. 그렇다면 누가 나가냐? 나갈 사람이 없는데. 그래도 여기 동네 사람이니까 안소희가 나가는 거로 하자. 이야기가 이렇게 된 거예요. 제가 파주에서 자랐거든요. 저는 그런 거 절대 못 나간다고 했죠. 하지만 주민분들이 다 선거운동 뛸 테니까 할 수 있다고 계속 격려해주셨어요. 그래서 2008년 총선에 민주노동당 청년 후보로 나가게 됐죠.

아줌마들, 아저씨들이 정말로 선거운동을 같이해주셨어요. '무건리 훈련장 확장 반대'라고 차량에 써 붙이고 나갔어요. 돈 없는 사람들, 월급쟁이들이 먹고살 수 있는 파주를 만들어야 한다는 슬로건도 같이 해서. 20대 후반에 정말 아무

것도 모르고 돈도 없이 마음 하나만 가지고 나갔죠. 선거운동도 학생 때 전단 돌리듯이 밖에 나가서 명함만 돌렸어요. 어디 가서 인터뷰하라 그러면 "아휴, 저 이거 못 하겠어요" 이러면서 맨날 징징대니까 선거운동본부에서 그럼 들어오지 말라고 하더라고요.(웃음)

정말 온종일 밖에서 다리가 부르틀 정도로 동네분들 만나러 다니고 손목이 나갈 정도로 명함 나눠드리고 그랬어요. 그런데 제가 1만 표 넘게, 10퍼센트 넘게 표를 얻은 거예요. 다들 깜짝 놀랐죠. 졸지에 유력 정치인이 된 거예요.(웃음) 안소희는 정치 활동을 해야 한다고 해서 2년 후에, 2010년이죠, 민주노동당 후보로 지방선거에 나갔는데 파주시의원에 당선됐어요. 그게 계기가 돼서 의정 활동을 시작했어요. 의정 활동을 하다 보니 의원의 역할이라든가 법과 제도와 지역사회 행정에 대해 많이 알게 됐고, 그 경험을 가지고 더욱 열심히 활동했죠. 그런데 초선 3년 차가 됐을 때 사건이 터졌어요. 압수 수색을 총 세 번 받았어요. 집 두 번, 의원사무실 한 번. 첫 압수 수색은 2013년 8월 28일에 있었어요.

그림 하나

새벽 5시였는데, 초인종이 울렸어요. 보통 새벽에 초인

종이 울릴 일이 없잖아요. 남편하고 저하고 단둘이 살고 있는데. 누구냐고 물었죠. 경찰이래요. 그때는 우리한테 이런 일이 생기리라곤 꿈에도 생각 못 했어요. 아무 의심 없이 믿었죠. 제가 시의원이니, 혹시 동네에 무슨 문제가 생겨서 온 걸 수도 있잖아요. 남편(이영춘, 민주노총 고양파주지부장)은 노동운동 하다가 감옥 갔다 온 지 얼마 안 됐을 때였어요. 아직 자기 할 일을 제대로 못 찾고 있었죠.

왜 그러시냐고 했더니 압수 수색 왔다고 해요. 일단 기다리시라고 했어요. 영장을 봐야 하잖아요. 상대방의 신원 확인도 해야 하고, 우리를 보호해줄 변호사도 있어야 하니까요. 저희 부부는 그나마 이런 상황에 대처할 수 있는 상식과 경험이 있었어요. 부인하고 애기들만 있던 다른 집들은 누가 왜 들어오는지도 모르는 상태로 그냥 겪었거든요. 그래서 트라우마도 더 컸을 거예요.

전화로 변호인을 통해 내용 확인하고 변호인이 오는 걸 확인한 다음에 문을 열어줬어요. 국정원 직원들이 한 50여 명 우르르 들어오더라고요. 그때는 남편이 압수 수색 대상이었어요. 저는 아니었어요. 저희 집이 임대아파트 2층인가 그랬는데, 현관문 열고 나가서 복도에서 내려다보니 까만 차량들이 군데군데 엄청 많이 보였어요. 스타렉스처럼 완전히 선팅이 짙게 된 차량들 있잖아요. 경찰 병력도 수십 명 보이고, 스케일이 다른 거예요. 수사관 네댓 명이 와서 영장 보여주는 정도가 아니었어요. 시간이 조금 지나면서 아이들 등하교 시간하고 출퇴근 시간에 맞물리게 됐어요. 초등학교 통학 차량이며 어린이집 차량이 들어와야 하는데 막 다 뒤엉켜서 그 앞이 아수라장이 됐죠.

당황스러운 와중에 '어? 이거 좀 이상한데?'라는 생각이 들었어요. 언론사가 와 있는 거예요. 아니, 압수 수색이면 기소가 되지도 않은 상태잖아요. 근데 그 새벽에 TV조선이라든지 채널A라든지 이런 방송사들이 어떻게 저희 집 앞에 올 수 있어요? 저 사람들이 뭔가 그림을 만들고 싶어 한다는 생각이 들었죠.

저희 집이 19평이었어요. 방 두 개에 거실 하나 있는 그 작은 집에 장정들 수십 명이 들이닥쳤으니…… 딱히 할 일도 없고, 서 있는 사람들이 많으니까 나중에는 자기들끼리 나가 있으라고 하더라고요. 그 새벽에 공권력이 남아돌아서 데리고 온 것도 아니고, 저희 집이 으리으리한 저택인 것도 아니잖아요. 모든 정황상 뭔가 보여주려고 하는 게 분명해 보였어요. 일을 확대시키려 한다고 느꼈죠.

지위가 좀 높은 사람도 왔어요. 정확한 명칭은 모르겠고 뭐 과장, 부장 있다면 부장급 되는 사람? 나이가 좀 든 사람이었는데, 그 사람도 딱히 할 일이 없으니까 저희 식탁에 다리 꼬고 앉아서 말 같지도 않은 말만 해요. "금방 끝나요." 능글능글 웃어가면서 "아이, 우리가 물 사다 먹어야지. 여기 피해 주면 안 되지" 막 이래요. 남편이 노동운동 하면서 감옥에 많이 갔는데 그때 서로 주고받은 편지가 많아요. 수사관들이 그걸 꺼내더니 그 자리에서 읽더라고요. 박근혜 정부가 어떻고 이명박 정부가 어떻고, 부부끼리 어떻게 이런 이야기를 하냐는 거예요. 서로 혁명조직 활동을 하는 관계라서 이렇게 할 수밖에 없다고 말하는데, 아…… 그때 제 마음속에 치밀었던 화를 뭐라고 표현할 수가 없어요.

압수 수색 끝나고 바로 속보가 나갔어요. 남편이 이적표현물을 갖고 있었던 것도 아니고 강연장에서 말한 것 때문에 압수 수색이 들어온 건데, 남편이 했다는 말이 며칠 동안 연일 뉴스에 떴어요. 후방을 교란해야 한다고 했다는 둥 마치 무력 도발을 해야 한다는 논리처럼 비치는 말이었어요.

내란음모 및 국가보안법 위반 혐의로 수사를 받고 있는 통합진보당 이석기 의원 등 진보 인사들이 북한과 전쟁 시 후방을 교란시켜 남한 정부를 전복시키는 구체적인 방법을 거론한 것으로 확인됐다. 30일 국정원이 확보한 녹취록에는 이 의원 등이 전쟁 발발 시 남한 정부와 미군에 타격을 주기 위한 준비를 구체적으로 모의한 사실이 드러나 있다. 이 의원을 포함 이른바 '경기동부연합' 내 'RO^{Revolutionary Organization}산악회' 소속 진

보 인사들이 나눈 대화로 추정된다. …… 이영춘 민주
노총 고양파주지부장은 "연락체계, 후방교란, 무장과
파괴는 어떻게 할 것인지에 대해 팀을 구성하고, 대응
책을 준비해 가야 한다"고 주장했다.

—〈"오는 전쟁 맞받아치자" 이석기 등 체제 '전복' 모의〉,
《연합뉴스》, 2013.8.30.

그림 둘

두 번째로 집에 왔을 때는 9월 24일. 그냥 형식적이었어
요. 온 사람들도 웃으면서 '이미 다 훑었는데 뭐 없겠지'라는
식이었어요. 집에서는 아무것도 가져간 게 없어요. 그럼 왜
왔냐고 그랬더니, 1차로 남편 압수 수색할 때 가져간 물품 중
에 가져가 보니까 내 것 같다, 근데 이미 갖고 갔으니 다시 한
번 집으로 와서 "당시 가져간 게 안소희 씨 겁니다" 확인하고
가는 압수 수색인 거예요. 저도 그런 경우는 처음 봤어요. 그
리고 의회에 와서 의회만 탈탈 털었죠.

그날도 언론사가 엄청 많이 왔어요. 의회가 열리는 날이
었거든요. 여러 날이 있는데 굳이 그날 딱 맞춰서 온 거예요.
어떻게든 혐의를 공개해서 사회적으로 이슈를 만들고 싶어

이렇게 하면서까지 국가가 원했던 게 뭔가요?

한다는 확신이 생겼어요.

그때도 수색 인원이 대대적으로 왔어요. 장시간 제 모든 물품을, 의원실에 있는 하드디스크까지 다 압수 수색했어요. 그렇게 해서 기껏 나온 게 종이 한두 장. 제가 프린트해놨던 건데, 아무나 다 볼 수 있는 글 있잖아요. 국내외 정세와 관련된, 그것도 뉴스에 이미 나와 있는 것들. 그리고 제가 관심 있는 칼럼들. 다 추려도 공책 한 권 정도의 부피예요. 거기에 제가 한 메모 몇 가지 정도.

그걸 뉴스나 드라마 같은 거 보면 검찰 압수 수색할 때 쓰는 회색 박스 있잖아요, 그런 커다란 박스 두 개에 나눠 담는 거예요. 시의회 현관에 나가니까 카메라들이 쫙 있어요. 그 앞에서 한 박스에 장정 네 명씩 붙어서 들고 나가 차에 싣더라고요. 언론에서는 안소희 의원 집과 사무실을 압수 수색했는데 상당수의 이적표현물이 확보된 것으로 보인다고 떠들어댔죠.

제 압수 수색 영장에 내란음모 사건과 관련된 혐의는 전혀 없었어요. 저는 강연장에서 발언하지도 않은 사람이라서. 국가보안법 위반 혐의만 적시되어 있었어요. 근데 언론 보도에는 내란음모 혐의라고 올라갔어요. 국가보안법 위반보다 내란음모가 더 세니까 그렇게 해버린 거예요. 아, 도대체 나한테 무슨 일이 벌어진 거야…… 도대체 이걸 어떻게 수습해야 하는 거야…… 진짜 현실감을 찾을 수 없는 그런 상황이었죠.

2013년 9월 24일. 두 번째 압수 수색. 집과 시의회 사무실을 뒤졌다.
사무실에서 나온 건 국내외 정세 관련 뉴스나 관심 있는 칼럼을
인쇄한 것들, 메모 몇 가지. 서류봉투 하나에 넣을 정도였다.
"(그걸) 커다란 박스 두 개에 나눠 담는 거예요. 시의회 현관에
나가니까 카메라들이 쫙 있어요. 그 앞에서 한 박스에 장정 네 명씩
붙어서 들고 나가 차에 싣더라고요. 언론에서는 안소희 의원 집과
사무실을 압수 수색했는데 상당수의 이적표현물이 확보된 것으로
보인다고 떠들어댔죠."

이렇게 하면서까지 국가가 원했던 게 뭔가요?

검은 블라인드

국정원에서 조사를 대여섯 번 받은 것 같아요. 국정원에 들어갈 때는 출입 절차가 굉장히 까다로워요. 대기 시간도 길고. 처음 조사받으러 간 날, 국정원에 가서 심문 절차를 확인하고 나니까 차를 타러 오래요. 출입통제실 지나서 나가니까 좁은 길 앞에 차가 한 대 있더라고요. 그랜저 비슷한 큰 차가. 타자마자 정말 깜짝 놀랐어요. 저만 뒤에 타고 저를 데리고 온 수사관은 앞에 탔는데, 아무것도 안 보이는 거예요. 차 안에 막이 있더라고요. 뒷유리도 다 까맣게 선팅이 돼 있고. 아무것도 안 보이는 거예요.

갑자기 차 움직이는 소리가 들렸어요. "이게 뭡니까? 어디로 갑니까?" 그랬더니 "아, 금방 내릴 겁니다. 요 앞으로 갑니다" 하는 목소리만 들리는 거예요. 지금 앞에 탄 사람이 정말 운전사가 맞는지 제가 어떻게 알겠어요? 나를 해하려는 사람일지도 모르잖아요. 어떤 차를 타고 어디로 가는지도 모르는 채로 실려 가는 거예요. 범법자를 후송하는 차량도 그렇게 가지는 않아요. 아무것도 안 보이는 깜깜한 차 안에서 낯선 목소리만 들리는데 그 목소리가……

그 이후에도 떠오를 때마다 소름 끼칠 정도로 너무 힘들었어요. 그 느낌을 말로 표현할 수가 없어요. 제가 거기서, 공포를 느꼈어요.

진짜 어떻게든 밖을 보고 싶으니까 몸의 모든 신경세포가 팽팽하게 긴장해요. 내가 진짜 죄인이라면 조사받으러 가서 어떻게 말해야 하나를 생각할 텐데, '이 사람들이 나를 해하려고 하면 어떻게 도망쳐야 하지?' 이런 생각뿐이에요. 모든 신경이 차 움직이는 대로 가요. 지금 좌측으로 움직이는지, 우측으로 움직이는지. 어느 정도 가서 어디로 움직이는지. 속으로 셌어요. 숫자를. 시간을. 그런 심리는 대부분 누군가에게 납치당했거나 이런 때 아니겠어요? 극도로 두려울 때. 자기 혼자밖에 없을 때. 저는 조그만 틈새로 들어오는 가는 불빛 같은 거라도 보려고 굉장히 노력했어요.

한참 가다가 서더니 차 문을 열어줬어요. 내리니까 건물 한 채가 덩그러니 있고 주변이 다 산인 거예요. 앞에 아무것도 없고, 새소리 하나 안 들려요. 낮인데도 너무 무서운 거예요.

건물에 들어갔더니 불이 다 꺼져 있었어요. 창으로 들어오는 빛도 다 막아놨어요. 바닥에 연극 무대 불 꺼지면 보이는 것처럼 형광으로 길을 표시해놨더라고요. 두 사람 정도가 저를 붙잡고 계단을 올라서 어디론가 데려갔어요. 복도를 가는데 거기도 깜깜해요. 아무것도 안 보여요. 오로지 그 형광 줄만 보고 갔어요. 그렇게 한참 갔는데, 어떤 방으로 문을 열고 들어갔어요. 흰 벽에 눈부시게 밝은 형광등이 켜져 있었고, 천장이 굉장히 높은데 창문이 다 닫혀 있었어요. 블라인드도 까만색이더라고요. 책상만 하나 있고, 다른 건 아무것도 없었어요. 거기서 처음으로 불빛을 보고 앉아 있는데, 국정원 직원이 말했어요. "수사 시작할게요."

말 아닌 말

그때 저희 변호사가 어떻게 오셨는지 모르겠는데, 아무튼 변호사가 올 때까지 시간이 걸리잖아요. 그때까지 제가 상식적으로 생각할 때 '이 사람이 정말 국가공무원 맞나?' 싶은 말들을 늘어놓더라고요. 조사라고 하면 의심이 가는 부분들을 구체적이고 날카롭게 물어보면 되는 거잖아요? 사람을 굉장히 감정적으로 만들더라고요.

아주 소름 끼쳤던 게, 제 압수 수색 이틀 전인가 있었던 일에 대해 말하는 거예요. "그런 행동 하시는 건 의원으로서 좀 아니지 않나요? 사람들이 알면 어떨까요?" 이런 식으로. 시청에서 회식이 있었을 때의 일이었어요. 그걸 보지 않고서 어떻게 얘기하겠어요. 이 사건과는 아무 상관이 없는 일인데. 이 사람들이 분명히 압수 수색하기 전에 한동안 우리를 따라다녔을 거예요. 동선을 살핀다든지, 우리가 어떻게 사나 살폈을 거예요. 저는 묵비권을 행사하며 아무 답도 하지 않았어요. 변호사가 아직 도착하지 않았거든요. 그런데도 너무 화가 나서 답을 하고 싶을 정도로 정말 말도 안 되는 걸 계속 물어봤어요. 제가 너무 괴로워하는 걸 보면서 이런 말들을 했어요.

"왜요? 부당하다고 느끼세요? 화나세요? 아니면 아니라고 얘기를 하세요."

"남편하고 둘 다 조사받고 있는데 둘 다 들어가면 어떻게 할 거예요?"

"안소희 씨는 아니죠? 그럼 아니라고 얘기를 하세요."

마치 저는 빼줄 테니 남편이 누구와 관계있는지 말하라고 회유하는 식으로 얘기하는 거예요. 그러고 나서도 제가 아무 대답을 안 하니까 뜬금없이 한 번도 들어보지 못한 글을 막 읽어줘요. 어떤 글이었는지 지금 자세히 기억은 안 나는데 북한을 찬양하는 내용이었어요. 북에 있는 지도자나 북의 사상이나 성과를 좋다고 말하는 그런 글들. 국정원 직원이 그걸 감정까지 넣어서 읽었어요. 저는 전혀 듣도 보도 못한 내용이라 그걸 왜 내 앞에서 읽고 있는지 모르겠더라고요. 아무튼, 그 사람이 조사관 자리에 앉아 있으니까 듣고만 있었어요. 근데 한참 읽다가 이러는 거예요.

"아, 이거 처음 들어보세요? 어때요, 이런 글 읽으면? 가슴이 막 뛰죠?"

"……"

도대체 내가 뭘 저질렀는지, 내가 했다는 행동이 당신들이 말하는 국가보안법에 어떻게 저촉되는지, 말에 기승전결이 없었어요. 하도 말 같지 않은 말을 하니까 쳐다보지도 않고 있었어요. 그러다 뭘 밟길래 쳐다봤어요.

"이런 지도자들의 사진을 보면 마음이 어때요?"

저는 그게 누구 사진인지도 몰랐어요. 심지어 제 것도 아니에요. 그 사람은 이미 단정을 한 거죠. 내가 북한 지도자를 숭배하고 있다고. 그렇게 계속 뭔가를 보여주면서 자기 혼자 찢기도 하고 밟기도 하고 기분이 어떠냐고 물어봤어요. 만약 압수 수색 때 한 점이라도 북한과 관련된 사진이든 그림이든 나왔다면, 그래서 그걸 보여주면서 왜 이런 걸 소지하고 있었냐고 묻는 거라면 그나마 상식적이라고 하겠어요. 그냥 시종일관 인신공격하는 말들, 확인되지 않은 사실로 몰아가는 말들뿐이었어요.

그때 비디오 촬영이든, 녹음이든 분명히 기록했을 것 같은데 훗날에라도 꼭 다 공개됐으면 좋겠어요. 그들이 정말 얼마나 말도 안 되는 말과 근거 없는 주장으로 수사를 해왔는지, 그 아주 저열한 방식을 시민들이 알아야 한다고 생각해요. 정말 저질이라는 말밖에는 안 나오는 수준이거든요.

그다음에 조사받으러 갈 때부터는 건물 안에 불을 다 켜놓고 있었어요. 그러니까 처음에 봉인된 차량에 태우고 건물 안의 불을 꺼두었던 건 저를 겁주기 위해서였던 거예요. 두번째인가 세 번째 갔을 때는 복도도 블라인드가 열려 있어요. 환—하게. 예전에 대공분실은 블라인드 없이 창문 자체를 까만 페인트로 다 칠해놨었대요. 노무현 정권 때 그게 너무 반인권적이라고 해서 창문을 다 투명하게 해놨는데, 그래서 일부러 까만 블라인드를 설치한 거였어요.

고립

남편이 아파트 동대표나 입주자대표회의 회장을 맡기도 하면서 마을 일을 오래 했어요. 저도 의정 활동을 하다 보니 주민들과 만날 일이 많았고요. 동네 사람들이 "아니, 무슨 일이야?" 하고 많이 물어보셨어요. "별일 아니에요. 그냥 수색인데 별일 없을 거예요." 그랬는데 일방적으로 쏟아져 나오는 오보들을 접한 다음부터는 안 물어보시더라고요. 아예 접근을 안 했어요.

상황이 많이 안 좋았어요. 사람 관계는 서로 마주치고 대화하는 거잖아요. 그렇게 소통하는 자체를 안 해주면 좋겠다는 눈치였어요. 연락을 아예 하지 않으면 좋겠다고 직접 말한 분도 있었고, 대부분은 바쁘다고 하거나 연락을 안 받거나 그런 식이었죠. 같이 일하던 분들이 그만두기도 했어요. 그런 일들이 한두 달 동안 계속됐어요. 그때는 진짜 딱 성당 분들만 우리 집에 오셨어요. 다른 사람들은 다 우리가 나가주길

바라는 분위기였어요.

당시에 제가 아파트 입주자대표 회장이었고 사람들이랑 인사하며 지냈는데 아파트 사람들이 공포 분위기에 빠져서 멀리서 제가 오는 것만 보여도 피해서 지나가는 거예요. …… 사람들이 "이제 좀 우리 동네가 조용했으면 좋겠다."는 말을 하죠. …… 저랑 만나는 것만도 무서워하는 거죠. 제가 성당을 다니고 있는데 성당에서 구역모임을 하시는 분들을 만나면 이분들은 나를 알고 있으니까 제가 어디 가서 "빨갱이다"라는 소리를 들으면 대신 "아니다"라고 반론을 해주시는데, 그러면 이분들도 같이 "빨갱이다"라고 공격을 받고 욕을 먹고 하는 거예요. 그리고 고양화정민주노총 사무실 앞에 보수단체가 한 달 동안 집회신고를 내고 집회를 하고. 그리고 회사 사장한테 파주경찰서 정보과장인가가 전화를 해서 "거기 이영춘이 근무하냐?" 등등 물어보고 해서 …… 사장이 저를 따로 불러내면서 하는 말이 "나도 너를 지켜주고 싶지만 우리 회사에 피해가 오면 어떻게 할 수가 없다" 이런 얘기를 하더라구요.

—2014년 2월 작성된 '내란음모 사건' 피해자 인권침해보고서 〈아무도 우리 목소리를 듣지 않았다〉에 실린 이영춘 씨의 증언

왜 그런 꼬투리 잡힐 일을 했냐는 식이더라고요. 평범한 사람이면 아무도 국가보안법에 저촉되지 않아. 근데 평범하지 않았겠지. 뭔가를 했겠지. 근데 사실은 굉장히 평범한 사람들이 평범하게 살면서 국가보안법의 혐의를 받았거든요. 그러니까 더 어렵더라고요. 저희가 어떻게 설명한다고 해서 되지 않는 상황인 거예요. 그래서, 결국 이사했어요. 그 동네에 못 있고.

사람의 삶

남편이 구속되면서[1] 저는 친정으로 들어가버렸어요. 짐은 다 빼서 이삿짐센터 창고에 넣어놨어요. 집에 있던 물건들은 혼수였어요. 다 제 손으로 골랐고, 들여놓은 지 5년도 되지 않은 물건들이었어요. 그걸 창고에 쟁여놓고 손도 안 대다가 남편 나오고 나서 몽땅 버렸어요. 다시 정리하려고 보니까 낡기도 했고…… 다시 쓸 수 있는 것도 있었는데…… 그냥 수거 업체 불러서 다 가져가라고 했어요. 재활용하든, 버리든 알아서 하시라고.

왜냐면 다 기억이 나니까요. 압수 수색 때 수사관들이 함부로 만지고 열어보고 뜯고 불빛에 비춰보고 했던 게. 남편과 주고받은 편지며 신혼여행 때 찍은 사진 필름이며 다 증거랍

시고 가져갔어요. 우리 부부의 사생활이 그들한테는 간첩 혐의를 잡아내기 위한 도구로 이용될 뿐이었어요. 압수됐던 물품 중에 아직 돌려받은 건 없어요. 근데 지금은 뭘 가져갔는지는 상관없어요. 다 소중한 것들인데…… 이미 그것들은 저한테 죽은 거나 다름없어요. 다시 돌려준다고 해도 너희들 손으로 다 폐기하라고 할 것 같아요. 우리가 결혼하면서 만들었던 추억이 그 시간 이후로는 없어요.

저는 연필로 메모하거나 습작하는 걸 좋아했어요. 근데 그 사건 이후로는 일기라든가 나의 감정에 대해 쓰는 걸 안 하게 됐어요. 저는 뭔가 남기는 것도 좋아했는데, 그렇게 무언가를 모으는 습관도 없어졌어요. 뭐 하나 남겨도 다 버려요. 정리에 예민해지기 시작했어요. 저는 정치인이라서 이런저런 전문적인 자료를 수집해야 하잖아요. 심지어 그런 것도 저장하려고 하지 않아요. 그냥 읽기만 해요.

국정원에서 제가 SNS에 쓴 글도 증거라고 다 모아서 가지고 왔더라고요. 어디 댓글 남긴 것까지 다. 하다못해 제가 썼던 별 의미 없는 메모까지 다 가져가서 그걸로 퍼즐 맞추듯이 짜 맞추기를 했어요. 그냥 메모장에다 산에 가고 싶으니까 동그라미 치고 '등산'이라고 썼는데 그게 '산악회'의 증거가 되는 거예요. 산악회라는 이름이지만 사실은 지하조직이다. 이렇게 시나리오를 완전히 만들어놓고 우리 의회를 압수 수색했는데 그런 게 발견되니까 짜 맞추는 거예요. 같은 지하조직의 성원들이라고. 나중에 재판부에서 그걸 증거로 채택하지는 않았어요.² 그러니까 말도 안 된다는 거잖아요.

저는 아직도 재판이 안 끝났어요.(인터뷰 당시 항소심이 진행 중이었다.) 2013년도부터 시작해 7년 동안 재판에서 했던 말 또 하고, 했던 말 또 하고, 했던 말 또 하면서 이어오고 있어요. 이러다가 언젠가 압수 수색을 또 하는 거 아냐? 내 혐의를 찾아내려다 없으면 뭔가를 또 만드는 거 아냐? 그런 두려움이 드니까 차라리 아무것도 갖지 말자는 생각을 하는 것 같아요. 그래야 공격을 받지 않을 테니까. 그들이 어디서든 나를 지켜보고 있으니까. 자꾸 나 자신을 검열하려고 해요. 나를 공격했던 사람들의 폭력적 기준에 맞춰서 내가 자꾸 나를 검열하는 거예요. 거기에 걸릴 만한 게 있나, 없나? 사람이 그렇게 살면 안 되는 거잖아요.

형벌

그 모든 사건을 겪어야 했던 이유를 아무리 생각해도 모르겠어요. 내가 무슨 혐의인지조차 알 수가 없고…… 왜 국가보안법이지? 내가 왜 이걸 당해야 하지? 왜…… 한동안 너무 앓았어요. 너무 치욕스러웠어요. 남편은 감옥에 가 있고(2015년 5월 13일 구속, 2016년 대법원에서 국가보안법 위반으로 징역 2년

6개월 확정) 너무 많은 사람들이 억울한 일을 겪었어요. 통합진보당을 완전히 해산시켰을 때는 '이거, 완전히 우릴 죽이려고 하는구나' 하는 생각이 들었어요.(2014년 12월 19일 통합진보당이 헌법재판소의 위헌정당해산심판 결정에 따라 강제 해산되었다.) 그 상황에서 수사를 더 확대하겠다고 엄포를 놓았는데, 어쩌면 우리 사람들이 감옥에서 영영 못 나올 수도 있겠다는 생각까지 들었어요.

설마 죽이지는 않겠지. 예전에 내란죄는 사형도 있었다는데. 저는 그 정도의 공포를 직접 느껴보기도 했잖아요. 정신 바짝 차려야겠다는 생각이 들었어요. 어떻게든 해야겠다며 가족대책위 활동을 시작했어요. 기댈 곳은 가족대책위밖에 없었어요. 내란음모 사건의 당사자들밖에. 시민사회조차 탄원서 하나 안 받아주셨고, 언론도…… 정말 아무도 없었어요. 천주교, 개신교 같은 종교단체들이 유일하게 이 사건의 피해자들을 만나줬어요. 가족대책위는 매일같이 눈물바다였어요. 4, 5년을 정말 죽은 듯이 살았어요. 같이 인권단체를 만나러 서울로 가고, 국제앰네스티를 만나러 해외로도 가고, 우리가 찾아갈 수 있는 곳은 다 갔는데…… 그렇게 갔다 오면 한 명이 실신하고, 한 명이 나으면 또 하나가 실신하고, 그렇게 쓰러지고 일어나고 또 쓰러지기를 몇 년 반복했죠.

그런 상황에서 박근혜가 탄핵되고 김기춘도 구속되고 하면서 활력이 좀 생겼어요. 앞으로 기회가 안 올 수도 있다,

지금 뭔가를 되찾아야 한다는 생각이 강해졌어요. 그리고 3년째부터 우리 사람들이 석방되기 시작했어요. 이석기 의원은 여전히 감옥에 남아 있지만. 그러면서 버틴 것 같아요. 어떤 분들은 "남편도 나오고 참 좋겠어" 이렇게 얘기하기도 해요. 저만 해도 지금은 우울증이나 약에 의존해야 하는 상황에서 벗어났지만, 제가 볼 때 그걸로는 언니들의 상처가 치유되지 않을 것 같아요. 내란음모 사건이 확실히 마무리되거나 일정 정도 뭔가 밝혀내지 않는 한은 죽을 때까지 너무 억울할 거예요.

꿈을 많이 꿔요. 쫓기는 꿈, 누군가에게 비난받는 꿈, 내가 몰리는 꿈을. 언니들도 마찬가지예요. 그나마 저는 사람들이 대놓고 앞에서 뭐라 하지 않는 지위나 신분이 있잖아요. 다른 구속자 부인들은 직장도 그만뒀어요. 애들이 따돌림을 받거나, 동네에 세워둔 차에 누가 페인트로 '간첩'이라고 써놓고 가거나, 겪을 수 있는 건 다 겪었다고 보시면 될 것 같아요. 워낙 낙인이 찍혔으니까. 길을 가다가 갑자기 "악!" 하고 놀라는 순간의 공포가 아니고 지속적으로 억눌린 상태에서의 공포잖아요. 우리는 "무서워"라고 말할 수도 없는 거예요. 그런 상태가 수년간 지속되었으니까.

이제 남편도 돌아왔고 그때 상황과 다르지만, 뭔가가 다가올지 모른다는 걸 항상 염두에 두고 사는 것 같아요. 늘 불안함이 있어요. 저도 정치하면서 뭐든 조례나 법에 근거해서

하고 그 법을 지키지 않는 행정을 감시하거든요. 그런데 국가
보안법만큼은 동의가 안 돼요. 국가를 방위하기 위한 차원이
아니고, 국가의 권력을 지키기 위해, 그 권력의 눈엣가시가
되는 집단을 죽이는…… 그냥…… 형벌 같은 게 되고 있어요.
내가 어떤 판결을 받더라도, 이게 끝이 있을까…… 죽을 때까
지도 납득이 안 될 것 같은데 이걸 어떡하지…… (침묵) 기억
은 지울 수 없겠지만 잘못된 것, 유린당한 것이 밝혀져야만,
저희가 살아요.

두 번의 선거

이 사건 터지고 저하고 남편이 압수 수색을 받으면서 시
의원 활동도 많이 위축될 수밖에 없었어요. 의원직을 사퇴해
야 하는 게 아니냐는 압박도 있었죠. 대중과 친밀감이 있어야
하는 의원인데 오히려 대중이 부담스러워하는 상황이 만들
어지니까 심적으로 고통이 컸어요. 당원들이 무더기로 탈당
하고 연락조차 안 받고.

2014년 지방선거가 돌아왔을 때 당연히 안 나간다고 했
어요. 못 나가겠다고. 어떤 사람들은 제가 뽑혀도 날아간다고
그랬어요. 국가보안법은 무죄가 없다더라. 벌금도 없다더라.
무조건 실형이다. 의원직이 상실된다. 같이 일하는 사람들도

많이 고민했어요. 의원직이 상실된다고 해도 선거를 치를 건지. 이 사건 후에 두 번의 선거를 치렀는데, 재판이 계속됐기 때문에 선거할 때마다 똑같은 고민을 했죠. 아니, 할 때마다 더했어요. 상황이 이러니까 그럴수록 더 나가야 한다, 반드시 당선돼야 한다. 그런 심정으로 했어요.

법적 투쟁을 준비하던 안 의원은 "당선을 위해 뛰다 잡혀가면 또 싸우자"고 마음을 정리했다. 그리고는 선거구를 옮기는 결단을 내렸다. 이미 새누리당에서는 그의 아파트단지 내 시립 어린이집 원장인 젊은 여성후보를 1-가로 공천하기로 했다. …… 안 의원은 파주시 조례 제정 1위이고, 평소 주민들에게 평가도 좋았으며, …… 안 의원을 열성적으로 지지해준 이들은 요양보호사를 비롯한 공공 비정규직, 민간위탁 청소 노동자, 택시 노동자, 장애인단체, 그리고 30~40대 임대아파트 맞벌이 부부였다. 특히 장애인단체의 안 의원 지지가 눈길을 끈다. 파주는 2012년 화재로 장애인 남매가 참변을 당한 곳이다. 안 의원은 장애인 차별 금지, 주거복지, 이동권 보장 등과 관련해 조례 제정과 예산 확보에 앞장서왔다. 이 때문에 발달장애아 부모들이 직접 선거운동원이 되고, 파주시 9개 장애인단체 중 7개가 안

의원을 지지했다.

—〈안소희는 어떻게 '종북' 공세를 이기고 재선에 성공했나〉,

《민중의 소리》, 2014.6.30.

지방의원들은 지역 주민들을 접할 기회가 많아요. 저를 필요로 하거나 제가 보기에 어려움을 겪고 있는 분들의 얘기를, 정말, 열심히 들었어요. 성심성의껏. 그게 얼마나 힘이 되는지 저도 경험했기 때문에. 철저히 그분들의 편이 되어야겠다는 생각만 가졌어요. 나라도 저분들한테 진짜 편이 되어주자. 비빌 언덕이 없다고 하시는데, 내가 그 하나의 언덕이 되자. 저를 믿는다면 저도 그분들의 얘기를 믿고 끝까지 싸웠어요. 그러고 나면 저도 힘을 많이 얻었고요.

주민분들이 일이 되든 안 되든 제가 그분들의 마음 잘 알아주고 진짜 어떻게든 이기게 해주려고 애쓰는 것에 많은 힘을 얻었다고 말씀해주세요. 그렇게 함께한 일 중에는 2년 만에 해결된 일도 있고 5년째인데 여전히 같이하는 일도 있어요. 만나는 분들께 꼭 그런 말씀을 드려요. 조금만 더 힘내세요. 반드시 끝나요. 반드시 끝은 있어요. 그리고 져도 돼요. 할 수 있는 일들을 끝까지 해보고도 안 된다면 그건 우리가 지는 게 아니에요. 저들이 바뀌지 않는 것뿐이에요. 우리가 언제까지 이렇게 싸울 수는 없는 거니까 그 힘을 가지고 다른 일도 해봐요.

그래서 가끔은 "이번 일은 우리 질 거 같아요" 하고 시작하는 경우도 있어요.(웃음) 그런 정치 활동이 힘이 되어서 지금까지 버텨왔던 것 같아요. 일을 막 많이 할 수도 있지만, 누구랑 어떻게 끝까지 같이하느냐에 중심을 둬요. 두 번째, 세 번째 싸우는 사람은 처음에 싸웠던 사람보다는 조금 더 쉽게 싸울 수 있게끔 제도든 규칙이든 매뉴얼이든 만들자는 취지로 의정 활동을 하고 있어요.

2010년도에 처음 지방의원이 됐을 때는 민주노동당이 전국적으로 많이 당선됐어요. 근데 2012년 말에 그 사건이 터졌잖아요. 2014년에 통합진보당 후보로 당선될 때만 해도 그렇게까지 많은 영향을 체감하지는 않았어요. 지역에서 제가 오래 활동해왔던 게 있어서요. 물론 당선은 어렵게 되긴 했어요. 재선되고 대통령 선거까지가 가장 힘든 시기였어요. 세 번째 선거는 정말 자신이 없더라고요. 제가 거의 밑바닥 상태였거든요.

남편이 감옥에 있었던 기간이 2년 6개월. 구치소에서 국정원 조사를 받던 기간까지 하면 3년 가까이 되는 것 같아요. 그사이 불면증에 우울증에 공황장애까지 와서 고생을 많이 했어요. 정치인이니까 사람을 많이 만나야 하잖아요. 만나서 아무렇지 않은 척 얘기하지만 호흡곤란이 오는 거예요. 1, 2년 사이에 20킬로 넘게 빠졌어요. 피골이 상접해서 손톱이

다 빠지고 머리가 다 빠지고 그럴 정도였죠.

　다행히 세 번째 선거를 치르기 직전에 남편이 나왔어요. 이번 선거는 반드시 당선되어야 한다. 이건 자존심이다. 남편도, 주변에서도 그렇게 말해줘서 정말 엄청나게 고생하며 선거를 치렀어요. 다행히 됐죠. 남들은 정말 대단한 거라고 얘기하는데 저는 너무나 힘들었어요. 공인이라는 책임감과 이렇게 정치 활동을 내려놓을 수 없다는 생각 때문에 정말 힘들었지만, 한편으로는 그 책임감 자체가 제가 무너지지 않는 큰 이유 중 하나이기도 했죠. 맡겨진 일을 안 할 수 없잖아요. 억지로라도 정신 차리고 힘을 내야 하니까 다시 일어설 수 있었어요. 사회에서 자기 역할을 가지고 살아갈 기반이 완전히 무너진 다른 피해자 가족들은 저보다 훨씬 힘든 상황일 거예요.

최후진술

　2015년에 남편이 구속되고 나서 저를 비롯해 여섯 명이 추가로 불구속 기소가 됐어요. 이 사람들은 강연장에 왔는지 안 왔는지도 알 수 없는 사람들이에요. 다 국가보안법 위반 혐의를 받았지만 구체적인 증거는 없어요. 영상이 있는 것도 아니고, 그냥 참가했다고 말한 것만으로 기소한 거니까요. 실제로 여섯 명 중에 세 명이 1심에서 무죄를 받았어요.

저를 포함한 세 명은 유죄를 받았어요.[3] 다른 세 명은 일반 당원이고 우리는 지위를 갖고 있었다는 게 이유예요. 어떻게 지위를 갖고 있다는 이유만으로 다 공범이 됩니까? 저희는 승복할 수 없다 하고 2심을 진행 중인데 무죄를 당연히 믿고 있어요.

어떻게든 이 싸움에서 이겨야 한다는 마음이에요. 그러지 않으면 그 강연에 갔다고 얘기한 모든 사람이 국가보안법의 적용 대상자가 되는 거니까. 다시는 국가보안법으로 사람들이 법정에 서는 일이 없어야 한다는 생각으로 재판을 하고 있어요. 국가보안법 폐지는 못 하더라도 사람들이 사상의 자유나 인권을 위해 했던 행위들을 다시는 국가권력이 처벌하지 못하도록. 적어도 찬양고무나 이적표현물 소지, 동조 같은 아주 추상적인 죄를 처벌하는 조항은 당장 없어져야 해요. 사람 머릿속을 어떻게 열어볼 건데요.

항소한 사람들 중에서 저만 재판을 아직도 받고 있어요. 얼마 전 2심 재판부에서 제 최종변론을 들었어요. 선고를 기다리고 있는데 재판부에서 다시 기일을 잡았어요. 국정원의 압수 수색 과정 등에 대해 다시 검토하겠다는 거예요. 제가 재판을 많이 받아봤지만 이례적인 일이에요. 변호사님은 긍정적으로 보시더라고요. 재판부에서도 국정원이 그간 해왔던 기획 수사 과정에 대한 문제를 인식하고 있는 게 아닌가 싶어요.

2심 최종변론 때 최후진술을 하려고 준비해간 글이 있어요. 원래는 그 글을 차분히 잘 읽고 재판부의 판단에 최대한 맡길 생각이었어요. 그런데, 그날 검사도 최종으로 공소 입장을 내더라고요. 검사가 7년 전의 논리에서 한 치도 변하지 않은 거예요. 국정원을 비롯해 검찰마저도 개혁해야 한다고 하는 이 시점에…… 제가 지은 죄에 대해 확실한 증거가 없잖아요. 다른 범죄처럼 현장에서 검거한 게 아니라, 털어서, 자기들이 기소한 내용의 죄목에 맞는 자료들을 어디 가서 가져다 끼워 넣은 거잖아요. 그렇게 해놓고는 우리가 국가안보나 사회에 아주 위험한 것처럼 얘기하는 거예요. 저 공안 검사들은 여전하구나. 부끄럽지도 않은 건가? 저 사람이 조금이라도 마음의 부담을 느끼며 저 일을 한다는 생각이 들면 안타깝기라도 할 텐데.

우리는 똑같은 변호인단이 7년 넘게 재판장에 나와서 싸우고 있는데, 저들은 담당 검사 한 사람을 제외하고는 따라나오는 검사들이 재판할 때마다 바뀌어요. 그 검사들은 무슨 내용인지도 모르고 나와서 우리와 관련된 수만 페이지의 자료를 그냥 앞에다 잔뜩 보기 좋게 쌓아만 놓고 있어요. 너무 화가 나서 최후진술로 써서 간 글을 읽다가 말았어요. 압수수색 날의 모든 장면이 기억났어요. 그때 제가 너무 화가 나서 막 길길이 뛰었거든요. 소리를 고래고래 지르고 온몸으로 부당함을 표현했어요. 그런데도 그 사람들은 저를 비웃기만 했어요. 그게 폭력이잖아요. 그 사람들은 왜 그랬나요. 그 수사관들은 지금 다 어디로 갔나요.

판사님께 말했어요. 저는 판사님의 판결을 받는데, 그 사람들은 어떻게 되는 거냐고. 그들에게 짓밟힌 내 인권은 어떻게 되는 거냐고. 내가 수없이 모욕당하며 오랜 기간 트라우마를 갖게 됐고, 그 사람들이 한 행동에 대해 지금까지 납득할 수가 없는데. 남편이 기소됐을 때는 수갑을 채워서 조사했어요. 변호사도 내쫓았고요. 수갑을 채우고 조사한 것 자체가 얼마나 강압적인 일인가요. 이 문제에 대해 민변과 국가배상소송을 함께해서 이겼는데, 그래봤자 배상금 100만 원. 수갑채워서 조사했던 강수산나 검사는 우리 사건을 맡고 나서 승진했어요.

국가보안법을 위반하면 국가안보에 피해를 받는다는 거잖아요. 그렇다면 우리로 인해 국가가 어떤 피해를 받았는지 증명해야 하는 것 아닌가요? 내란음모 사건 피해자들이 받은 형을 다 합치면 수십 년이 돼요. 한 사람의 인생일 수도 있을 만큼의 시간이죠. 그렇다면 한 사람을 죽였다고도 말할 수 있어요. 그렇게 하면서까지 이 국가가 하고 싶었던 게 뭔가요? 언제쯤 그들이 그걸 말할 수 있을까요. 언제쯤 우리는 그들에게 진실을 얘기하라고 말할 수 있을까요.

안소희 의원을 처음 만난 건 동네 주민과 시의원으로서였다. 천연기념물 서식지 개발에 반대한 주민들이 만남을 요청했을 때 모든 질문에 정성껏 대답하던 얼굴이 오래 기억에 남았다. 첫 당선 후 종북몰이의 광풍을 겪고도 내리 두 번 더 시의원이 된 힘이다. 2019년에는 의정 활동 분야 최우수 의원으로도 선정된 바 있다.

안소희 의원은 인터뷰가 마무리된 이후 항소심 결과를 받았다. 안소희 의원의 공소사실은 크게 세 가지다. 'RO의 회합'으로 지목된 2013년 5월 통합진보당 정세강연회에 참여했다는 것, 2012년 6월 통합진보당 당직선거 출마자 결의대회'에서 〈혁명동지가〉를 불렀다는 것, '북한 원전' 등의 이적표현물을 소지했다는 것이다. 이적표현물은 국정원이 남편 이영춘의 압수 수색 당시 압수한 노트북에서 발견했다고 주장하는 것이다. 파주시의회가 제공한 노트북이므로 안소희 의원의 것으로 추정한다는 것이다. 삭제된 파일을 디지털 포렌식을 통해 복원한 결과 북한 관련 문건과 영화 등을 발견했다고 하는데, 안소희 의원은 그 내용이 무엇인지에 대해 확인받은 바가 없다고 말한다.

1심에서는 이것을 핵심 증거로 인정했으나 항소심 재판부는 위법수집증거라며 증거능력을 인정하지 않았다. 그런데 양형은 1심과 같았다. 변론을 담당한 조지훈 변호사는 "이해하기 어려운 판결"이라며 재판부가 가졌을 정치적 부담의 가능성을 조심스레 제기했다.

〈혁명동지가〉의 이적성 여부는 '내란음모 사건' 관련 재판의 쟁점 중 하나였다. '북한군가'로 알려진 이 노래는 민중가수 '백자'가 대학 시절 친구들을 격려하기 위해 만든 것으로 '독립군처럼 힘을 내자'는 뜻이 담겼다. 백자가 직접 재판부에 의견서까지 제출했으나 당시 법원은 〈혁명동지가〉가 이적성이 있다고 판단했다. "자유민주적 질서에 대한 공격적인 내용을 담고 있다"는 것이 그 이유였다.

안소희 의원은 대법원에 상고했으나, 대법원은 2020년 5월 14일 징역 2년 6개월에 집행유예 3년, 자격정지 2년을 선고한 원심을 확정했다. 시의원직도 자동 상실되었다. 이 판결로 우리는, 늘 가장 약한 사람들의 곁에 서고자 애써온 여성 정치인 하나를 한동안 잃게 되었다.

이석기 내란음모 사건

이 사건은 국정원과 언론에 의해 '이석기 내란음모 사건'으로
불렸다. 시작은 2013년 8월 28일 새벽이었다. 국정원은 통합진보당
이석기 의원을 비롯해 사건의 주요 관련자로 지목한 10명을 전격
압수 수색했다.[4] 이석기가 주도하는 RO^Revolutionary Organization, 즉
'혁명조직'이라는 이름의 비밀단체가 존재하고, 이들이 북한과
연계되어 있다는 것이 국정원의 주요 주장이었다. 압수 수색
다음 날, 국정원은 2013년 5월 12일 합정동 마리스타교육수사회
교육관에서 열린 이석기 의원의 강연회 녹취록을 《한국일보》가
단독 보도하게 한다. 전쟁의 위험이 조성되는 정세 속에서 평화의
국면을 어떻게 만들 것인가를 모색한 대중 강연이 국정원에
의해 폭력을 동원한 '남한좌익혁명'을 준비하는 RO 조직원들의
회합으로 탈바꿈했다. 국정원이 '비밀회합'이라고 주장한 5월
모임들의 음성 파일과 국정원이 증거로 제시한 녹취록을 대조한
결과, 450곳 이상의 오류가 있음이 재판 과정에서 드러났다.
"전면전이야 전면전!"(국정원)→"전면전은 안 된다"(실제 음성),
"실탄이 있어도 연락을 할 수 없는 상황"(국정원)→"시 단위에
있어도 연락을 할 수 없는 상황"(실제 음성)과 같이 의도적 조작이
의심되는 오류들이었다.
사건 초기, 언론은 앞다퉈 RO의 '실체'에 관한 기사를 쏟아내며
국정원의 공안몰이에 힘을 보탰다. '내란음모'가 기정사실처럼
취급되는 분위기에서 9월 4일 이석기 의원 체포동의안이 국회를
통과했다. 내란음모와 관련한 체포동의안 가결은 헌정사상
처음이었다.
1심에서는 이석기 의원에 대해 내란음모·내란선동·국가보안법

위반 혐의를 거의 대부분 유죄로 인정했으나, 2심 재판부는
내란음모 혐의에 대해 무죄를 선고했다. 검찰 공소장의 절반이
RO에 관한 내용이었지만 2심 재판부는 RO의 실체를 인정하지
않았다.

내란음모 혐의는 인정되지 않았으나, 대법원은 이석기 의원에게
내란선동 혐의를 적용해 징역 9년의 중형을 확정했다. 이석기
의원의 강연회에서 사회를 본 김홍열 통합진보당 경기도당 위원장
역시 내란선동으로 5년을 선고받고 현재 만기 출소했다. 당시 그가
한 일이라곤 약 5분간 진행자로서 발언한 것뿐이었다. 변호인단은
내란음모가 무죄라면 법리적으로 내란선동 역시 무죄여야 한다고
주장했다. '사법정의 회복을 위한 내란음모 조작사건 재심청구
변호인단'은 2019년 6월 5일 통합진보당 관계자 7명에 대한 재심을
청구했다.

주

1. 이영춘은 2015년 5월 13일 박민정 통합진보당 청년위원장,
   우위영 전 대변인과 함께 구속되었다. 이석기 의원을 비롯해
   '내란음모 사건'으로 기소된 7명에 대한 대법원 확정 판결이
   나오고도 반년 뒤였다.
2. 이석기 의원의 재판에서 지하혁명조직 RO의 실체는 인정되지
   않았다. 항소심 재판부와 대법원은 '내란음모'에 대해서는
   무죄를 선고했다.
3. 안소희 의원은 2017년 11월, 1심 재판에서 국가보안법 제7조
   찬양·고무 등의 위반 혐의로 징역 2년 6개월에 집행유예 3년을
   선고받았다. 함께 기소된 홍성규 전 통진당 대변인은 징역 1년에

집행유예 2년, 김양현 전 통진당 평택위원장은 징역 1년 6개월에 집행유예 2년을 선고받았다.

4. 이석기 의원 자택 및 국회의사당의원회관 사무실을 비롯해 우위영 전 대변인, 김홍열 경기도당 위원장, 김근래 경기도당 부위원장, 홍순석 경기도당 부위원장, 이상호 경기진보연대 고문, 이영춘 민주노총 고양파주지부장, 조양원 사회동향연구소 대표, 한동근 전 수원시위원장, 박민정 전 중앙당 청년위원장의 자택 및 사무실 등.

차라리 살인죄라면……

구술

권명희

글

홍세미

이른바 간첩 사건은 노태우, 김영삼 정권을 거치면서
서서히 줄어들다 김대중 정권이 들어서자 대폭 감소한다.
국가보안법 위반으로 잡혀간 사람들이 전혀 없었던 것은 아니지만
대규모로 간첩을 만들기에는 공안기관도 부담스러웠던 것이라
짐작한다. 그러던 것이 노무현에 이어 이명박, 박근혜 정권이
들어서자 다시 급증한다. 과거와 다른 점이 있다면 그전에는 사건을
언론에 대대적으로 공표하여 민주화운동세력에 타격을 가하고
국민들에게 공포를 조장하기 위해서였다면, 이제는 시대착오적인
북한 추종세력이라는 이미지를 덧씌우면서 정권의 지지세력
결집에 활용했다는 점이다.

따라서 그 피해자들도 과거에는 반독재 투쟁에 헌신한 투사,
독재정권과 맞선 민주화운동가에서 시대 변화에 따라가지 못한
사람 내지는 한 개인의 돌출 행동으로 축소되면서 대중의 관심사
밖으로 밀려났다. 결국 피해자들은 상대적으로 고문, 가혹행위,
사법적 처벌 등이 과거보다는 덜하다고 할 수 있지만, 그만큼
사회적 고립과 무관심, 조롱과 혐오의 대상이 될 수밖에 없었고
그 상처는 지금도 아물지 않고 있다. 대표적인 사건으로는 일심회
사건, 왕재산 사건 등이 있다.

"띵동! 띵동! 띵동!"

한밤중에 초인종이 울렸어요. '이 시간에 누구지?' 깜짝 놀라 시계를 보니 밤 12시 반이었어요. 그 시간에 올 사람이 없잖아요. 남편이라면 현관문을 열고 들어오지 벨을 누르진 않아요. 굉장한 공포감이 들었어요. 지금도 그 장면이 생생해요. 조심스레 문을 열었는데 여자랑 남자 두 사람이 서 있었어요. 뒤로는 까만 옷을 입은 사람들이 엄청 많이 있었고 바닥에는 박스가 쫙 깔려 있었어요. 두 사람이 손에 뭔가 들고 있더라고요. 압수 수색 영장이었어요. 종이를 내밀면서 당신 남편이 뭔가를 하다가 걸렸으니 수색을 해야 한다는 거예요. 그때 밖에서 소리가 들렸어요. 남편 목소리였어요.

"여보!!!!! 권명희!!!!!"

"전화해!!! 변호사한테 연락해!!!!!!"

정상적인 소리가 아니라 쉬어버린 거친 목소리였어요. 놀라서 내다봤더니 남편이 어떤 사람한테 깔려 있었어요. 남편이 저한테 이 상황을 알려주고 싶어서 땅바닥에 처박힌 채로 30분 넘게 소리 지르고 있었던 거예요.

잊을 수 없는 그날

남편은 동문회에서 조금 늦게 오는 길이었어요. 집 앞에 국정원 사람들이 기다리고 있다가 덮쳤대요. 남편은 숨이 넘어갈 것 같았어요. 국정원 직원이 손으로 목을 압박하고 있었거든요. 나중에 보니까 얼굴하고 손이 다 긁혀 있었어요. 저는 저러다 사람 죽겠다며 풀어달라고 소리 질렀죠. 그 사람들이 남편을 집으로 데려와서 수갑을 뒤로 채운 채로 식탁에 앉혔어요. 남편은 저한테 변호사한테 연락하라고 계속 말했어요. 그때 국정원 사람들이 간첩 혐의가 어쩌고저쩌고하면서 뭔가를 읽어줬던 것 같기는 해요. 간첩이라는 말이 너무 무서워서 저는 순간 멍하니 있었어요. 연락을 해야겠다고 생각하니까 후배 몇 명, 이 동네 사는 아는 목사님 몇 분이 떠올라 전화를 걸었는데 새벽이라 아무도 받질 않았어요.

전에 압수 수색이 얼마나 끔찍한지 들은 적이 있었어요. 사람들이 되게 많이 왔다고 했잖아요? 알고 보니 뒤에 있던 사람들은 디지털 포렌식을 하려고 온 국과수(국립과학수사연구원) 담당자였나 봐요. 그 사람들은 처음부터 들어올 필요가 없으니까 바깥에서 대기하고 있었던 거죠. 저희 집이 짐이 많아요. 책도 엄청 많고요. 그 짐을 하나하나 풀어서 다 뒤지더라고요. 거실부터 시작해서 안방, 애들 방 순서로 뒤졌는데 제가 기억하기로는 새벽 1시부터 시작해서 오후 5시까지 뒤진 것 같아요.

이 사람들이 찾으려고 하는 게 불온 문서 기록, 서적 그런 거잖아요. 책 하나를 빼서 처음부터 끝까지 모든 페이지를 펼쳤어요. 우리 애들 책까지 다 뒤졌어요. 제가 딸만 셋이에요. 큰애는 외국에 있었고 집에는 작은애랑 막내가 있었어요. 우리 막내가 여섯 살이라고 하지만 12월 말 생이라 만으로는 네 살밖에 안 됐을 때예요. 다행히 그 아이는 깨지 않았어요. 아이는 깨지 않게 하겠다면서 안방 뒤질 때는 다른 방으로 데려가더라고요. 다른 방에는 고등학교 2학년인 작은애가 있었어요. 작은애는 누가 자기 방에 와서 뒤지니까 깼어요. 작은애 방도 다 뒤졌어요. 성경책도 뒤지고 아이 그림책까지 다 뒤졌어요. 그렇게 골라놓은 책을 거실 바닥에 1미터가 넘게 쌓아놨어요. 대부분 사회과학 서적이었어요. 그러면서 목사님이 왜 이렇게 전쟁에 대한 책이 많냐고 하더라고요.

남편이 목사이면서 인터넷신문사 기자였기 때문에 집에 전자기기가 많았어요. 아이폰도 있고 다른 폰도 있고, 유에스비니 뭐니 많았죠. 아이패드, 태블릿 PC, 남편 노트북, 제 노트북, 애들 컴퓨터까지 싹 다 뒤지더라고요. 이 노트북은 내 거니까 만지지 말라고 그랬더니, 이건 내 거라고 손으로 가리킨 모습을 찍어서 후에 재판에서 증거로 썼어요. 자기네 마음대로 한 게 아니라 제 협조하에 한 거라고 변형을 시킨 거죠.

새벽 3시가 넘어서, 연락했던 사람 중에 백 목사님이 와

차라리 살인죄라면⋯⋯

주셨어요. 당시 국정원이 동시에 여러 명을 기습적으로 압수수색했더라고요. 우리 집하고 기독교회관, 권○○ 씨, 민○○ 씨 집까지 네 군데를 동시에 쳤어요. 백 목사님이 그런 상황을 듣고 아는 변호사님한테 연락해서 같이 와주신 거죠. 변호사님이 국정원 직원들한테 "수색영장 가지고 왔습니까?" 하면서 법적인 걸 따지니, 자기들은 다 해줬다고 그러더라고요.

변호사님이 핸드폰으로 수색영장을 찍으려 하니까 국정원 직원들이 못 찍게 막았어요. 이 사람들이 말로만 읊어서 사인하라고 했으니 제가 기억을 다 못 하잖아요. 목사님이 저한테 "사모님, 수색영장을 빨리 손으로 옮겨 쓰세요" 하고 알려주셨어요. 수색영장이 되게 길었는데 수기로 쓰려니까 힘들었어요. 딸을 깨워서 거실 구석에서 나눠 썼죠. 국정원 직원들은 그 모습도 찍어서 우리한테 최선을 다해 협조했다는 식으로 재판에 이용했어요. 자기들이 수색영장도 쓰게 하고 기록을 다 보여줬다는 식으로요. 그런데 다 쓰지도 못했어요. 저희가 쓰고 있을 때 그걸 베끼면 안 된다고 뺏어갔거든요. 다 못 쓰고 딸이 반쪽 썼고 제가 한 장 썼어요. 그나마 그렇게라도 써서 나중에 가족대책위 사람들한테 우리 혐의가 이런 거였다고 알려줄 수 있었죠.

변호사님은 한 시간 정도 따지다가 자기가 할 수 있는 일이 없으니 나중에 오겠다면서 가셨어요. 그런데 그것도 재판에서 변호사가 할 일을 안 하고 떠났다는 식으로 불리하게 만들려고 했어요. 당시 변호사님은 자다가 갑자기 왔기 때문에 일이 어떻게 커질지 전혀 몰랐던 거예요. 백 목사님이 새벽부터 아침 7시 반까지 현관문 앞에 서 계셨어요. 국정원 직원들이 백 목사님이 화장실을 이용하는 것도 막고 집 안에 자기들과 우리 식구들만 있게 했거든요.

남편이 다른 사람들한테도 전화하라고 자기 핸드폰을 줬어요. 제 핸드폰에는 남편이 말한 사람들의 전화번호가 없었거든요. 국정원 직원들이 처음엔 핸드폰을 못 만지게 하더니 전화하라고 했어요. 그래서 남편이 자기 아이폰 암호를 풀었죠. 아이폰은 원래 다른 사람이 못 풀잖아요. 그런데 암호를 풀자마자 아이폰을 뺏겼어요. 남편은 꼼꼼한 성격이라 자기 아이폰에 이것저것 정리를 해두곤 했어요. 노트북 암호도 다 들어 있었고요. 그 사람들이 가져가서 다 써먹은 거죠. 결과적으로는 남의 것을 보고 쓴 거라 재판 과정에서 증거 채택은 안 됐어요.

오전 11시 반이 되자 밖에 대기하고 있던 직원들이 들어오더니 기계 장치를 이용해 아이폰이며 아이패드며 애들이 쓰던 MP3 플레이어까지 우리 집에 있던 모든 자료를 디지털 포렌식으로 다 털어 갔어요. 심지어 남이 버린 컴퓨터 하드디스크를 갖다 놓은 게 있었는데 그거까지도요.

차라리 살인죄라면······

조작 사건의 전모

수색영장에는 제 남편인 김성윤 목사가 주범이고 최○○ 목사님과 민○○ 씨, 권○○ 씨, 이렇게 네 명이 국가보안법 위반 혐의로 묶여 있었어요. 같은 날 목자단(기독교평화행동목자단) 사무실도 압수 수색했어요. 제 남편하고 최○○ 목사님이 목자단에서 활동하고 있었거든요. 목자단은 평화운동과 통일운동을 하는 기독교 단체예요. 그해에 목자단이 북한으로 돌아가기를 원하는 탈북자 김련희 씨의 송환을 추진했었대요. 국정원이 그걸 가지고 목자단과 목사들이 북한과 연계됐다고 엮은 거죠. 남편의 예전 민주노동당 활동과 목자단 활동을 엮어서 사건을 만들려고 한 거죠. 국정원은 남편이 몇 해 전 외국에 가서 북한 사람을 만나 돈을 받고 남한의 정세를 보고했다는 식으로 조작해서 김성윤 목사가 간첩이라고 주장했어요. 그리고 수색영장에는 '김성윤 목사가 민중 총궐기 집회의 배후 주동자다'라고 쓰여 있었어요. 압수 수색을 자정 넘어서 했으니 당일이네요. 그날 광화문광장에서 민중 총궐기 집회가 예정되어 있었죠.

남편은 작은 교회에서 목회를 하면서 기독교 사회운동을 계속해온 사람이에요. 후배들을 계속 챙기면서 빈민 탁아운동도 했죠. 후배가 구로동에서 빈민어린이집을 운영했는데 남편이랑 저도 운영에 참가했어요. 남편은 평화운동, 통일운동에 관심이 많았어요. 이명박 정권 때 쇠고기 수입 반대 촛불집회와 4대강 반대 촛불집회를 할 때 광화문광장에서 '촛불교회'를 이끌기도 했죠. 아마 그 무렵부터 국정원과 경찰의 내사가 시작된 것 같아요.

알고 보니 국정원에서 남편을 7년 동안 패킷 감청[1]했더라고요. 사건을 만들기 위해 7년이나 자료를 모은 거예요. 저희는 전혀 몰랐어요. 이메일, 전화, 핸드폰 등등 온갖 것에 다 패킷 감청을 했대요. 감청했다는 건 남편이 감옥에 간 다음에 알게 됐어요. 구속된 다음에 국정원 사건 자료가 날아왔어요. 거기 보니까 몇 년부터 몇 년까지 우리 가족의 인터넷, 이메일, 통장, 전화, 컴퓨터를 다 조사했다고 나오더라고요. 미행이나 추적도 했대요. 국내뿐 아니라 해외여행, 수련회까지요. 너무 끔찍했어요.

나중에 재판 과정에서 보니까 간첩 혐의는 빠졌더라고요. 간첩 혐의가 왜 빠졌냐고 했더니 '국가에 피해를 끼친 게 없다. 간첩은 적을 이롭게 해야 하는데 적을 이롭게 한 게 없다. 만났건, 돈을 받았건, 국가는 손해 본 게 없다. 간첩이 아니다.' 이렇게 말하더군요. 돈을 받았다는 것도 증거가 없어요. 남편이 어떤 사람과 만나는 장면을 찍고는 그 사람한테 돈을 받았을 거라고 추정한 거죠. 실제 혐의에서는 만 불이랬는데, 만 불이면 천만 원이잖아요? 우리 집을 다 뒤졌는데 집에서 돈이 20만 원, 30만 원 정도밖에 안 나왔어요. 제가 그랬죠. 그렇게 돈을 많이 받았으면 잘살아야 하는데, 우리가 어디 잘살고 있냐고?

남편이 받은 혐의가 이적표현물 소지였는데, 그때 국정원 직원들이 책장에 꽂혀 있던 책을 많이 가져갔어요. 가져간 책 중 한 권의 제목이 아직도 기억나요. 《21세기 역사이야기》란 역사책이었어요. 북한에서 만든 책도 아니고 2005년 한국에서 출판된 책이에요.

사건 당사자가 네 명이었는데, 변호사님이 가족들끼리 함께 싸워야 한다고 해서 가족대책위를 만들었어요. 변호사님이 이 사건은 우리 힘만으론 어렵다고 했어요. 당시 사건 당사자 중에 권○○ 씨가 있었는데 그분이 민주연합노조(전국민주연합노동조합) 소속이었어요. 민주연합노조에서 같이 움직여줬죠. 우리는 이 사건을 국정원이 조작한 '성직자·노동자 공안탄압 사건'이라고 명명했어요.

간첩이 된 남편

애들 아빠가 국가보안법 위반 혐의로 갑자기 간첩이 됐어요. 우리나라에서 간첩이 어떤 의미인지 아시잖아요. '인생 끝났다. 우리 가족, 시댁, 친정, 모든 식구들이 매장이다. 우리는 이제 미래가 없구나. 우리 아이들은 어떡하나.' 여러 생각이 들면서 너무 막막했어요. 당시 큰아이가 봉사하러 외국에 가 있어서 제가 전화했어요. "놀라지 마. 아빠가 간첩 혐의로 구속됐어. 너희들한테도 영향을 미칠 수 있어." 아이가 울면서 최대한 빨리 한국에 오겠다고 했어요. 일정을 정리하고 1월에 들어왔죠. 당장 먹고살아야 하는데 남편은 어떻게 하고 일은 어떻게 해야 하나? 여러 고민이 한꺼번에 들었는데 목자단 목사님들이 찾아오셨어요.

"지금 사모님이 일할 때가 아닙니다. 남편을 구해야 합니다."

일을 그만두거나 최소한 2주라도 일을 멈추고 남편을 쫓아다녀야 한다는 거예요. 그러지 않으면 남편한테 큰일이 난다고요. 그래서 제가 학습지 회사에 다녔는데 일단 2주 동안 일을 못 하겠다고 알렸어요. 회사에는 사실대로 이야기할 수가 없어 남편이 아프다고 했죠. 사건이 일어난 지 4년이 다 됐는데도 회사에 이야기 안 했어요. 주변 사람들한테는 공식적으로 이야기할 수가 없더라고요.

왕재산 조작 간첩 사건[2]이라는 큰 국가보안법 사건이 남편이 구속되기 불과 2년 전에 있었어요. 당시에 국정원이 구속자와 아는 사람들을 엄청 엮었대요. 거의 100여 명이 끌려들어가 조사를 받았다고 하더라고요. 우리 사건도 그렇게 될까봐 남편을 아는 사람들은 다 긴장을 했을 거예요. 남편은 대학 들어가서 지금까지 계속 운동을 해왔거든요. 남편과 연

차라리 살인죄라면……

관된 단체와 사람들이 엄청 많았어요. 남편이 수감되자 어떤 단체에서 바로 면회를 갔대요. 남편이 그 단체 이사였는데 남편을 자르려고 간 거였어요. 자기네는 국가에서 지원받는 단체라 남편이랑 연결되면 안 되니 공식적으로 자르겠다고 통보하러 간 거죠. 여러 단체에서 그랬어요. 남편은 단체에 피해가 갈까봐 오히려 먼저 자르라고 그랬대요.

저는 너무 막막해서 그동안 알고 지낸 목사님들에게 도와달라고 애절하게 글을 썼어요. 하지만 아무도 연락을 안 주시더라고요. 저희가 개척교회라 조금씩 받는 후원금이 있었는데 그것마저 끊겼어요. 국가보안법으로 재판을 받고 있으니 제명을 해야 한다는 이야기까지 나왔다고 해요. 눈에 보이지 않는 괴물이 우리 뒤에 있는 것 같았어요. 70년대, 80년대에나 있었던 일이잖아요. 2015년에 이런 일이 벌어진다는 게 믿기지 않았어요. 남편이 감옥에서 나와도 이런 상황이 끝나지 않을 것 같았어요. 우리 아이들이 취직도 못하고 결혼도 못하게 될 수 있겠다는 생각까지 드니까 너무 괴로웠어요.

우리 가족의 악몽 같은 생활이 시작됐어요. 주변 사람들은 다 흩어지고 우리 가족이 송두리째 망가질 것 같았어요. 그때 버티면서 제가 아는 분한테 이렇게 이야기했어요. 차라리 남편이 살인범이었으면 좋겠다고요. 그러면 최소한 가족이나 아이들, 우리 주변 사람들한테 영향을 미치지 않을 거 아니냐고요.(눈물)

딸과 함께 싸우다

그사이에 큰아이가 탄원서를 썼어요. 우리 아버지가 이런 어려움을 겪고 있으니 응원해달라고 인터넷에 올렸어요. 한국에 들어오기 전에 한 것 같아요. 그때만 해도 국민청원이 없었는데, 애가 벌써 수백 명의 탄원을 받아놓았더라고요. 재판을 받을 때는 시일이 급해서 써먹지 못했지만, 그래도 저는 큰아이 덕분에 힘을 얻었어요. 남편이 국보법으로 피해받고 있는 순간에도 그 사실을 숨기고만 싶었거든요. '남편은 왜 이런 일에 휩쓸려서 나와 식구들한테 피해를 주나?' 하고 원망만 했거든요. 그런데 큰아이는 그 사실을 공개적으로 사람들 앞에서 이야기한 거죠. 아이가 탄원서를 잘 썼어요. 남편이 개척교회를 하면서 어려움이 많았어요. 아이들 앞에서 아빠에 대해 좋게 이야기한 기억이 별로 없는데, 아이에겐 좋은 기억이 많더라고요. 아빠가 어떤 사람인지에 대해 잘 썼어요. 아빠가 돈은 많이 못 벌지만 다정한 사람이고, 자기가 정치외교학과로 진학할 때 사회과학 지식이나 이론을 아빠로부터 배웠다고 했어요. 아이가 쓴 탄원서를 읽고 저는 감동을 받았죠.

사건 초기에 친정이나 시댁 식구들한테 남편이 구속됐다는 말을 못 했어요. 얼마 후에 전화가 왔는데, 종편채널에 나온 사람이 애들 아빠가 맞냐고 물으시더라고요. 채널A에서 11월 14일 민중 총궐기 집회에 대해 분석하면서 '총신대 출신 현직 목사 김모 씨'가 국가보안법 위반 혐의로 구속됐다는 내용이 나왔다는 거예요. 나중에 확인해보니, 남편이 민노당 활동을 했고 북한에 가서 누구를 만나고 돈도 받았다고 붉은색 자막으로 한 시간 내내 나왔더라고요. 김정은과 남편을 캡처 한 사진과 남편 나이까지요. 방송에서는 '어떻게 현직 목사가 그럴 수 있느냐?'는 식으로 확정해서 말했는데, 시댁과 친정 식구들이 그 프로그램을 본 거예요. 그 보도 때문에 결국 남편이 국가보안법 위반으로 감옥에 들어갔다는 것을 모든 사람이 알게 되었죠.

같이 기소된 분 중에 민○○ 씨라는 분이 있어요. 그분이 전에 중부지역당 사건으로 3년형을 사셨는데, 채널A에서는 남편이 중부지역당 사건으로 3년형을 살았다고 보도했어요. 남편은 한 번도 감옥에 갔다 온 적이 없는데, 명백한 오보잖아요. 민사소송을 해야겠다고 변호사한테 이야기하니 지금 형사 사건을 하고 있기 때문에 그것까지 할 수는 없다고 했어요. 언론중재위원회에서 먼저 다뤄주겠다고 연락을 줬어요. 갔더니 제출해야 할 서류가 되게 많고 복잡했어요. 어떻게 해야 하나 하고 망설이고 있는데 큰아이가 와서 그러더군요. "엄마, 내가 함께할게. 이건 명백히 아빠 명예를 훼손한 거야."

언론중재위 소송은 기한이 있어요. 11월 중순에 했던 방송이라 이미 기한이 지났더라고요. 그런데 큰아이가 그랬죠. "엄마, 자기가 안 날로부터 90일이래. 내가 안 건 지금이야. 그러니까 아직 기간이 남았어." 그때부터 큰아이가 함께해줬어요. 언론중재위에서 요구한 모든 걸 큰아이가 다 하더라고요. 그래서 우리가 이겼어요. 소송 과정에서 어려운 점이 많았지만 그래도 정말 기뻤어요. 우리의 첫 번째 승리였죠.

존경하는 판사님께.
저는 현재 ○○○봉사단으로 필리핀 내 한국 NGO에서 1년 동안 봉사활동을 하고 있는 김성윤 목사의 큰딸 김○○입니다.
아버지가 구속되셨다는 청천벽력 같은 소식을 들었습니다. 며칠 동안 그저 멍하니 아무 일도 할 수가 없었습니다. 무엇보다 가족들의 고통을 같이 나눌 수 없단 사실이 미안하고 힘듭니다. 이 상황을 직접 겪고 있는 가족들의 고통은 타지에서 이전과 똑같은 생활을 누리고 있는 저로선 감히 상상할 수도 없습니다. 차가운 유치장에서 힘든 시간을 지나고 계실 아버지와 텅 빈 집에서 하루하루 두려움에 떨고 있을 어머니, 고3을 앞두고 있는 둘째, 그리고 어린데도 속이 깊은 막내동생이 너무 걱정되고 보고 싶어 요즘은 어떻게 해야 하루라도

차라리 살인죄라면⋯⋯

빨리 집에 갈 수 있을까 하는 생각밖에 할 수 없습니다.
저희 가족은 한 번도 부유한 적이 없습니다. 욕심내지
않았고, 차가운 사회도 보듬어준 적이 없습니다. 하지
만 가난은 저희 가족의 벽이 되진 않았습니다. 오히려
가난할수록 가족은 화목했습니다. 저희 가족에겐 돈을
넘어선 다정함이 있었습니다. 아빠는 다른 어떤 아버지
보다 따뜻했습니다. 학교에 늦지 말라고 아침마다 지하
철역까지 태워주셨던 오토바이와 뛰어나가는 날 붙잡
아 꼭 먹여주시던 반숙 달걀프라이, 닭볶음탕은 엄마보
다 아빠가 하는 게 더 맛있지 않느냐며 장난치던 순간
까지 너무 소중하고 따뜻한 기억으로 남아 있습니다.
아버지는 제게 스승이기도 하십니다. 아버지는 항상 제
게 큰 가르침을 주셨습니다. 세상은 넓게 봐야 한다며
아침마다 봤던 CNN 뉴스, 대화와 언쟁을 오갔던 수많
은 이슈들, 너는 이 문제에 대해 어떻게 생각하냐며 논
리를 정립하게 했던 뾰족한 질문들까지 이 모든 아빠와
의 순간이 지금 제가 가고 있는 길을 선택하게 만들었
습니다. 항상 말씀하시던 약자의 편, 정의, 그리고 진실
을 고하는 용기가 지금의 저를 만들게 했고 제 가슴에
새겨졌습니다. 아버지는 진실과 신념 그리고 용기로 꿋
꿋이 옳은 길을 걸어가는 가장 부러운 존재였으며 두려
운 존재였습니다.

아버지는 결코 북한을 추종하지 않으십니다. 아버지가 하신 일은 결코 북한의 사상을 찬양하는 것이 아니었으며 어느 집단에 이롭게 하기 위하여 하신 일이 아닙니다. 가혹하리만치 차가운 통일운동에 대한 규정과 탄압에 정의와 양심으로 싸우신 것입니다. 전쟁에 의한 상처와 아직 끝나지 않았다는 공포 그리고 그 가운데 고통받는 인권을 위해 아버지는 평화를 외치셨고 통일을 외치셨습니다. 이러한 행위가 반국가적 행위라면 도대체 어떤 사람이 정의를 생각하고 평화를 외치겠습니까. 아버지는 낮은 사람들과 항상 함께하신 휴머니스트였습니다. 신께 정의를 기도하던 목사였습니다. 평화를 위해 목회를 지속하셨고 조국을 위해 통일운동을 해오셨습니다. 어머니에겐 든든한 가정의 울타리였고 세 딸에겐 엄한 선생님이자 다정한 친구였습니다. 존경하는 재판장님. 지금 경기도 집엔 아버지도 없고 자매 중 유일한 성인인 저도 없습니다. 가정의 울타리가 사라진 채, 거센 폭풍을 겨우겨우 버텨내는 초가집이 지금 우리 가족의 현실입니다. 생계를 유지해야 하는 어머니와 고등학생인 둘째 그리고 여섯 살밖에 되지 않은 막내까지 여자 셋이서 버텨내기에는 현실의 폭풍이 너무나 드셉니다.

신실한 종교인이었고 따뜻한 이웃이었으며, 어머니에

겐 믿음직한 남편이었고 세 자매에겐 다정한 아버지였습니다. 부디 이러한 가정의 사정을 헤아려주시고 이해해주셔서 아버지가 불구속 상태로 수사와 재판에 임할 수 있도록 도와주시기 바랍니다.

—김성윤 목사의 큰딸, 김○○

함께 나아가다

가대위(가족대책위원회)에서 매주 모였어요. 제가 회장이 돼서 온갖 곳을 다 쫓아다녔어요. 변호사가 늘어나면서 재판 비용이 많이 드니까 비용을 마련해야겠더라고요. 집회 때마다 가대위 가족끼리 가서 어묵이랑 커피를 팔았어요. 국보법 사건이다 보니 많은 단체들이 우리와 거리를 두려 했지만 그래도 도와주신 분들이 있었어요. 양심수후원회, 구속노동자후원회 분들이었죠.

저희 남편은 함께 싸워줄 조직이 없었어요. 그래서 손을 내밀어주는 분들이 있는 행사에는 빠지지 않고 다녔어요. 아무도 안 도와주는 상황에서 그분들마저 우리를 외면할까봐 무서웠거든요. 목자단에서도 남편을 위해 기도회를 많이 열어주셨어요. 1심 기도회, 2심 기도회, 3심 기도회를 하고……

권명희 씨가 일곱 살짜리 막내를 데리고 주말마다 다녔던 광화문 광장. 촛불집회가 열리던 추운 겨울날, 그곳은 한 시간이 넘게 걸리는 거리. 그가 광장에서 외쳤던 말들은 어디로 갔을까. 그가 든 피켓에 적혀 있던 무수한 말들은 누구에게 전해졌을까.

차라리 살인죄라면……

재판을 세 번만 한 게 아니라 그사이에도 재판이 계속 열렸는데, 그때마다 목자단분들이 기자회견도 함께해주셨어요. 회의도 같이해주시고요.

제가 돈을 벌어야 하니까 오전에는 가대위 일을 하다가 오후에 재판이 잡히면 재판 보다 뛰어나와 일하러 가는 식으로 3년을 보냈어요. 친정이나 시댁 식구들한테는 차마 도와달라는 말을 못 했어요. 시댁 식구들은 운동하는 남편을 못마땅해했는데 결국 간첩 혐의로 들어가니까 많이 힘들어했거든요. 3년 동안 면회를 간 적도 없었어요. 시동생이 그러는데, 20년 전에 남편이 대학 다닐 때도 운동한다고 도망 다니고 그랬대요. 그때 식구들이 고생을 많이 했나 봐요. 섭섭했지만 남편도 장남으로서의 역할을 못 한 건 맞으니까⋯⋯

열심히 싸운 보람이 있긴 했어요. 남편이 1심에서 4년을 선고받았는데 2심에서 3년으로 줄었거든요. 예전 같으면 7~8년 정도가 나왔을 거래요. 없는 죄를 뒤집어씌웠더래도 국가보안법 사건은 무죄가 안 된대요. 남편과 비슷한 사건으로 잡혀 들어갔던 분은 가족이 함께 싸우지 않고 변호사만 싸웠는데, 그분은 5년을 받았다고 하더라고요.

남편이 감옥에 있는 3년 동안, 막내가 유치원을 졸업하고 초등학교에 입학했어요. 둘째는 수능을 보고 대학을 갔고요. 남편은 아이들의 졸업과 입학을 하나도 못 보고 아이들 혼자 커버린 거죠. 맨날 울고만 있을 수 없으니까 아이들한테 아빠 면회 가는 걸 여행처럼 생각하자고 했어요. 춘천교도소로 면회 갈 때는 춘천으로 여행 가는 거고, 전주교도소로 갈 때는 전주로 여행 가는 거라고요. 그렇게라도 아이들과의 시간을 만들려고 했죠.

여리고 아픈 손가락

당시 토요일마다 박근혜 대통령 퇴진을 위한 촛불집회를 했었어요. 우리 꼬맹이랑 같이 매주 나갔어요. 애가 일곱 살이었는데 많이 힘들어했어요. 나중에는 안 가겠다고 하더라고요. 겨울에는 너무 춥고 광명에서 광화문까지 가는 게 쉽지 않잖아요. 차를 몇 번 갈아타야 해서 한 시간이 넘게 걸려요. 그때 큰애는 집에 없었고 둘째는 고3이라 집에 일곱 살짜리 애를 돌봐줄 사람이 없었어요. 제가 출근하면서 아침에 애를 어린이집에 맡기고 저녁에 퇴근하면서 데려와야 했어요. 주말에는 봐줄 사람이 없으니 데리고 다닐 수밖에 없었던 거죠. 최근에 막내가 이런 얘길 하더라고요.

"엄마는 그때 왜 그렇게 나를 늦게 데리러 왔어?"

엄마가 밤 8, 9시까지 자기를 찾으러 오지 않으니까 애들 다 가고 혼자 남았는데, 선생님들이 회의를 하면 자기는 혼자 놀 수밖에 없어서 너무 외로웠대요. 하지만 엄마는 아빠 때문에 슬프니까 얘기할 수가 없었대요.(눈물) 남편이 없는 동안 아이들하고 집에서 가정 예배를 드렸어요. 예배를 하면 아빠 얘길 하게 되니까 기도를 할 때마다 제가 울었어요. 일곱 살 밖에 안 된 아이가 그땐 엄마가 슬퍼할까봐 얘기 못 하고, 왜 그랬냐고 몇 년이 지난 후에 따진 거예요. 요즘 막내는 아빠한테 이런 말을 해요.

"아빠는 나한테 잘해야 돼. 내가 아빠 때문에 얼마나 힘들었는지 알아?"

애가 다 기억해요. 엄마가 하는 모든 행사를 따라다니면서 플래카드 붙이고 커피 팔고 앞에 나가 발언하고 했던 걸 다 기억해요. 항상 제 옆에 있었거든요. 어린애가 항상 쫓아다니니까 사람들이 그 때문에 더 안타까워하고 그랬죠.

막내가 네 살 무렵에 경기를 한 적이 있어요. 처음에는 경기인지 몰랐어요. 애가 열나고 이상해서 병원에 갔더니 경기라고, 잘 지켜보라고 했어요. 다섯 살 넘으면 괜찮다고 해서 애가 크면서는 위험한 시기는 지나갔구나 하고 생각했죠. 그런데 작년에 남편이 집에 없는 동안, 아이가 또 경기를 했어요. 초등학교 2학년이었는데 이 나이가 돼서 경기하는 건 안 좋은 거라고 해서 급히 검사를 했어요. 우리 애가 소아뇌전증, 그러니까 간질일 가능성이 있다는 결과가 나왔어요. 앞으로 계속 약을 먹어야 할 수도 있다고요.

한 달 뒤쯤에 뇌파검사를 하러 오라고 했는데, 그날 하루 종일 일이 많아서 병원에 못 갔어요. 얼마 있다가 애가 친구랑 놀다 갑자기 쓰러졌어요. 119를 불러서 근처 대학병원에 갔고, 3일을 중환자실에 있었어요. 그때부터 계속 약을 먹고 있어요. 아이가 처음에 경기를 했을 때도 가족이 어려웠을 때였어요. 그러다 이번에 아빠가 구속된 후에 다시 경기를 한 거죠. 아이가 아픈 게 가족의 어려움 때문이 아닌가 하는 생각이 계속 들어서 가슴이 너무 아파요.

막내는 유아기 3년을 아빠랑 헤어져 있어서 그런지 둘 사이에 약간 거리가 있어요. 남편은 잘 모르던데 제 눈에는 비쳤어요. 지금도 막내는 아빠를 되게 좋아하면서도 저한테 많이 의지해요. 식구들이 집에 없으면 "아빠는 뭐 해? 언니는 뭐 해? 엄마는 왜 안 와?" 하고 계속 찾아요. 몇 년이 지났는데도 옛날에 혼자 있었던 기억이 아이한테 좀 안 좋았던 것 같아요. "난 어렸을 때 혼자였어"라는 말을 자주 해요. 그럴 때마다 안쓰럽죠.

가정 예배를 할 때 막내가 기도를 잘해요. 기도할 때마다 우리 가족 다치지 않고 아프지 않게 해달라는 말을 꼭 해요. 제가 지금 다리 다쳐서 깁스를 했거든요. "너, 요즘에 엄마를 위해 기도 안 했나 봐. 그래서 엄마가 다친 것 같아." 농담으로 그랬더니, 막내가 그러더라고요. "엄마, 난 기도할 때마다 그 생각밖에 안 나. 우리 가족 아프지 말고 다치지 말라는 거."

차라리 살인죄라면……

국보법이 남긴 트라우마

남편은 2018년 11월 12일에 만기 출소했어요. 남편은 얼리 어답터라서 기계에 빠삭하고 기능에 능하고 인터넷을 잘 활용하는 사람이었는데, 출소한 뒤로는 핸드폰 개통하는 것조차 제가 쫓아다녀야 했어요. 핸드폰 쓰는 걸 되게 어색해하고 힘들어해요. 핸드폰 앱 설치하는 것도, 인터넷뱅킹도 잘 못 해요. 무조건 은행에 가서 하더라고요. "카톡은 어떻게 써야 하지?" 이래요.

그리고 말이 많아졌어요. 모든 걸 다 분석하고 평가해요. 이건 어떤 상황이고 저건 또 뭐고, 다 분석을 해대요. 그게 이해가 되기도 해요. 3년 동안 독방에 혼자 있었잖아요. 우리가 면회 가도 길어야 15분, 10분이니까요. 감옥을 나왔어도 이 사람 주변에 자기 이야기를 그대로 들어주는 사람이 많지는 않을 거예요. 요즘에는 전에 같이 운동했던 사람들을 많이 만나지 않아요. 제일 많이 만나는 사람이 저고, 자기 이야기를 가감 없이 할 수 있는 사람도 저밖에 없는 것 같아요.

남편이 석방되고 나서 바로 건강검진을 받았어요. 위내시경을 했더니 경계성 종양이 있대요. 위암이었던 거예요. 감옥에서 되게 힘들었다고 해요. 계속 토했는데 의사를 연결해주지 않고 위장약만 주더래요. 가끔 검진을 받게 했지만 아무 소용이 없었대요. 바로 종합병원에서 내시경으로 수술했는데 중간에 난리가 났어요. 마취를 한 후에 갑자기 기계를 망가뜨릴 정도로 난리를 쳤대요. 남편이 고문을 받은 적은 없지만, 국정원에 의해 구속되고 수감 생활을 하는 과정이 굉장히 고통스럽고 힘들었잖아요. 그게 무의식에 남아 있다가 내시경을 들이대고 칼을 들이대니까 그런 반응이 나온 거죠. 기계 다 뜯어내고 망가뜨려서 남자들이 압박을 했대요. 남편은 마취에 취한 채로 "너, 누구야?" 막 이러면서 "국정원 누구야? 이름 대!" 이랬대요. 결국 수술을 하다 중단됐어요. 다시 날 잡아서 하자고 했는데, 병원에서 남편이 마취하면 또 그럴지 모르니까 그냥 마취 없이 생으로 해버렸대요.

남편은 자기가 4년 이상을 받았다면 암에 걸려 죽어서 감옥을 나왔을 거라고 했어요. 전주교도소는 햇볕이 직사광으로 내리쬐는데 에어컨은 당연히 없고 선풍기도 잘 틀어주지 않았대요. 바닥이 마룻바닥이라 난방도 안 됐대요. 전국 교도소 중 유일하게 남아 있는 나무 바닥이라고 하더라고요. 심지어 쥐도 돌아다니고 유리가 아니라 비닐로 막은 창이 있는 방도 있었대요. 남편이 있던 방은 좌우 폭 1미터도 안 되게 좁아서 누워서 옆으로 손을 뻗을 수도 없었대요. 지금 남편은 폐소공포증이 생겨서 좁은 곳에 잘 못 들어가요.

이 시간들이 저에게도 어떤 흔적을 남겼어요. 전화를 잘못 걸어요. 패킷 감청을 7년간 당했잖아요. 한동안 전화 걸 때도 화장실 가서 걸었어요. 압수 수색 후에 '이 사람들이 시시티브이를 숨겨놓고 가지 않았을까?' 하는 생각도 계속 들었어요. 옷을 갈아입을 때마다 누군가 지켜보고 있다는 생각이 들고 안방에서 혼자 잘 때도 무서웠어요. 다 잊어버렸다고 생각했는데 지금도 갑자기 초인종 소리가 들리면 미치겠어요. 무슨 일이 생겼나 싶어서요. 조국 압수 수색 이야기가 나왔을 때도 그때 기억이 떠올라 정말 끔찍했어요. 국정원이 7~8년 동안 남편을 감청하고 구속되기 직전에는 온갖 곳을 다 쫓아다녔잖아요. 남편이 구속된 후에 한동안 제 뒤를 누군가가 따라다니는 것 같았어요. 제 뒤에 항상 누가 있는 것 같았어요. 국정원 직원들은 저보다 남편에 대해 더 잘 알고 있었어요. 남편이 오토바이를 타고 다녔는데 남편이 구속됐을 때 오토바이를 어디에 뒀는지 몰라 남편한테 물어보니까 "걔들은 알고 있는데 당신은 왜 몰라?" 그러는 거예요.

국가의 권력으로 모든 걸 허용하는 게 국가보안법이에요. 법 자체가 너무 무서워요. 무소불위의 힘, 엄청난 힘을 가진 법이에요. 지금은 고문을 하진 않지만 정신적인 압박과 사상 통제를 하고요. 국가보안법으로 수감됐던 사람은 사회에 나와서도 죽을 때까지 보호관찰을 받아요. 이사하면 이사 갔다고 신고해야 하고, 어디를 가면 어디 간다고 신고해야 한대요. 죽을 때까지 국가의 통제를 받는 거예요. 3년 이상의 형을 받으면 누구나 그래야 한대요. 살인도 15년인데 이 법은 평생을 구속해요. 보이지 않는 감옥에서 사는 거죠.

곁을 지켜준 사람들

　남편이 감옥에 있는 동안 생활이 정말 어려웠어요. 선후배들이 도와줘서 겨우겨우 버틴 것 같아요. 제 친구들이나 남편 친구들, 운동하는 목회자 친구들이 조금씩 지원을 해줬어요. 제가 이화여대를 나왔는데 민주동문회에서도 후원해주셨어요. 남편 동문회에서도 시간이 지나니까 조금씩 도와주셨고요. 가장 의지했던 분들은 사정이 비슷한 분들이었어요. 같은 경험을 했던 분들, 민가협하고 양심수후원회에서 많이 도와주셨어요. 끈끈하게 뭉쳐 있던 가대위 사람들도 의지가 많이 됐죠. 3년 내내 매주 만나서 마음으로 많이 통해 있었어요. 그래도 저를 버티게 했던 건 역시 아이들이었어요. 우리 아이들이 없었다면 힘들었을 거예요.

　남편이 감옥에 들어가고 제가 전면에 나가 활동하면서 제 생각이 넓어졌어요. 사건을 겪기 전보다 인생의 범위가 커진 것 같아요. 아직 우리 사회에 이런 일이 많구나, 하고 몰랐던 세계를 알게 된 거죠. 전에는 남편 원망만 했어요. 남들은 운동하면서도 잘만 사는데 이 사람은 왜 그렇지 못할까? 하고요. 제가 운동 속에 들어가보니까 남편이 외로웠겠더라고요. 가족에게조차 이해를 받지 못했으니까요. 차라리 남편이 사라졌으면 좋겠다고 생각한 적도 있어요. 지금은 남편이라는 존재가 우리 가족한테는 되게 크다고 느껴요. 남편이 집에 있다는 사실만으로도 마음이 놓이고 좋아요.

잊고 살았던 것도 다시 생각하게 됐어요. 저도 대학 다닐 때 기독학생회에서 활동했어요. 소위 운동권은 아니었지만 관심은 있었죠. 결혼하고는 돈을 버느라 활동을 해야 한다거나 제 안을 넓히는 것들을 거의 못 했던 것 같아요. 음…… 요즘에 이런 생각을 한 적이 있어요. '남편이 아니라 내가 목회자가 되면 어떨까?' 그런데 아는 언니가 목회자는 하나님이 이름을 불러야 할 수 있는 일이니 쉽게 할 수 있는 일이 아니라며 말리더라고요. 목회자는 못 되더라도 사회로 나가보고 싶은 생각은 들어요. 돈을 벌어야 해서 하는 일 말고 뜻있는 일이 직업인 그런 일을 해보고 싶어요.

에필로그

나는 2000년대에 대학을 다녔다. 학생운동이나 노동운동을 책이나 영화로만 접했기에 국가보안법이나 간첩 조작 사건을 지난 세대의 일이라고 생각했다. 법의 문제에 시대의 탓도 있다고 말이다. 2019년 여름 권명희 씨를 처음 만났다. 권명희 씨 남편이 출소한 지 1년이 채 지나지 않았을 때였다. 나는 사건 기사에서 연도를 계속 확인했다. 국가기관에 의해 7년 동안 감청과 미행으로 삶이 추적되고 제대로 된 증거 없이 국가보안법 혐의를 씌워 구속하는 사건이 내 가까이에서 지금 벌어지고 있었다. 나는 그 사실이 낯설었다. 권명희 씨가 겪은 고립감과 공포는 더욱 생경했다. 살면서 나도 고립감을 겪어보았으나 권명희 씨가 겪은 고통은 상상이 안 되는 크기였다. 가장 가까운 사람이 한순간에 사회에서 손가락질받는 존재가 되는 경험, 피해 사실을 주변에 토로하기는커녕 숨겨야 하는 심정을 무엇에 빗대 가늠할 수 있을까.

사건 초기 권명희 씨가 막막함과 두려움에 빠져 있을 때 그의 곁에는 딸이 있었다. 딸의 학과 교수님은 국가보안법 피해 당사자였고 그 법의 폐해에 대해 학생들에게 이야기한 적이 있었다. 그 기억이 이국땅에서 아버지를 위한 탄원서를 쓰게 했다. 딸의 글이 암흑이 된 권명희 씨 세상을 비추었고 그 빛에 의지해 그는 자신들을 괴물 취급하는 세상으로 한발 내

디뎠다. 같은 아픔을 가진 사람들이 그 손을 잡아주었다. 끝나지 않을 지옥 같던 시간을 사람들 덕분에 견뎠다. 두 달 전에 권명희 씨 가족은 막내의 버킷리스트였던 가족사진을 찍었다. 그는 다시 찾은 일상을 살면서 사람, 마음, 관계를 회복하고 있다.

성직자·노동자 공안탄압 사건

2015년 11월 14일 자정을 넘긴 시각, 국정원과 경찰이
기독교평화행동목자단 사무실과 목자단 소속 김성윤 목사를
기습적으로 압수 수색했다. 국정원은 목자단 소속 목사들을 북한
대남공작부서로부터 지령과 공작금을 받고 지하조직을 만들어
반정부 여론을 조성하려 한다는 혐의로 구속했다. 구속된 날에는
박근혜 정부의 노동법 개정, 한국사 교과서 국정화, 세월호
참사 진상규명, 한중 FTA, 농민 문제, 빈곤 문제에 항거하는 대규모
집회가 예정되어 있었다. 국정원은 집회의 배후로 김성윤 목사를
지목했다.

국정원은 7년 동안 패킷 감청을 하여 자료를 모았고, 민중 총궐기
집회 당일에 사건을 터트렸다. 종편채널에서는 '목사 간첩단'
사건으로 이름 붙여 여론을 만들었다. 체포 당시에는 간첩
혐의를 씌우더니 정작 기소할 때는 간첩 혐의는 빼고 회합통신과
이적표현물 소지 혐의로 기소했다. 국정원은 김성윤 목사가 북한
공작원을 수차례 만나 공작금을 수령했다고 밝혔는데, 김성윤
목사의 통장과 집을 다 뒤졌으나 그에 관한 증거는 찾을 수 없었다.
김성윤 목사는 국가보안법 위반 혐의로 1심에서 4년형을 받고 2심
항소심에서 3년형을 선고받아 2018년 11월 12일 만기 출소했다.

주

1. 인터넷 회선을 통해 전송되는 사람들의 사생활 정보를 수집하는
   감청 기법. 통신비밀보호법 5조 2항에 국가보안법 위반죄 등에
   해당하는 사람이 송수신하는 특정 우편물이나 전기통신에 대해

차라리 살인죄라면⋯⋯

통신 제한 조치(패킷 감청)가 가능하도록 하는 조항이 있다. 수사기관은 감청을 집행하는 단계에서 해당 인터넷 회선을 통해 흐르는 불특정 다수의 모든 정보를 패킷 형태로 수집할 수 있다. 2018년 8월 30일 헌법재판소는 패킷 감청이 과잉 금지 원칙에 위반된다고 보고 헌법불합치 결정을 내렸다.

2. 2011년 북한의 지령에 따라 간첩 활동을 벌인 혐의로 중형을 선고받은 사건. 이적행위 혐의에는 유죄 판결이 내려졌지만 '왕재산'이라는 이름의 단체를 결성한 혐의에 대해서는 무죄가 선고되었다.

'분단'과 젠더

정희진

여성학 연구자,《페미니즘의 도전》저자

시민 스스로의 공안 정치

이 책의 출간을 접하고 "아직도 국가보안법이 있냐"고 묻는 이들이 적지 않을 것이다. 그러나 이 책에 실린 이야기들은 1980년대 5공화국 시절부터 최근까지를 망라한다. "시대가 변했다"는데, 무엇이 변한 것일까. 김영삼 문민정부 이후 국가보안법 위반자가 가장 많이 발생한 정권은 김대중 정부였다. 의외라고 생각하는 사람이 많겠지만, 2000년 김대중-김정일 두 지도자의 정상회담을 필두로 민간에서도 남북 교류가 급격히 증가했기 때문이다. 북한 사람을 만나고 북한 체제와 관련해 조금만 '몸을 움직여도' 위반 사례가 나온다는 얘기다.

임의적 적용. 이것이 국가보안법의 가장 큰 특징이다. 남북 교류가 활발한 시기에 법 위반 사례가 많았다는 사실은, 법 자체가 스스로 범법성을 내포하고 있다는 의미다. 즉 법치가 아니라 인치가 좌우하는 법이라는 것이다. 30여 년 전 '인권 변호사 박원순'의 노작인 《국가보안법 연구 1, 2》(역사비평사, 1992)에 나오는 사례들[1]—'막걸리 보안법, 아이고(통곡) 보안법'—의 황당함과 이 책의 이야기도 별반 다르지 않다.

특정 사회에서 통용되는 상식이 모두 바람직한 것은 아닌데도, 국가보안법 담론이 상식을 무너뜨린다는 의미에서 한국 사회는 기존의 상식을 넘어설 수 없는 영원한 '문화 지체'에 묶여 있다. 지식 산업화 사회도 아니고 상식에 호소해야 하는 사회. 구체적인 국가보안법 피해자의 고통은 말할 것도 없고, 이 비상식성이 국가보안법의 통치 전략이고 우리를 두렵게 하는 것이다.

'촛불 정부'와 미디어 시대에, 사정은 더욱 나빠졌다. 이제까지 한국 사회에서 외부('적')는 북한과 일본이었다. "빨갱이", "친일파"로 지칭되면 끝이었다. 하지만 나는 최근 군 위안부 운동 논란을 계기로 많은 생각을 하게 되었는데, 이 이슈 자체를 논하는 것을 여성주의 내부에서 가장 금기한다는 사실을 깨달았다. 시민사회의 국가보안법이 더 무섭다.

당대 우리의 외부는 북한, 일본, 검찰, 그리고 미디어('조중동')가 아닐까. '진실이든, 사실이든' 무관하다. 위 네 '집단'의 입장이 유일한 기준으로, 그들과 같은/다른 의견은 적과 동지를 구분하는 잣대가 된다. 보수 언론의 기사가 사실이라고 해도, "보수 세력의 준동"이 되어버린다. 이 같은 진영 논리는 역설적으로 검찰과 보수 언론의 입지를 강화시켜준다. 검찰은 언론 플레이를 하고, 보수 언론은 (취재라기보다는) 수사를 한다.

최근 몇 년간 한국 사회의 공안 장치는 시민 스스로에 의해 실행되고 있다. 페미니즘을 다르게 이해하고 있는 여성들, 시민사회, SNS, '문빠', '586'……과 관련된 언급은 '조리돌림'의 대상이 된다. 만인에 의한 감시 체제다. 나의 경우 댓글이 무서워가 아니라 내가 쓰는 지면에 폐가 될까 봐, 내 의견을 말할 수 없는 경우가 많다. 2020년의 대한민국은 각자도생과 더불어 상호 감시 사회가 되었다.

모성의 평화정치학

이 책의 주제는 매우 넓고 다양하다. 국가와 젠더, 국가보안과 젠더, 아니, 이 책에 등장하는 여성들의 공통된 경험은 '국가보안법'뿐이라고 할 정도로, 여성의 일상생활과 '현실 정치', 분단 현실이 녹아 있다.

이러한 국가보안법의 임의성, 국가보안의 일상성, 국가주의는 열한 명의 여성들의 이야기를 '유형화'할 수 없게 만드는, 국가와 젠더에 관한 '총체적 관점'을 제공하는 효과를 낳았다. 1980년대 '민가협 어머니'에서부터 '한총련 끝자락 세대', 최근(?) 통합진보당 이석기 의원 사건까지.

가부장제 사회에서 정치는 남성의 영역으로 간주된다. 남성 국가보안법 피해자와 달리 여성은 —당사자actors도 있지만— 어머니, 아내 등 '가족 내 성역할 담당자로서' 시국을 경험한다. 반대의 경우는 드물다. 당사자가 여성인 경우에는 운동가와 여성 사이에서 분열한다.[2] 남성은 남성과 노동자 정체성 사이에서 분열하지도 않고, 이중 노동을 하지도 않는다.

그러나 여성은 성역할을 벗어나 시민, 민중, 국민, 운동가, 지식인이 될 때 택일이나 이중, 삼중 노동을 강요받는다.

지금 한국 사회에서 (그 수는 적지만 활동하고 있는) 1960년 대생 여성주의자들('여자 386') 중에는 과거 학생운동이나 노동운동에 헌신적이었던 이들이 많지만, 또래 남성과도 젊은 여성과도 소통이 어렵다. 그녀들은 80년대 자기 정체성을 드러내지 않는다. 일부 '586 남성의 특권'과도 거리가 멀다.

이 책에 등장하는 여성의 이야기를 무례를 무릅쓰고 나눈다면, 국가보안법의 피해자가 1)남편, 2)자녀, 3)여성 자신인 경우다. 남편인 경우 구속과 법률 관련 뒷바라지, 투쟁, 생계, 이후 일상생활에서의 낙인, 이 책에서는 드러나지 않지만 피해 남성들의 방황과 폭력…… 남편이 국가보안법 피해자가 되었을 때, 남편의 여성 의식과 여성의 사회의식 사이의 갈등은 필연적이고, 이는 대체로 여성 활동가에게 고통으로 연결된다.

사회운동에서 남성은 언제나 '주인공'처럼 보이지만, 실제 그들의 활동은 여성의 '뒷바라지'[3] 없이는 불가능하다. 성별 분업(성차별)과 그 이데올로기는 사회운동에서도 매우 강력하다. 그러나 통념과 달리, 이 책에 등장하는 여성들은 시국 사건의 피해자에서 정치적 주체로 거듭남을 보여준다. 1980년대 민가협은 단순한 가족 모임이 아니었다. '정신대문제대책협의회'가 구성되기 전, '군 위안부' 피해 경험을 신고

하기 위해 고 김학순이 처음 찾아간 곳이 민가협이었다. 그만큼 당시 민가협은 여성들이 찾아갈 수 있는 거의 유일한 정치적 공동체였다.[4]

자녀가 피해자가 되었을 경우는 여성주의 평화정치학에서 말하는 모성의 공적 가치(돌봄의 윤리)로의 전환이 이루어지면서, '어머니'는 자녀 때문이 아니라 스스로 사회운동가로 변화한다. 이때 이들은 '어머니'도 '여성'도 아닌, 투쟁하는 시민이다. 성역할이 계기가 되었지만, 저항 과정에서 성역할 개념을 재구성하게 된다. 공동체를 보존, 보호하는 모성이다. 이때 '보호자 남성 신화'는 무색해진다. 모성은 사회적 산물이지 본능이 아니다. 모성은 평화의 자원이 될 수 있다.[5] 남성들은 어머니의 비폭력적 이미지를 투쟁에 활용하기도 하지만—전경과 어머니의 대치—자녀를 위해 투쟁하는 모성은 대중에게 강한 설득력을 갖는다.

다른 사회운동도 그렇지만, 특히 평화운동에서 여성들의 활약과 지속성, 지도력은 남성을 능가한다. 보부아르의 말대로, "여성은 생명을 낳고^{give}, 남성은 생명을 파괴한다^{take}". 영국 런던 근처의 그리넘 커먼 미군 핵 기지 반대운동, 오키나와의 군사주의에 저항하는 여성운동, 아르헨티나의 '5월 광장 어머니' 등은 우리에게도 익숙하다. 사회운동, 투사, 저항의 이미지는 대체로 남성다움과 연결되어 있지만, 실제로는 밀양, 서울 사당동 빈민운동에 대한 오랜 시간의 추적 연구를 보면, "남자들은 정부나 업자들의 돈을 받고 도망가고, 여자들은 애 업고 끝까지 투쟁한" 경우들이다.

물론 모성은 복잡하고 갈등적인 경험이다. 1980년대 민가협은 그 시절 고통받는 이들의 공동체로서 한국 민주화운동 역사에 중요한 역할을 했지만, '말할 수 없는 이야기'도 많았다. 그런 이야기들이 가시화되길 바란다. 민가협 조직 내부에서도 자녀의 '조직 내 지위'에 따른 부모들의 위계, 학벌주의(지방대, 전문대에 대한 시선……), 젠더는 그대로 작동했다. 이 책에는 드러나지 않지만, 딸이 수배자인 경우 어머니들은 또 다른 고통에 시달렸다. 여성과 남성의 수배 생활이 같을 수 없기 때문이다. 당시 내 친구는 2년간 전국 단위 수배 대상이었는데, 민가협의 어머니들로부터 "딸이라 시집 제대로 가기는 글렀다"는 '걱정'을 수없이 들었다. 그 어머니는 나를 붙잡고, "전두환보다 저것들(민가협 동료들)이 더 무섭다"고 오열했다.

안전의 성별성, 국가의 안보는 없다

'군 위안부' 역사처럼, 여성은 언제나 전쟁 혹은 "나라 없는 설움"의 가장 큰 희생자일까? 인류 역사상 여성이 노동시장에 가장 적극적으로 진출했던 시기는 여성운동이 활발했던 때가 아니라 전쟁 때였다.[6] 전쟁으로 동원된 남성 노동력을 대신해야 했기 때문이다. 제2차 세계대전이 끝난 후, 한 독일 여성은 이렇게 말했다. "(국가 간) 전쟁이 끝나 남편이 집으로 돌아오자, 집에서 전쟁이 시작됐다."[7] 1990년대 초 소말리아 내전에서 여성들이 전쟁에 자원한 이유는, 남편에게 구타당하는 집보다, 밥을 주는 군대가 낫기 때문이었다. 유랑 중인 쿠르드족의 여성운동가는 이렇게 외친다. "우리에게 정말 필요한 것은 독립국가가 아니라 민주주의입니다."[8]

논란거리였지만 대수롭지 않게 넘어간 '사소한' 이슈, 한국의 평화운동 집회에서 합창되는 〈퍼킹 유에스에이[fucking USA]〉는 평화의 구호인가, 아니면 '여성'(여성화된 미국)에 대한 폭력을 선동하는 노래인가?[9] 이상의 사례들은 여성에게는 전쟁 상태가 낫다는 의미가 아니다. 국가의 존재나 전쟁이 모든 사람에게 동일한 이해관계를 갖지 않는다는 것이다.

국외는 폭력이 만연한 양육강식의 무정부 상태이고, 국내는 그러한 국제질서로부터 국민을 보호하는 안정과 질서의 공간이라는 안보 논리의 전제는 여성에게는 해당되지 않는다. 인신매매나 아내에 대한 폭력에서 보듯이, 여성에게는 국내나 가정이 더 위험한 공간일 수 있다. 많은 경우 여성들은 국가 내부에서 가장 큰 폭력적 상황에 노출된다. 국내 정치와 국제관계가 분할되었다는 이데올로기, 즉 국가라는 경계 자체가, 국민국가 내부의 타자인 '비국민'에게는 의미 있는 정치적 전선이 아닌 것이다.

동성애자에게는 외국 군보다 이성애 제도가, 장애인에게는 분단 상황보다 비장애인 중심의 사회체제가 더 위협적이다. 국민국가 내부의 타자들은 공/사 영역에 걸쳐 문화와 정상성이라는 이름의 일상적, 구조적 폭력에 시달린다. 이들에게 정치는 선거 때나 혁명, 전시에 국한되는 특별한 그 무엇이 아니다.

식민 지배와 분단을 경험한 한국은 국가안보 언설의 생산, 비판 모두 서구 제국과는 다른 경로를 거쳐 구축되어왔다. 특히 진보 진영의 안보 이데올로기 비판은 '제대로 된 근대성', '온전한 국민국가$^{nation\ state}$'를 건설하지 못했다는 근대성에 대한 강박에서, 오히려 안보 담론의 원인인 국가 건설의 일환으로 전개되어왔다. 이는 제2차 세계대전 이후 서구 열강으로부터 독립한 아시아 국가들에서 공통적으로 드러난다. 국가안보에 대한 국민의 이해는 단일하다는 전제 아래, 대개 좌파 성향의 지도자들은 '주권' 차원에서, 우파 지도자들은 '정권' 차원에서 국가안보를 강조해왔을 뿐이다.

국가안보와 식민지 남성성

한국 남성의 저항은 많은 경우, 저항 자체라기보다 피해에 의해 구성되었다. 유명한 필화 사건인 〈분지糞地〉가 대표적이다. 작가 남정현은 단편소설 〈분지〉를 남한의 문예지인 《현대문학》 1965년 3월호에 발표했다. 그런데 작가도 남한 당국도 모르는 상태에서, 이 작품은 두 달 뒤 북한 노동당 기관지 《조국통일》 5월 8일 자에 전재되었다. 남정현은 1965년 7월 7일, '충일기업사'라는 위장 간판이 붙어 있는 중앙정보부 을지로 대공분실에 끌려가 고문을 당하고, 반공법 위반으로 구속되었다. "북괴[10]의 선전에 동조했다"는 것이 주요 혐의다.

내게 당시 중앙정보부 직원이 작가를 취조한 내용 중에 가장 인상적인 내용은, "북한의 누가 대필해주었느냐"였다. 이에 작가는 "사랑하는 조국의 공무원의 수준에 좌절한다"고 말했다.

〈분지〉의 내용은 간단하지만, 다른 반미문학 전반의 골격을 제공하고 있다는 의미에서 중요한 작품이다. 미군정 시기, 남자 주인공이 어머니와 여동생이 미군에게 성폭력을 당하자 이에 복수하기 위해 주한 미군의 부인을 성폭행한다는 이야기다. 이 소설의 요지는 1)국가주의에 기초한 한국과 미국의 이항 대립 논리, 2)한국 사회의 모든 '악'은 외세로부터 기인한다는 외세환원론, 3)여성에 대한 폭력이 "외세에 대한 저항"이라는 주장이다. 위 세 가지는 지금도 한국 사회에서 작동하고 있는 구조이자 남성 문화, 〈분지〉의 현재성이다.

이후 〈분지〉는 한국 사회에서 '민중문학', '실천문학', '저항문학', '민족문학'의 역사를 정초했다는 평가 아래 수많은 격찬을 양산했다.

특히, 한국 사회는 한국전쟁과 함께 북한이라는 '적'이 뚜렷한 영토성을 갖고 대치하고 있기 때문에 지금도 북한은 남한과의 '국력' 격차와 무관하게, 언제든 적으로 소환된다. 한국 사회의 분단체제가 다른 국가의 국가안보 이데올로기와 성격을 달리하는 이유다. '적과의 연결 고리'가 분명하다는 것이다.

북한과 주한 미군의 존재로 인해, 한국 사회 정치의 기본 구도는 미군에 대한 인식의 차이, 즉 "보호자인가, 점령군인가"에 따라 형성되었다. 우리에게 의미 있는 정치적 전선은 '미국'과 '미국이 아닌 것(북한)'이 독점했고, 그 외 사회문제는 부차적으로 취급되었다. 한국 사회에서 정치와 정치학은 친미와 반미가 전부였고, 이는 곧 반북과 친북으로서 통치의 기준이 되었다. 이러한 정치적 전선의 외세, 외부 환원은 페미니즘을 비롯한 다른 사유를 불가능하게 할 정도로 지배적으로 작동했다. 이것이 분단체제다. 분단은 남한 사회의 이분법적 문화가 구체적이고도 극단적으로 작동할 수 있는 현실적 토대였다.

한국 사회의 정체성을 형성하는 요소가 오로지 미국과 북한뿐일 때 다른 사회로의 이행 가능성과 상상, 담론은 불가능하게 된다. 뿐만 아니라 미국과 북한은 지역과 젠더 모순 등을 억압하는 남한 사회의 강제적 통합, 독재, 민주화운동을 규정짓는 framing 절대적 현실로 기능했다.

앞서 말한 〈분지〉의 경우, 내용은 반미가 아니라 미국 여성에 대한 성폭력적 욕망인데도 반미소설의 원조, 민족문학의 고전이 되었다. 반미문학이 사회적 의제로 등장한 상황은 한국 사회 내부의 저항이 아니라 북한으로 인한 빌미 그리고 남한 사회의 탄압 때문이었다. 애초부터 반미문학은 '저항 문학'이라기보다는 '피해자 문학'이었다. 저항과 피해의 차이는 크다. 이 차이는 한 사회의 남성성을 형성하는 데 중요한 요소가 된다.

한국 현대사의 고통은 남한 사회만의 남성성을 구조화한 배경이었다. 남한 사회의 젠더는 전통적인 통념대로 가정에서 여성과 남성의 성역할 분업 이데올로기에서 형성되었다기보다는, 국가와 젠더의 상호작용이 주된 역할을 했다. 따라서 한국 남성성은 자국 여성과의 관계라기보다는 '한국 남성-미국 남성(주한 미군)-한국 여성'이라는 세 그룹의 정체성과 노동의 역학 속에서 만들어졌다고 볼 수 있다. 때문에 한국 남성은 외세 혹은 국가 내부의 자신과 다른 진영에 관심이 있지, '여성 문제'는 언제나 사소하게 생각한다. 최근 성공회대 김동춘 교수가 "박원순을 100조와도 바꿀 수 없다"고 말할 수 있는 '대담함'도 이에 기인한다. 나 역시 이 사건에 대해

'다른 여성들'과는 해석이 다르지만, 이처럼 노골적으로 말할 수 있는 남성 사회, 이곳이 한국이다. 이 책에는 많이 드러나지 않지만, 현실에서 시국 사건의 피해자인 남성과 여성 사이에는 갈등, 여성의 일방적 희생, 폭력 사례가 많았다.

남성성이 자국 여성과의 관계, 가족에서 이루어지기보다 남성들끼리의 경쟁 논리가 되고, 자신의 '대의'에 여성을 동원하는 것. 이것을 패권적(헤게모니적) 남성성과는 대비되는 식민지 남성성colonial masculinity이라 부를 수 있을 것이다. 이때 여성은 동등한 시민이 아니라 남성 사회의 '자원'이 된다.

이 책은 가부장제 사회의 근본 구조인 남성들 간의 투쟁에 동원되는 여성이, 스스로 그 위치성을 거부하고 시민으로서 거듭나는 이야기로 읽혀야 한다. 다시 말해, 이 책은 여성들에 '대한' 이야기가 아니라 한국 사회의 남성성에 대한 질문이어야 한다.

주

1. 평범한 노동자들이 퇴근 후 막걸리를 마시며 북한 사정을 이야기하다가 '찬양'으로 몰린 경우, 제주 4·3 학살과 관련한 마을 집단 제사에서 통곡 소리가 문제가 된 경우다.

2. 박현귀, 〈80년대 변혁운동가들의 정체성 변화과정: '운동권' 출신의 여성 모임을 중심으로〉, 서울대학교 석사논문, 1997.

3. 권오분, 〈군대 경험의 의미화 과정을 통해서 본 군사주의 성별정치학: 남녀공학대학 사례를 중심으로〉, 이화여자대학교 석사논문, 2000; 강인화, 〈한국 사회의 병역거부 운동을 통해 본 남성성 연구〉, 이화여자대학교 석사논문, 2007 참조.

4. 김화숙, 〈여성의 사회적 저항 경험에 관한 여성주의적 접근: 민주화실천가족운동협의회, 전국민족민주유가족협의회 어머니 활동을 중심으로〉, 이화여자대학교 석사논문, 1999 참조.

5. 사라 러딕, 《모성적 사유》, 이혜정 옮김, 철학과현실사, 2002.

6. 루스 밀크먼, 《젠더와 노동: 제2차 세계 대전기 성별 직무 분리의 역학》, 전방지·정영애 옮김, 이화여대 출판부, 2001.

7. 헬마 산더스 브람스 감독, 〈독일, 창백한 어머니Deutschland Bleiche Mutter〉, 1980.

8. "우리들은 터키 정부의 차별정책에 의해서, 여성 억압적인 이슬람 종교의 가르침에 의해서, 가난에 의해서, 또 쿠르드족 남성의 가정폭력에 의해서 다중적으로 억압받고 있습니다. 우리에게 정말 필요한 건 독립국가가 아니라 모든 생활 속에 스며들어 있는 진정한 민주주의입니다." 쿠르드노동자당의 여성운동가, 《한겨레》, 2007.2.16.

19. 자세한 내용은 정희진, 〈인권과 평화의 관점에서 본 여성에

대한 폭력〉, 정희진 엮음,《성폭력을 다시 쓴다: 객관성,
여성운동, 인권》, 한울, 2003 참조.

10. '괴뢰(傀儡)'는 어감 자체가 이데올로기화된 단어다. 원래 뜻은
"꼭두각시놀음에 나오는 여러 가지 인형"이다. 남한과 북한은
서로 상대방에게 미·소 등 외세로부터 주체적, 자주적이지
못하다는 의미에서 공히 이 단어를 사용한다. 즉 "북한 괴뢰
집단", "미제의 앞잡이" 등이 그것이다. 동시에 이 말은 둘 다
정상 국가가 아니라 '집단', '앞잡이'라는, 상호 비하가 전제되어
있다.

구술자들이 겪은 사건들

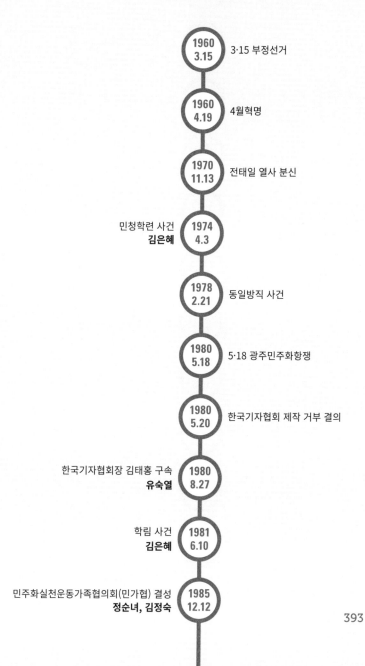

1960 3.15	3·15 부정선거
1960 4.19	4월혁명
1970 11.13	전태일 열사 분신
민청학련 사건 **김은혜** — **1974 4.3**	
1978 2.21	동일방직 사건
1980 5.18	5·18 광주민주화항쟁
1980 5.20	한국기자협회 제작 거부 결의
한국기자협회장 김태홍 구속 **유숙열** — **1980 8.27**	
학림 사건 **김은혜** — **1981 6.10**	
민주화실천운동가족협의회(민가협) 결성 **정순녀, 김정숙** — **1985 12.12**	

393

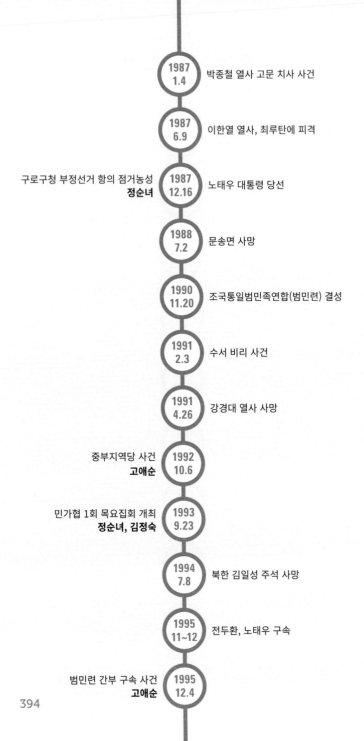

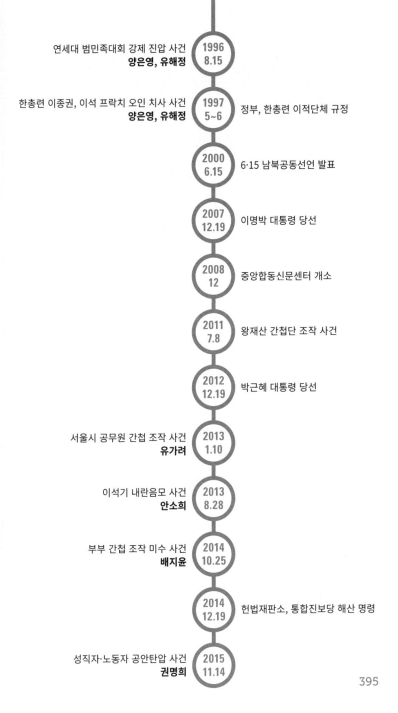

연세대 범민족대회 강제 진압 사건
양은영, 유해정
1996
8.15

한총련 이종권, 이석 프락치 오인 치사 사건
양은영, 유해정
1997
5~6
정부, 한총련 이적단체 규정

2000
6.15
6·15 남북공동선언 발표

2007
12.19
이명박 대통령 당선

2008
12
중앙합동신문센터 개소

2011
7.8
왕재산 간첩단 조작 사건

2012
12.19
박근혜 대통령 당선

서울시 공무원 간첩 조작 사건
유가려
2013
1.10

이석기 내란음모 사건
안소희
2013
8.28

부부 간첩 조작 미수 사건
배지윤
2014
10.25

2014
12.19
헌법재판소, 통합진보당 해산 명령

성직자·노동자 공안탄압 사건
권명희
2015
11.14

말의 세계에 감금된 것들

초판 1쇄 펴낸날 2020년 8월 20일

구술 김은혜·유숙열·정순녀·김정숙·고애순·양은영
유해정·유가려·배지윤·안소희·권명희

글 홍세미·이호연·유해정·박희정·강곤

사진 정택용

펴낸이 박재영

편집 이정신·임세현·한의영

마케팅 김민수

디자인 조하늘

제작 제이오

펴낸곳 도서출판 오월의봄

주소 경기도 파주시 회동길 363-15 201호

등록 제406-2010-000111호

전화 070-7704-2131

팩스 0505-300-0518

이메일 maybook05@naver.com

트위터 @oohbom

블로그 blog.naver.com/maybook05

페이스북 facebook.com/maybook05

인스타그램 instagram.com/maybooks_05

ISBN 979-11-90422-44-4 03300

이 도서의 국립중앙도서관 출판시도서목록(CIP)은 e-CIP홈페이지(http://nl.go.kr/ecip)와
국가자료공동목록시스템(http://www.nl.go.kr/kolisnet)에서 이용하실 수 있습니다.
(CIP 제어번호 : CIP2020032940)

책값은 뒤표지에 있습니다. 잘못된 책은 바꾸어 드립니다.

만든 사람들

교정교열 황인석

디자인 조하늘